*Michael Durrant*

# Auf die Stärken kannst du bauen

**Lösungenorientierte Arbeit in Heimen
und anderen stationären Settings**

*Für*

*Jane, Claire, Luke und Rachel –*
*meine Familie*

*und*

*Kate Kowalski, Brian und Marjorie Cade –*
*meine professionelle „Familie"*

*systemische Studien* Band 12

herausgegeben von Jürgen Hargens

Michael Durrant

# Auf die Stärken kannst du bauen

### Lösungenorientierte Arbeit in Heimen und anderen stationären Settings

verlag modernes lernen - Dortmund

# systemische Studien

herausgegeben von Jürgen Hargens (Meyn)

In dieser Buchreihe erscheinen Arbeiten, die systemische Ansätze in der Therapie weiterentwickeln und Möglichkeiten der praktischen Umsetzung mit einbeziehen. Die Reihe wendet sich an praktisch tätige KlinikerInnen, theoretisch interessierte ForscherInnen und alle an systemischem Denken Interessierte.

Dieses Buch erschien unter dem Titel „*Residential Treatment. A Cooperative, Competency-Based Approach to Therapy and Program Design*" bei W.W. Norton: London – New York, 1993. Alle Rechte vorbehalten.

Aus dem Englischen übersetzt von Brigitte Eckert und Jürgen Hargens

Band 12
Michael Durrant
Auf die Stärken kannst du bauen
Lösungenorientierte Arbeit in Heimen und anderen stationären Settings

© 1996 by SolArgent Media AG, Basel

**Veröffentlicht in der Edition:**
**verlag modernes lernen · Schleefstraße 14 · D-44287 Dortmund**

4. Auflage 2004
Gesamtherstellung: Löer Druck GmbH, Dortmund

Bestell-Nr. 4312                    ISBN 978-3-8080-0335-0

# Inhalt

*Einen Menschen erziehen, heißt in ihm die
Perspektiven eines Lebensweges gestalten,
an dem die Freuden des morgigen Tages
liegen.*

Anton S. Makarenko

# Vorwort

Seit der Heimkampagne Ende der 60er Jahre hat sich in der Heimerziehung der Bundesrepublik viel getan.

Das Modell der Fürsorgeerziehung mit Strafcharakter wurde weitgehend abgelöst durch Modelle, die ich als empathisch-pädagogisch oder therapeutisch klassifizieren möchte, und es kam zu einer Differenzierung der Heime nach Problemlagen (z.B. Heime für sexuell mißbrauchte Mädchen), nach organisatorischen und pädagogischen Prinzipien (z.B. familiengegliederte Heime) und der Erweiterung der Angebote der stationären Hilfen um Therapie, Elternarbeit, berufliche Ausbildung, Nachbetreuung und vieles mehr.

Doch trotz der Vielfalt der Angebote und des Engagements der vielen MitarbeiterInnen bleiben die Ergebnisse oft unbefriedigend.

Was bietet dieses Buch im Konzept der Ansätze und Modelle Neues, Hilfreiches?

Der Australier Michael Durrant ist ein Visionär und ein erfahrener Praktiker. Seine Ausgangsfrage lautet: „In welchem Bedeutungskontext findet Heimerziehung statt, und wie wirkt das auf die Nutzer?"

Der Anlaß für Heimerziehung wird in der Regel als Defizit beschrieben, als Defizit oder Störung des Kindes, des Jugendlichen oder seiner/ihrer Eltern. Und schon hier liegt der Hund begraben, denn Kinder und Eltern beginnen den Heimaufenthalt zuerst mit einem Gefühl des Versagens, von Schuld oder Opposition.

Dem stellt Durrant die Sinnkonstruktion „Heimerziehung als Übergangsritual" gegenüber, d.h. das Kind und seine Eltern lernen, einen anderen Weg zu beschreiten und vor allem ihr Selbstbild zu ändern, sich als kompetent und erfolgreich zu begreifen.

Das impliziert auch, daß der Heimaufenthalt für Eltern und Kinder eine Zeit des Übens ist, d.h. Rückfälle sind eingeplant. Dies ist sehr wichtig, denn in der Praxis erfolgt manchmal eine disziplinarische Entlassung seltsamerweise dann, wenn der Jugendliche das Verhalten zeigt, weswegen er aufgenommen wurde, z.B. Gewalttätigkeit.

In DURRANTS Modell erhält er/sie die Gelegenheit, seinen „Zorn zu zähmen", und seine Eltern lernen, ihn beim Erwerb von Selbstkontrolle zu unterstützen.

Das „Zorn zähmen" ist ein Beispiel dafür, wie jeder Heimaufenthalt unter ein persönliches Motto gestellt wird, auf das dann alle MitarbeiterInnen immer bezug nehmen.

Ein anderes Thema wäre „seinen Ruf hinter sich lassen".

Dieses Buch ist also kein Buch über Familientherapie im Heim, obwohl man auch darüber lesen kann, sondern DURRANT geht von der Idee aus, daß Therapie in der Alltagsinteraktion zwischen ErzieherIn und BewohnerIn stattfindet.

Entscheidend ist eine konsequent ressourcenorientierte Haltung und die fortwährende Delegation und Rückdelegation von Verantwortung an Kinder, Jugendliche und Eltern.

Der Ansatz basiert auf den neueren systemisch-konstruktivistischen lösungsorientierten Ansätzen vor allem von Steve DE SHAZER und Michael WHITE.

Letztlich ist der Gedanke nicht neu, daß der Aufbau einer Loyalitätsbeziehung und konsequentes Zutrauen entscheidend pädagogischtherapeutische Faktoren sind.

Ich mußte an das Beispiel denken, das Anton S. MAKARENKO in seinem pädagogischen Poem „Der Weg ins Leben" gibt. Er schickt ausgerechnet einen jugendlichen Dieb in die weit entfernte Stadt, um Geld für das Projekt zu holen. Als ihm die anderen Zöglinge vorhalten, der Junge könnte nicht wiederkommen, deutet er dies als, er könne ja überfallen werden, und gibt ihm noch eine Pistole mit.

Was aber neu ist bei DURRANT, ist die Operationalisierung dieser charismatisch-menschenfreundlichen Haltung für den durchschnittlichen Heimalltag. Das zeigt u.a. das Kapitel über Strafen und Konsequenzen, z.B. die These, die Konsequenz solle auf die Person und nicht nur auf die Tat zugeschnitten sein.

Wer dieses Buch liest, wird sicher vieles ausprobieren wollen und dabei hilft, sich selbst und seine KollegInnen und MitarbeiterInnen und seine eigene Einrichtung ebenfalls unter dem Blickwinkel der Ressourcen zu betrachten.

Berlin, im August 1995                                   *Jürgen Linke*

# Vorbemerkungen

## des (Reihen-) Herausgebers

Was mich an diesem Buch nachhaltig beeindruckt hat – und mich auch immer wieder zu Nachdenklichkeiten in meiner eigenen therapeutischen und supervisorischen Praxis anregt –, ist die Konsequenz, mit der Michael Durrant seiner grundlegenden Idee folgt: Menschen haben Kompetenzen und Ressourcen, Menschen sind imstande, ihre Probleme auf eine für sie befriedigende Weise zu lösen – wenn „man" sie nur läßt. Wobei „lassen" eben nicht bedeutet, untätig zu bleiben. Ganz im Gegenteil!

Insofern trifft der deutsche Titel *„Auf die Stärken kannst du bauen. Lösungen-orientierte Arbeit in Heimen und anderen stationären Settings"* für mich sehr genau das, worum es meiner Ansicht nach Michael Durrant geht:

Unser Denken bestimmt nicht nur das, was wir sehen, sondern auch das, was wir tun – und es definiert auch den Bereich, in dem wir hilfreich tätig werden können.

Für mich weist Michael Durrant zugleich auch auf einen weiteren Aspekt hin – Änderungen brauchen Zeit, gerade dann, wenn ich daran glaube, daß die betreffenden Leute selber ihre Probleme „in den Griff bekommen" können. In diesem Sinne verstehe ich Michael Durrants Buch als Plädoyer, die eigenen Denkvoraussetzungen und eingefahrenen (und erworbenen) Denkmuster immer wieder zu überprüfen, um so Handlungs- und Entscheidungsspielräume zu gewinnen.

Damit wird sein Plädoyer auch „ungemütlich", wobei ich – und da folge ich Michael Durrants Ideen – *„ungemütlich"* durchaus in einen anderen „Rahmen" stelle: *anregend, weitere Möglichkeiten zu erkunden und zu erproben.* In diesem Sinne habe ich das Buch als *„wohltuend ungemütlich"* erlebt: zum einen werden allzu bekannte problematische Situationen respektiert und zum anderen werden diese Situationen immer auch zugleich anders gerahmt. Dieser andere Rahmen, dieser immerwährende Prozeß, auf sich selber zu schauen, eröffnet scheinbar ungeahnte Möglichkeiten – Möglichkeiten, die Michael Durrant immer wieder anschaulich auf den Alltag stationärer Arbeit bezieht.

Zugleich – wohltuend für PraktikerInnen – enthält er sich der Bewertung: er bietet einen anderen Rahmen an, eine andere Art zu denken –

immer wieder spielerisch, respektvoll, anders, hilfreich und orientiert an den konkreten Bedingungen der jeweiligen Situation.

Vielleicht liegt darin das besonders Beunruhigende: die Beispiele zeigen immer tatsächliche Möglichkeiten auf, haben immer den Hauch des „real Möglichen". Und das erfordert Entscheidungen, wenn ich denke, das würde oder könnte in meiner Alltagspraxis nicht gehen. Darin liegt das für mich Anregende und Aufregende dieses Buches – der konsequente Versuch, ein Denkmodell als Rahmen zu bestimmen, der mein Handeln leitet und mich gleichsam verführt, Stärken und Kompetenzen zu sehen, ohne deshalb Belastungen, Probleme und Leiden zu negieren. Für mich liegt gerade darin der besondere *Respekt*, den ein solches Vorgehen den Jugendlichen gegenüber ausdrückt – Herausforderung, Aufforderung und Anforderung in einem.

Meyn, im Juli 1995                                    *Jürgen Hargens*

# Einleitung

## Stationäre Arbeit einmal anders

Warum und wieso sollten wir stationäre Arbeit „einmal anders" ansehen?

Erstens, weil wir alles, was wir machen, ziemlich regelmäßig noch einmal oder noch einmal anders betrachten. Ich stimme Bill O'HANLON (1990) darin zu, daß unser Feld leicht an einer „Verhärtung der Kategorien" oder an einer „Illusion der Gewißheit" leidet. D.h. in einem Bereich, der sich mit der Erfahrung von Kindern, Heranwachsenden und ihren Familien beschäftigt, müssen wir uns ständig davor hüten, daß unsere Techniken, unsere Klassifikation von Problemen und unsere „Theorien" über Interventionen zum Selbstzweck werden und sich zunehmend von der täglichen Erfahrung derjenigen entfernt, mit denen wir arbeiten.

Zweitens, meine Erfahrung mit stationären Einrichtungen verweist darauf, daß eine Kluft zwischen Vorstellungen über Therapie (insbesondere interaktionale/systemische Therapie) und Vorstellungen über stationäre Behandlung besteht. Innerhalb des therapeutischen Bereichs wird stationäre Behandlung allzu oft als „zweitbeste Wahl" gesehen oder als Bereich von Wohlfahrt bzw. Fürsorge und nicht von Therapie. Dennoch befaßt sich stationäre Behandlung ebenso sehr wie jeder andere therapeutische Ansatz mit Änderungen in Familien. Hinzu kommt, daß etliche stationäre Einrichtungen neuerdings versuchen, Familientherapie in ihr Vorgehen einzubeziehen. Allzu oft wurde sie dabei einfach als eine weitere therapeutische Methode „hinzugefügt" und hatte nicht unbedingt Einfluß darauf, wie diese Einrichtungen im alltäglichen funktionieren. Kinder und Jugendliche leben (gewöhnlich) in Familien. Was auch immer das Problem ist, sie werden üblicherweise eine stationäre Aufnahme abschließen und dann entweder in ihre Familie zurückkehren oder sich einer anderen Familie anschließen.

Ich bin überzeugt davon, daß ein interaktionaler und familiensystemischer kurztherapeutischer Ansatz nicht nur ein nützlicher Ansatz ist, der dem Arsenal stationärer Behandlungen zugeschlagen werden kann, sondern daß die Betrachtung der grundlegenden Ideen und Annahmen dieses Ansatzes Konsequenzen für jeden einzelnen Aspekt stationärer Behandlung hat. D.h. nicht nur Therapiesitzungen, sondern die tägliche Routine, Disziplin, die Art und Weise, wie MitarbeiterInnen auf Verhalten reagieren, die Sprache, in der die Betroffenen beschrieben werden, die Art und Weise, wie Wochenendurlaube gehandhabt werden, die Art und Weise, in der MitarbeiterInnenbesprechungen ablaufen sowie jeder andere Aspekt des Alltags kann in einen übergreifenden Rahmen eingepaßt werden, der therapeutische Ideen verwendet. Die Vorteile eines übergreifenden Rahmens liegen auf der Hand. Wenn wir einen einheitlichen Denk- und Handlungsrahmen für jeden Aspekt stationärer Arbeit schaffen können, maximieren wir unsere Effektivität. Das „wirkliche" Material, mit dem wir arbeiten können, ist das übliche, scheinbar triviale Verhalten, das tagtäglich abläuft. Ein übergreifender Rahmen ermöglicht es uns, auch Freizeitaktivitäten, Aufgaben im Haushalt, Nachtruhe und Elternbesuche als Teil unseres therapeutischen Unternehmens zu nutzen. Eine Begleiterscheinung ist, daß wir erkennen müssen, daß die wichtigste „Therapie" oft von den MitarbeiterInnen in ihrem täglichen Umgang mit den BewohnerInnen geleistet wird. Ihr Nutzen läßt sich maximieren, wenn diese Begegnungen sich daran ausrichten, was den Rahmen unterstützt. Ein stärker integrierter und konsistenter Ansatz, der alles das, was auf der Station geschieht, als Teil der „Behandlung" begreift, wird nicht nur „wirklicher", sondern auch effizienter und kostengünstiger sein.

Vor einigen Jahren schlugen mein Kollege Gerard MENSES und ich in einem Artikel einen alternativen Ansatz stationärer Arbeit unter dem Titel „Kontextuelle stationäre Arbeit" vor (MENSES & DURRANT 1986). Wir schrieben über den Kontext stationärer Arbeit, wenn wir uns auf den übergreifenden Rahmen bezogen, in dem BewohnerInnen, Eltern und MitarbeiterInnen das erlebten, was *ablief*. Wir schlugen eine andere Betrachtungsweise für den stationären Aufnahmeprozeß vor, der Familien helfen könnte, sich „stärker" und sicher zu fühlen. Ich habe von einigen Leuten verschiedener Einrichtungen gehört, daß sie *das* kontextuelle stationäre Behandlungsmodell" benutzen. Die Beobachtungen von TYNDALE und KAYE (1991), die sie in ihren Interviews mit etlichen solcher Einrichtungen gemacht haben, wo die MitarbeiterInnen angaben, dieses Modell zu benutzen, verweisen darauf, daß „Kontext" als zentrales Konzept gilt; es besteht allerdings wenig Übereinstimmung, was dieser Ausdruck denn nun bedeutet. Ich habe seither darauf hingewiesen (DURRANT 1991), daß es so etwas wie „*das* kontextuelle stationäre Behandlungsmodell" nicht gibt.

Mein Ziel besteht nicht darin, *ein* Modell vorzustellen, sondern Denkweisen über den Prozeß stationärer Behandlung anzubieten, die hilfreich und nützlich sein können. Sie beruhen auf bestimmten Ideen über

Menschen, Probleme, Änderung und Therapie, die spezifischen Ansätzen der Kurzzeit-Familientherapie entstammen. Die Ideen spiegeln meine Überzeugung wider, daß es bei stationärer Behandlung nicht um „Heilen" junger Menschen oder Familien geht, sondern darum, Wege zu finden, ihnen zu helfen, ein Bild von sich selber als erfolgreich und kompetent zu schaffen, so daß sie auf den Stärken und den Ressourcen aufbauen können, über die sie schon verfügen. Deswegen geht es in diesem Buch darum, eine Art über stationäre Arbeit *zu denken*, herausarbeiten, bei der die stationäre Aufnahme in einen Rahmen gestellt wird, der die Wahrscheinlichkeit erhöht, daß KlientInnen sich als kompetent erleben und Lösungen für ihre eigenen Probleme haben.

Das Buch enthält zahlreiche Techniken, mit jungen Leuten und ihren Familien umzugehen. Viele dieser Techniken sind von anderen TherapeutInnen schon vorgeschlagen worden, wurden aber allzu oft nicht auf den Kontext stationärer Arbeit bezogen. Dieses Buch entwickelt nun allerdings kein „Modell" stationärer Arbeit. Jede Situation und jede Institution ist anders, und die Ideen werden immer andere Implikationen besitzen. Es wäre unangemessen, wollte man/frau versuchen, die in diesem Buch vorgestellten Ideen als Behandlungsrezept zu nutzen.

An anderer Stelle habe ich verschiedene Wege beschrieben, wie sich Ideen so implementieren lassen, daß sie zum spezifischen Kontext einer bestimmten Institution passen:

Gegen Ende meines zweitägigen Workshops, den ich für ein großes stationäres US-Programm durchführte (es verfügte über ein „Zeltlager" außerhalb der Stadt, das sich sehr von den (australischen) Programmen, über die ich sprach, unterschied), fragte mich der Direktor, welche Empfehlungen ich hätte, „wie wir Ihr Modell bei uns implementieren können." Ich war irgendwie erstaunt. Ich hatte gehofft, daß einige der Ideen und Erfahrungen, über die ich gesprochen hatte, für diese Gruppe der MitarbeiterInnen hilfreich sein könnten oder einige ganz andere Ideen hervorrufen könnten, die hifreich wären, aber ich hatte nicht gedacht, daß eine so gestandene Einrichtung die Erfahrungen eines ganz anderen Programms auf der anderen Seite der Welt einfach „adoptieren" sollte.

Als ich meinte, daß ich nicht sicher wäre, ob sie dieses Modell übernehmen sollten, und daß ich kaum in einer Position wäre, wo ich ihnen raten könnte, was für ihren spezifischen Kontext das beste wäre, bemerkte ich Seufzer der Erleichterung bei den

MitarbeiterInnen, die befürchtet hatten, daß ihnen etwas von oben aufgezwungen werden sollte. Einige MitarbeiterInnen sagten: „Wir fühlen uns ganz gut damit, so, wie wir die Sachen machen. Wir sehen schon etwas, das sehr nützlich sein könnte. Zur Zeit kommen alle unsere Jugendlichen Freitagnachmittag wieder zurück in die Stadt, haben eine Familiensitzung und bleiben dann übers Wochenende zuhause. Sonntagabend kommen sie alle wieder zurück ins Zeltlager, und wir sitzen locker zusammen, trinken Cola und reden über das, was schief lief, als sie zuhause waren. Es wäre schon etwas ganz anderes, wenn wir zusammensitzen und darüber sprechen, was gut lief, als sie bei ihren Eltern waren ...“

Die MitarbeiterInnen dieser Einrichtung ... reagierten auf die Prinzipien, Annahmen bzw. die Philosophie über stationäre Arbeit, die ich beschrieben hatte und bemühten sich, die Implikationen dieser Prinzipien für ihr eigenes Programm zu bedenken ... ihr Denken hatte sich verändert und war stärker „kontextuell“ geworden in bezug auf Annahmen über den Bedeutungs-Rahmen, innerhalb dessen die jungen Leute, um die sie sich kümmerten, ihren eigenen Fortschritt bewerten (DURRANT 1991).

Es wäre schön, wenn wir Handlungsanweisungen hätten, wie stationäre Behandlung zu praktizieren ist. Leider ist es nicht so einfach. Wenn wir solche Handlungsanweisungen hätten, würden wir viele Situationen finden, wo sie nicht passen oder keine Antworten geben. Dieses Buch soll praktisch sein, aber es ist kein Manual. Ich hoffe, es ist ein Buch voller Ideen und eines, das Sie anregt, erneut darüber nachzudenken, wie Sie stationäre Arbeit durchführen.

Das Buch enthält etliche Beispiele aus verschiedenen stationären Einrichtungen. Diese Beispiele stammen aus Australien, den USA und Kanada. Sie umfassen stationäre Programme für Kinder, für Jugendliche und für junge Erwachsenen; sie betreffen gerichtliche Zu- und Anweisungen, Delinquenz Jugendlicher, Drogen- und Alkoholprobleme, Familienkrisen, junge Menschen ohne Familie sowie Familien, die eine Zeit Ruhe vor immer wiederkehrenden Konflikten suchen. Sie eint der Versuch, ihre Programme so zu gestalten, daß diese sich auf die Erfahrung der Leute, mit denen sie arbeiten, konzentrieren und das auf eine Art, die einen umfassenden Rahmen für jeden Aspekt ihrer Programme bereitstellt und die sich auf die Stärken von Kindern und Familien ausrichtet.

Allerdings ist das „Aussehen" jedes Programms, das in einem Beispiel dargestellt wird, anders. Jedes Beispiel stellt eine bestimmte Weise dar, die Ideen auszuarbeiten und umzusetzen.

Dieses Buch handelt auch von Theorie. Wenn wir mit jungen Menschen und Familien arbeiten, die emotionale, psychologische oder Verhaltensprobleme durchleiden, brauchen wir eine Auffassung von den Situationen, denen wir gegenüberstehen. D.h. wir müssen eine Theorie haben, die hinter uns steht und uns sagt, was wir tun sollen. Theorie ist eben nicht einfach eine intellektuelle Übung – sie ist die „Karte", die uns hilft, herauszufinden, wie wir mit einer bestimmten KlientIn von A nach B gelangen. Im Rahmen unserer Theorie mag es etliche Möglichkeiten geben, den besten Weg von A nach B zu finden, denn verschiedene Wege passen zu verschiedenen Situationen, aber die Grundlagen der Reise bleiben dieselben.

Die beiden ersten Kapitel sollen die Theorie zusammenfassen. Für einige könnte die Versuchung darin bestehen, darüber hinweg zu huschen und sich darauf zu stürzen, „wie man es macht". Wie man/frau es macht, ist allerdings untrennbar mit der Theorie verknüpft. In diesem Buch vertrete ich immer wieder die Meinung, daß es am wichtigsten ist, wie wir über das *denken*, was wir tun. Es ist unmöglich, das, was wir tun, von dem zu trennen, wie wir darüber denken – die große Gefahr liegt darin, daß wir nicht darüber nachdenken, wie wir denken, und dann *reagieren* wir nur noch auf die Kinder und Jugendlichen, mit denen wir arbeiten.

Am Ende des 2. Kapitels habe ich versucht, die Elemente, die meiner Meinung nach dafür entscheidend sind, wie wir über Menschen, Probleme, Lösungen und stationäre Behandlung denken, zusammenzufassen. Für einige mag diese Zusammenfassung ein guter Anfang sein; allerdings sind diese ersten beiden Kapitel gleichermaßen für ErzieherInnen geschrieben wie für TherapeutInnen.

Die anderen Kapitel betrachten die verschiedenen Stadien und Aspekte stationärer Programme – wie die Aufnahme ausgehandelt wird, die alltägliche Routine, wie Eltern auf eine Art und Weise einbezogen werden, die wichtig und bedeutsam ist usf. Diese Abschnitte sind praxisorientiert, beziehen sich aber immer auf die wesentlichen Ideen darüber, was wir denken, das wir tun.

Stationäre Arbeit ist eine anstrengende Arbeit. Immer geschieht etwas und es kann schwierig sein, sich die Zeit zu nehmen, über das, was wir tun, nachzudenken. Mein wichtigstes Thema in diesem Buch ist das, daß wir darüber nachdenken müssen, wie wir über das denken, was wir tun.

Dieses Buch richtet sich an alle die, die stationäre Arbeit machen sowie an dort tätige TherapeutInnen und LeiterInnen. Die LeserInnen werden sich auf einige meiner Aspekte leichter einlassen als auf andere. Einige werden die praktischen Beispiele am interessantesten finden, andere fühlen sich zur theoretischen Diskussion hingezogen – wie wir darüber denken, wie wir in stationären Programmen funktionieren. Selbst die Beispiele sind unterschiedlich: einige beinhalten Transkripte von Therapiesitzungen im Rahmen stationärer Arbeit, andere konzentrieren sich auf die Reaktionen und Aktionen der direkt betroffenen MitarbeiterInnen. Aber alle spiegeln Ideen der Kurzzeittherapie wider – Ideen, die diesem Buch zugrundeliegen – und diese Ideen sind durchaus nicht neu. Ich wünsche mir, daß die Art, wie sie auf stationäre Situationen bezogen werden, einige neue Ideen auslösen. Für mich ist Theorie wichtig. Ich brauche einen Rahmen, um über das, was ich tue, nachzudenken, sei es in Therapiesitzungen oder in weniger formalisierten Begegnungen mit Menschen. Ohne Theorie fehlt uns jede Konsistenz in unserer Arbeit. Theorie ist aber nur nützlich, weil sie sich in Handlung übersetzen läßt.

Soll dieses Buch erfolgreich sein, dann deshalb, weil es nützlich ist. Es kann sein, daß keines der Beispiele genau zu Ihrem spezifischen stationären Programm paßt. Ich hoffe aber, daß die Ideen passen. Wie diese angewendet werden, welchen Unterschied sie in der Praxis machen – das bleibt Ihre Sache.

\* \* \*

Ich hatte das Glück, mit etlichen Leuten, die in stationären Einrichtungen arbeiten, jahrelang Ideen auszutauschen, und ich finde es nach wie vor beeindruckend, wenn ich von den verschiedenen kreativen Möglichkeiten höre, wie sie einige dieser Ideen implementiert haben. Dieses Buch wäre nie entstanden ohne die Ermutigung durch viele dieser Leute und ohne ihre Bereitschaft, ihre Erfahrungen auszutauschen. Ich danke allen Einrichtungen, bei denen ich arbeiten durfte, für das, was sie mich über stationäre Behandlung gelehrt haben. Ich danke ganz besonders denjenigen, die mir gestattet haben, ihre Geschichten in dieses Buch aufzunehmen.

Im Buch habe ich immer angegeben, aus welchen Einrichtungen die Beispiele stammen. Ich danke diesen Einrichtungen für ihre Erlaubnis, ihre Arbeit vorzustellen. Aus technischen Gründen war es bei einigen Beispielen nicht möglich, die Einrichtung zu nennen. Ich freue mich aber auch über diese Beiträge, wohlwissend, daß manchmal, wenn ein stärker kooperativer, auf Kompetenz beruhender Ansatz in stationäre Arbeit implementiert werden soll, ein Kampf mit stärker traditionellen Ideen, wie diese Arbeit sein sollte, unvermeidlich scheint. Diesen ungenannten Menschen möchte ich sagen, daß Ihre KlientInnen es Ihnen danken werden.

Einige Jahre habe ich eng mit Gerard MENSES zusammengearbeitet. Gerard wurde Leiter einer stationären Einrichtung für Jugendliche (Care Force Youth Services in Sydney), und er stellte mich als Konsultant ein. Ihm ging es darum, einen Unterschied zu machen und zu setzen. Zusammen mit den übrigen Teammitgliedern experimentierten Gerard und ich mit Ideen und Techniken, probierten verschiedene Sachen aus, gingen Risiken ein, machten Fehler und hatten einigen Erfolg. Das war eine spannende Zeit. Einige Zeit dachten wir, wir würden einen völlig neuen Ansatz in der stationären Behandlung entwickeln. Zugleich wurde deutlich, daß sich unsere Ideen jede Woche änderten. Ich werde stets die Bemühungen der MitarbeiterInnen schätzen, die sich mit unseren Änderungen abfanden und imstande waren, den übergreifenden Rahmen von den neuesten ausgefallenen Interventionen zu unterscheiden. Die hier vorgestellten Ideen verdanken Gerard und unserer Zusammenarbeit sehr viel. Don COLES wurde Gerards Nachfolger als Leiter dieses Programms und Don setzte seinen eigenen „Stempel" auf diese Arbeit. Don und ich arbeiten weiterhin in anderen Kontexten zusammen und sein Beitrag zu diesem Buch und zu meinem Denken ist unschätzbar. Von den in diesem Buch genannten Beispielen stammen etliche aus den Care Force Youth Services in Sydney. Das ist das Team, mit dem ich mich jahrelang am stärksten eingelassen habe. Die Arbeit dieses Teams hat sich jetzt auf vielerlei Weise fortentwickelt (zumindest besteht eine der Einheiten, aus der einige Beispiele stammen, nicht mehr) und einige unserer Ideen haben sich auseinander bewegt, aber ich bin Ingrid STORM (die nach Gerard und Don als Leiterin folgte) und den Teammitgliedern dankbar, die nicht nur KollegInnen, sondern auch FreundInnen wurden.

Die Entwicklung meiner Ideen über stationäre Behandlung spiegelt meine eigene Entwicklung als Therapeut wider. Viele Leute waren daran beteiligt. Michael WHITES Arbeit, insbesondere seine Ideen über das Externalisieren von Problemen, sind in meiner frühen stationären Arbeit offenkundig und spielen weiterhin eine Rolle, wobei ich seine Ermutigung sehr zu schätzen weiß. David EPSTON regte mich an, darüber nachzudenken, wie Ideen aus der Anthropologie sich auf Therapie beziehen lassen und der Einsatz der „Übergangsrituale"-Analogie bei stationärer Arbeit geht wesentlich auf ihn zurück. Steve DE SHAZER, Insoo Kim BERG und Eve LIPCHIK sind drei Personen, auf die ich stolz als KollegInnen blicke und deren Einfluß auf mein Denken grundlegend war. Der „lösungen-orientierte" Ansatz*, den sie und ihre KollegInnen in Milwaukee entwickelten, zieht sich durch das ganze Buch und bildet einen wesentlichen Rahmen für meine Auffasssung von Therapie und stationärer Arbeit.

Brian CADE und Kate KOWALSKI sind geschätzte FreundInnen und KollegInnen, die das Schreiben dieses Buches mit durchlebt haben, Anregungen und Vorschläge machten, die sehr hilfreich waren und sich darauf vorbereiteten, mir zu sagen, wenn ich Blödsinn schrieb. Sie haben aber darüber hinaus die Entwicklung meiner Ideen unterstützt und über die Jahre ein Forum für Diskussionen und Debatten gebildet. Auf der praktischen Seite haben Jane DURRANT und Marjory CADE geduldig beim Tippen, Kopieren, Kaffekochen und Unterstützen gelitten und meine Kinder haben (meist) der Versuchung widerstanden, mein Schreiben zu unterbrechen, wenn sie Probleme mit den Hausaufgaben hatten. Mein Sohn formulierte es so: „Wir sehen nichts mehr von Papa, aber zumindest wissen wir, daß er da ist!" Frank THOMAS und Deborah GOOLISHIAN-BROWN sind KollegInnen, deren Unterstützung ich schätze. Ich habe auch Susan BARROWS MUNRO vom Norton-Verlag schätzen gelernt, die mich immer ermutigt und gezeigt hat, daß sie das therapeutische Feld besser kennt als viele TherapeutInnen! Margaret FARLEY, ebenfalls von Norton, hat mit den (subtilen) Unterschieden zwischen „australischem Englisch" und „amerikanischem Englisch" zu kämpfen gehabt und war in ihren Verbesserungen überaus großzügig.

---

*) **Anm. d. Hrsg.**: Wir verwenden in der Übersetzung auch den Plural – sprechen also von Lösungen –, um deutlich zu machen, daß es eben nicht darum geht, die (eine, richtige und einzige) Lösung zu (er-)finden, sondern darum, aus den vielen Wegen und Möglichkeiten, die sich aus den vorhandenen Stärken und Ressourcen der Menschen ergeben, eine auszuwählen – eben eine Lösung unter vielen anderen möglichen Lösungen.

# Kapitel 1
# Der *Kontext* stationärer Arbeit

## Ein fiktives (aber typisches) Beispiel

Charlie ist zwölf. Er ist scheinbar gut angepaßt und hat nur zu den Zeiten Schwierigkeiten gezeigt, wo sie bei einem heranwachsenden, aktiven Kind zu erwarten waren. Sein Verhaltensproblem entwickelte sich nach und nach – es fing damit an, daß er sich den Anweisungen seiner Eltern widersetzte und ihnen mit „lockeren", aber beleidigenden Bemerkungen antwortete. Sein Verhalten wurde angesichts des zunehmenden Erstaunens und Sorgens seiner Eltern bedrohlicher, da sie jede Strategie, die sie kennen, versucht hatten – brüllen, drohen, ablenken, Stubenarrest geben, schlagen etc. Das aktive Familienleben führte dazu, daß ihre Strategien oft nicht ganz bis zuende ausgeführt wurden. Je mehr sie ihre Lösungen versuchten, desto erschöpfter wurden sie und desto mehr blieb Charlie bei seinem Verhalten. Nach einiger Zeit hatte er Wutanfälle, die Brüllen, mit Gegenständen Schmeißen und wüstes Beschimpfen einschlossen. Seine Eltern fanden sein Verhalten unerklärlich und die Auswirkungen auf die Familie verschlimmerten sich. Sie hatten Angst davor, Charlie auch nur um die Erledigung der kleinsten Aufgabe zu bitten, da seine Ausbrüche zunahmen und ihre Geduld wie ihre Kompetenz abnahmen. Mit diesem Problem beschäftigt, haben sie weniger Geduld oder weniger Zeit für die anderen Kinder und sie fragten sich, ob Charlie versucht, die Familie zu ruinieren.

In völliger Verzweiflung suchen sie eine BeraterIn auf. „Wir haben ein Problem mit Charlie. Er scheint Probleme mit seiner Wut zu haben. Wir wissen nicht, woher es kommt, vielleicht hat er zu wenig Selbstbewußtsein oder er ist hyperaktiv. Es muß doch einen Grund haben. Wir kommen damit nicht zurecht, wir wissen einfach nicht, was wir tun sollen." Egal, wie verständnisvoll die BeraterIn auch sein mag, ein solches Gespräch läuft letztlich auf die Aussage hinaus: „Wir fürchten, als Eltern sind wir VersagerInnen."

Die BeraterIn bietet etliche Vorschläge an. Sie verweist auf Strategien, mit einem solchen Verhalten umzugehen, scheint aber erstaunt über den Widerspruch, „Das haben wir schon ausprobiert" oder „Das kann nicht funktionieren, weil...". Das Gefühl der Eltern, versagt zu haben, bedeutet, daß sie diese Vorschläge eher als nicht hilfreich verstehen und sie haben kaum eine Alternative, als ihre Überzeugung zu stärken, Charlie habe eine ernsthafte Pathologie entwickelt.

Nachdem sie wochenlang nichts erreicht haben, rufen sie schließlich wieder an. „Es hat keinen Zweck. Sie müssen Charlie irgendwo anders unterbringen, damit jemand anders sich um sein Problem kümmern kann. Wir wissen nicht mehr weiter." Eltern-Sein ist etwas, von dem erwartet wird, daß wir wissen, wie man/frau das macht – und niemand sagt uns, wie man/frau es macht, bis jemand meint, wir würden es falsch machen! Diese Eltern könnten ebenso gut sagen: „Wir brauchen jemand, die mit uns das macht, was wir bei unserem Kind nicht konnten" und allein die Tatsache, daß Charlie in einer Einrichtung zur „intensiven Behandlung" untergebracht wird, bestätigt ihre Auffassung, daß sie versagt haben oder es bestätigt ihre Ansicht über ihn als jemand, der gestört ist, oder es bestätigt beides. Sie sind traurig, als sie ihn dorthin fahren; er scheint erregt und zögernd und sie fahren so schnell wie möglich zurück. Was hätten sie auch sonst tun sollen?

Wieder zurück ist es im Haus ruhig und friedlich. Sie genießen den Kaffee, ohne auf Charlies neueste Maschen achten zu müssen. Sie können sich um ihre Töchter kümmern. Das Haus ist ruhig, und es ist auf eine Art eine Erleichterung, daß er weg ist. Sie fühlen sich schuldig, wenn sie so fühlen; aber sie können es nicht abstreiten, daß die Situation jetzt friedlicher ist. Einige könnten meinen, sie hüteten ein Geheimnis oder eine unbewußte Zurückweisung ihres Sohnes, aber es ist ganz einfach so, daß der Frieden und die Ruhe erfreulich sind (und die Idee bestätigt, daß er das Problem war).

Nach einigen Wochen (sie haben während dieser Zeit Interesse an Charlies Fortschritten gezeigt, ihn regelmäßig besucht und sauberes Zeug gebracht, wann immer es nötig war), in denen sie hören, daß er zur Ruhe gekommen ist, fangen sie an, sich Gedanken darüber zu machen, daß die Einrichtung vorschlagen könnte, daß Charlie wieder nach Hause soll. Es überrascht kaum, daß sie, je länger sie den Frieden eines Charlie-freien Hauses genießen, sich umso mehr über seine Rückkehr besorgt zeigen. Und sie fragen sich: „Wie haben es die ErzieherInnen bloß geschafft, sein Verhalten in so kurzer Zeit zu ändern?" Sie zweifeln nicht an der Kompetenz der ErzieherInnen. Aber letztlich sind die meisten von ihnen jung und haben keine eigenen Kinder. Der scheinbare Erfolg der stationären Arbeit verstärkt das elterliche Gefühl des Versagens, und sie suchen nach Gründen, den „beunruhigenden Tag" von Charlies Rückkehr hinauszuschieben. „Nun, das ist ja toll für sie, aber wir könnten ihm nie diese völlige Zuwendung und Aufmerksamkeit geben, die er dort genossen hat. Er scheint sich selber zu freuen. Natürlich zeigt er da ein besseres Verhalten – er bekommt viel Aufmerksamkeit und hat nicht den alltäglichen Frust wie zuhause."

Schließlich erklärt die BeraterIn der Einrichtung: „Wir haben jetzt seit einigen Wochen keine Wutanfälle mehr bei Charlie erlebt. Ich bin sicher, daß sein Problem gelöst ist." Sie bringen ihn nach Hause. Es ist schön, daß er wieder da ist, aber Charlies Eltern sind natürlich vorsichtig. Sie achten aufmerksam auf den geringsten Hinweis auf sein altes Problemverhalten und sind so weniger imstande, mitzubekommen, wenn er eine kleine Aufgabe erledigt oder ruhig mit seiner Schwester spielt. Sie können nicht anders, als den Tag vorwegzunehmen, an dem er sich über eine Bitte beklagt oder ein klein wenig unkooperativ ist. „Aha! Wir wußten ja, das würde nicht von Dauer sein."

Gerade der „Erfolg" der stationären Behandlung bestätigt ihr Versagen als Eltern und trägt zu einem Kontext bei, in dem sie eher „Anzeichen" weiterer Störungen sehen oder die nur vorübergehende Natur des Erfolges.

# Eine fiktive (aber typische) stationäre Einrichtung

Wir wollen uns eine stationäre Einrichtung ansehen – eine, die angibt, Prinzipien system-orientierter Familientherapie zu nutzen. Die Struktur ist nicht unbekannt. Kinder und Jugendliche werden aufgenommen, weil sie, ihre Eltern, Jugendwohlfahrtsbehörden, ÄrztInnen oder Gerichte die Notwendigkeit sehen, daß eine Behandlung außerhalb der Familie angebracht sei. Einmal die Woche kommen die Familien zu einer familientherapeutischen Sitzung, wo die „wirkliche" Arbeit geleistet wird. Wenn die Sitzung gut verläuft, kann die Familie bleiben und zusammen mit dem Kind essen oder es übers Wochenende mit nach Hause nehmen. Die übrige Zeit werden Kinder und Jugendliche von ErzieherInnen versorgt, die ein Programm durchführen, das verschiedene Spiele und Aktivitäten ebenso einschließt wie Üben von Alltagstechniken und Kontrolle schwierigen Verhaltens.

Die TherapeutInnen glauben, die Therapiesitzungen seien das entscheidende Vehikel, das zu Änderungen führt. Sie betrachten die Arbeit der ErzieherInnen so, daß diese kaum mehr tun, als sich in der Zeit zwischen den Therapiesitzungen um die Kinder zu kümmern. Wenn ein Problem auftaucht, dann ist es die Pflicht der ErzieherInnen das Kind bis zur nächsten Therapiesitzung zu kontrollieren – oder, wenn es ein ernsthaftes Problem ist, solange, bis eine zusätzliche Sitzung anberaumt werden kann. Die TherapeutInnen erledigen die „wirkliche" Arbeit.

Die ErzieherInnen glauben natürlich oft, daß die „wirkliche" Arbeit in *ihren* Interaktionen mit den Kindern geleistet wird. Therapie ist nur eine selbstgefällige Tätigkeit hinter verschlossenen Türen, die wenig Bedeutung für das alltägliche Programm hat, und die oft den Ablauf der Station durcheinanderbringt und die Kinder aufregt und die in zusätzliche Anweisungen mündet, die in der nächsten Woche auszuführen sind. Für die TherapeutInnen ist das in Ordnung – sie müssen nicht mit den Kindern zusammenleben. Sie können aufwendige Interventionen konstruieren, aber die ErzieherInnen müssen dann mit den Nachwirkungen fertig werden, die manchmal in einem Anstieg von gestörtem oder störendem Verhalten bestehen.

Natürlich tragen TherapeutInnen manchmal die Überzeugung in sich, daß Fremderziehung und Fremdunterbringung nur die zweitbeste Wahl ist. Wenn ihre therapeutische Fertigkeiten besser wären, wären sie imstande, jede Familie ambulant zu behandeln. Als überzeugte FamilientherapeutInnen sind sie nie ganz zufrieden damit, die „identifizierte PatientIn" aufzunehmen und die Familie nur gelegentlich einzubeziehen. Sie bemühen sich, ihre therapeutischen Fertigkeiten zu entwickeln, besuchen Konferenzen und Workshops, mit der Folge, daß nicht nur ihre KlientInnen, sondern auch ihre ErzieherInnen-KollegInnen dem ausgesetzt sind, was immer auch als neueste Intervention gilt. Je besser ihre familientherapeutischen Fertigkeiten werden, desto weniger scheinen sie einen Unterschied zum Alltag des stationären Programms zu machen und desto größer wird die Kluft zwischen dem, was im Therapieraum geschieht und dem, was in der übrigen Zeit in der Einrichtung passiert. Wenn das eintritt, steigt die Spannung zwischen Therapie und den ErzieherInnen. Dementsprechend neigen die ErzieherInnen dazu, ihre Rolle stärker als wohlwollende Kontrolle zu sehen.

Teil dieses Musters (und es ist eines, das sich mit beunruhigender Regelmäßigkeit wiederholt) ist das Einbeziehen und die Haltung der übrigen Familienmitglieder. Das Programm bezieht einen besonders großen Teil „widerspenstiger" Familien ein. Oft „entdeckt" man, daß ihr Engagement reine Illusion ist. Wenn das therapeutische Programm weiterläuft und das Kind oder die Jugendliche Anzeichen größerer Kontrolle oder Stabilität zeigt, scheinen Eltern nicht immer den Optimusmus der ErzieherInnen zu teilen. Sie finden Entschuldigungen, daß das Kind im Augenblick noch nicht nach Hause zurück kann, sie beschuldigen die Einrichtungen, sie sei allzu sehr ein „Feriencamp" oder sie fangen an, therapeutische Maßnahmen zu unterlaufen. ErzieherInnen fangen an, die Kinder in Schutz zu nehmen und entwickeln negative Meinungen über die Eltern. Teamtreffen dauern länger, da die TherapeutInnen den ErzieherInnen helfen, ihren Ärger, der die Arbeit unterminiert, oder ihre Gefühle, daß bestimmte Eltern zurückweisend, unmotiviert oder streitlustig sind, durchzuarbeiten. Wenn dann das Kind schließlich nach Hause zurückkommt, sind die ErzieherInnen bestürzt, wie rasch Eltern ihre alten Klagen wieder aufnehmen und wie gründlich sie die Fertigkeiten zurückweisen, die ihnen gelehrt wurden.

## Verschiedene Einrichtungen – ähnliche Erfahrungen

Stationäre Behandlung wird bestehen bleiben. Wie differenziert unsere therapeutischen Fertigkeiten auch werden, wie umfangreich gemeindliche Dienste auch sein mögen, ich kann mir keine Zeit vorstellen, wo es nicht gerichtlich angeordnete Unterbringungen gibt oder wo es keine Kinder, Jugendliche oder Eltern gibt, die es unmöglich finden, gegenwärtig zusammenzuleben oder wo es keine Familien gibt, die aus Sicherheits- oder Gesundheitsgründen eine Zeit der Distanz fordern. Dienste, die stationärer Unterbringung vorbeugen wollen, z.B. „intensive familien-orientierte Dienste" (KINNEY, HAAPALA & BOOTH 1991), sind eine wichtige Ergänzung des psychosozialen und fürsorgerischen Bereichs; aber ihren BefürworterInnen ist klar, daß das nicht heißt, daß Fremdunterbringungen niemals stattfinden.

Eine gewisse Skepsis gegenüber stationärer Behandlung ist wahrscheinlich hilfreich. Einen jungen Menschen zu schnell in eine stationäre Einrichtung zu überweisen, ist ein sicherer Weg, Auffassungen von Versagen und/oder Pathologie zu verstärken und er übergeht die Tatsache, daß die meisten Familien (mit oder ohne professionelle Hilfe) einen Weg aus ihren Schwierigkeiten finden können. Eine „Pause" zu fordern oder jemanden zu suchen, die „das Problem lösen" wird, ist eine verständliche und natürliche Reaktion auf eskalierende Schwierigkeiten im eigenen Hause. Dennoch können die meisten Familien die Lösung ihrer festgefahrenen Situation finden, wenn ihnen durch die Krise geholfen wird. Auch wenn ich das so sage, glaube ich nicht daran, daß stationäre Behandlung unweigerlich eine zweitbeste Lösung ist. Die stationäre Situation kann Raum und Anregungen bieten, die es der Familie ermöglichen, in den Prozeß einzusteigen, Kontrolle über ihr Leben zu übernehmen. Daß dies in vielen Fällen nicht so zu geschehen scheint, ist keine Reaktion auf die Unangemessenheit stationärer Behandlung als Interventionsform, sondern vielleicht ein Armutszeugnis unserer Ideen über Änderung, über Familie und über Stärken und Ressourcen von Menschen in stationären Einrichtungen – und die Art, wie dies sich dann in der Einstellungspolitik und der Struktur der Einrichtung widerspiegelt.

Kurzzeit-Familientherapie, mit der Ausrichtung auf Interaktion, auf dem Versuch, (Be-)Schuld(igung) und Etikettierung zu umgehen und im allgemeinen mit einem stärker positiven Fokus, sollte dem stationären Bereich einiges zu bieten haben. Meine Erfahrung geht dahin, daß es viele stationäre Programme gibt, die Familien- oder Kurztherapie in einer ihrer vielen Formen aufgegriffen haben. In vielen Fällen bleibt Familientherapie aber etwas, das nur in formalen Therapiesitzungen geschieht. Das restliche stationäre Programm scheint von den sogenannten systemischen Ideen weitgehend unberührt und die meisten Abteilungen, die ich kenne, begründen ihre Alltagsarbeit weiterhin auf irgendein Verhaltensprogramm, das darauf zielt, das Verhalten der BewohnerInnen zu ändern. Das reicht von Abteilungen, die mit ausgefeilten Belohnungs- und Bestrafungsverfahren arbeiten, bis zu solchen, die ein weniger rigoroses Klima der Verhaltenskontrolle ausstrahlen. Das scheint nicht nur nicht zu der behaupteten Ausrichtung auf familientherapeutische Sitzungen zu passen, sondern auch eine Trennung zwischen den beiden Aspekten des Programms zu verfestigen.

In Australien haben sich stationäre Programme in sehr unterschiedlichen Kontexten entwickelt. Viele stationäre Abteilungen sind Teil freier Träger (oft mit Beziehungen zur Kirche), von denen viele als Waisenhaus begannen. Daher überrascht es kaum, daß das Klima, in dem sie sich entwickelten, eines von „Ersatz-Erziehung" war. Als sich im Laufe der Zeit die Klientel veränderte, hat sich zwar der Ablauf auf den Abteilungen gewandelt, aber die Grundannahmen blieben im wesentlichen bestehen. Einige haben sich in kleine Gruppenhäuser entwickelt, andere in Heime, die ein „Haus-Eltern"-Modell propagieren. Die vielen zugrundeliegende Annahme scheint die zu sein: „Wenn wir diesen gestörten Kindern ausreichende und ausreichend gute Fürsorge geben, dann werden sie in der Lage sein, den Schaden, den sie in ihren Familie erlitten haben, zu überwinden und ein erfolgreicheres Leben zu führen." Die MitarbeiterInnen scheinen ihre Rolle in der Hege und Pflege zu sehen und irgendwie die Defizite ausgleichen zu müssen, die in der Fürsorge der Kinder gegeben sind. Es wurde wenig Wert darauf gelegt, das Programm als „therapeutisch" zu begreifen. So überrascht nicht, daß die MitarbeiterInnen oft eine Auffassung über die Eltern entwickelt haben, die diese als defizitär oder abweisend beschreibt, und daß nicht nur die Eltern zurückhaltend hinsichtlich einer Rückkehr ihrer Kinder schienen, sondern daß sich auch die MitarbeiterInnen über eine Rückkehr in eine derartige häusliche Umgebung Sorgen machten.

Der andere Bereich, in dem sich stationäre Einrichtungen entwickelt haben, ist das jugendgerichtliche System – entweder in staatlich geleiteten Institutionen, oft unter der Bezeichnung „Jugend-Trainings-Zentrum", oder in Programmen, die von anderen Organisationen als Alternative zu solchen Besserungsanstalten entworfen wurden. Im Laufe der Zeit haben sich derartige Programme bemüht, humaner zu werden und sich weg bewegt von Großgruppen-Einrichtungen mit Wachpersonal hin zu kleineren, flexibleren Einheiten, in denen Teams von ErzieherInnen oder SozialarbeiterInnen beschäftigt waren. Da man davon ausging, daß die meisten Kinder und Jugendlichen eine Geschichte von „Austoben" oder unkontrolliertem Verhalten mit sich schleppen, lag der Schwerpunkt meist auf Kontrolle. Die zugrundeliegende Annahme schien die zu sein: „Wenn wir eine ausreichende äußere Kontrolle über diese jungen Menschen ausüben können, werden sie imstande sein, diese Kontrolle zu verinnerlichen und ihr Verhalten wird sich ändern." Die Programme wurden dahingehend verstanden, daß sie Verhalten ändern wollten – mit oder ohne besondere Betonung von Therapie. Die MitarbeiterInnen verstanden die ihnen Anvertrauten als Verhaltensgestörte oder als Delinquenten. Familien wurden in unterschiedlichem Ausmaß einbezogen.

Einige Programme waren im Bereich der Psychiatrie angesiedelt (dies gilt stärker für die USA als für Australien). Diese zeigen unvermeidlich einen Fokus der Behandlung und Heilung einiger angeblich identifizierbarer Pathologie, die oft von diagnostischen Ansprüchen und Erfordernissen der Versicherungen angetrieben sind. Derartige Einrichtungen sind meist stärker strukturiert und umfassen eine Vielzahl von gruppen–, einzel–, familien- und milieutherapeutischen Programmen. Aber trotz dieser stärker „professionellen" Erscheinung unterscheiden sich die Kinder und Jugendlichen, die in diesen Programmen die PatientInnen sind, nicht allzusehr von denen, die in anderen Programmen sind. Es sind einfach junge Leute, mit denen ihre Eltern aus verschiedenen Gründen schwer zurechtkommen. Andere Programme funktionieren als

„Jugend-Zuflucht" und begannen als Orte, wo junge Leute hingehen konnten, wenn sie ihre Familien verließen und tatsächlich obdachlos waren. Dort sind zumeist SozialarbeiterInnen angestellt, die ihre Rolle vor allem darin sehen, eine sichere Umgebung zu gewährleisten und die sich oft mehr um die Rechte der Kinder sorgen als um familienbezogene Interventionen.

Die Tatsache, daß einige stationäre Einrichtungen im Gesundheitssystem und andere im Wohlfahrtssystem angesiedelt sind, ist weitgehend ein Ergebnis historischer und finanzieller Bedingungen. Wenn auch Unterschiede zwischen diesen Einrichtungen und ihren Programmen bestehen, so bin ich mir nicht sicher, ob zwischen den Kindern, Jugendlichen und Eltern, um die sie sich kümmern, überhaupt große Unterschiede bestehen. Wenn ein junger Mensch aus welchem Grund auch immer eine Zeit außerhalb der Familie benötigt – zur Erziehung oder zur Behandlung –, dann sagt mir meine Erfahrung, daß sich Familien besiegt und demoralisiert und Kinder oder Jugendliche überwältigt fühlen, so, als ob ihr Leben sich immer weiter von ihrer eigenen Kontrolle und Kontrollierbarkeit entfernt. Alle diese Programme mischen sich mehr oder weniger ein und übernehmen die Kontrolle über die familiäre Situation. Familien sind oft glücklich, ihr Kind den ExpertInnen „auszuhändigen", doch macht es ihnen diese Tatsache unmöglich, sich besonders verantwortlich für eine erfolgreiche Änderung zu fühlen.

# Kontext des Versagens – Kontext der Kompetenz

Was mich sorgt, wenn ich mir solche stationären Einrichtungen anschaue, sind nicht die jeweiligen Besonderheiten dessen, was getan wird – spezifische therapeutische Interventionen oder besondere Aktivitäten im allgemeinen Ablauf. Wie immer gibt es gute und schlechte stationäre Programme sowie gute und schlechte Familientherapie und die jeweilige theoretische oder philosophische Position, aus der sie hervorgehen, mag nicht der entscheidende Faktor sein. Was mich sorgt, ist der Kontext, in dem solche stationären Programme operieren und den sie wiederum aufrechterhalten.

Nach dem *Shorter Oxford Dictionary* ist „Kontext" „die Verbindung zwischen den Teilen eines Diskurses" und „die Teile, die dem jeweiligen Teil oder Text unmittelbar vorausgehen oder folgen und dessen Bedeutung bestimmen." D.h. „Kontext" hat etwas zu tun mit „Verbundenheit" und mit „Bedeutung".* Nach BATESON (der uns anregte, diesen Begriff in unserer ersten Publikation zu verwenden, der aber deutlich macht, daß es ein Konzept ist, das zumindest teilweise undefiniert ist – 1979, S.15) „haben Worte und Handlung ohne Kontext überhaupt keine Bedeutung."

Allgemeiner gesagt, es scheint, als benutzen wir das Wort „Kontext", um uns auf die Umgebung oder die allgemeine Situation zu beziehen, die uns einige Hinweise oder einen Rahmen bietet, Handlungen zu interpretieren. Ich habe früher das Beispiel benutzt, wie ich mit einer Gruppe psychiatrischer KrankenpflegerInnen spreche, wobei wir in einem Raum sitzen, von dem aus wir die Anlage der Klinik sehen können. „Sie können hier solche Sachen machen und Dinge sagen", meinte ich, „die, würden Ihre PatientInnen genau dasselbe draußen tun, Sie sofort ihre Medikation verdoppeln würden!" (MENSES & DURRANT 1986). Meine Idee war nicht einfach nur die Behauptung, KrankenpflegerInnen und PatientInnen hätte unterschiedliche Rechte, sondern daß der *Kontext*, der von der Klinik repräsentiert und erzwungen wird, festlegt, daß Handlungen der PatientInnen das eine bedeuten und dieselben Handlungen der PflegerInnen etwas anderes. LeserInnen kennen vielleicht ROSENHANS berühmte Untersuchung „Gesund in kranker Umgebung" (1973), die zeigt, daß der Kontext der psychiatrischen Klinik dazu führt, daß normales Verhalten der „PatientInnen" als Teil ihrer Symptome interpretiert wird. D.h. psychiatrische Diagnosen sind „kontextuell" (ROSENHAN 1975). Auch wenn individuelle Unterschiede gestattet sind, so bleibt dies dennoch bestehen, wenn wir andere Situationen betreten – oder andere „Kontexte". Der Kontext bestimmt, wie Dingen Sinn verliehen wird.

Später schrieb BATESON von einer „Kontextveränderung – Umgestaltung des Rahmens" [„reframing"] (BATESON & BATESON 1987, S. 73). Umdeuten ist ein Begriff, der den meisten TherapeutInnen vertraut ist und der besagt, daß sich die Bedeutung einer Verhaltensweise ändert, wenn man das Verhalten in einen anderen „Rahmen" stellt (WATZLAWICK, WEAKLAND & FISCH 1974). WATZLAWICK, WEAKLAND und FISCH sprechen auch von „einer Wirklichkeit" – die spezifische Art und Weise, in der einer Situation Sinn verliehen wird, die dann bestimmt, wie die Beteiligten auf die Situation reagieren werden.

---

*) **Anm. d. Hrsg.**: in deutschen Fremdwörterlexika finden sich entsprechende Angaben, z.B. „umgebender Text; Zusammenhang" oder „Textzusammenhang, in dem ein gesprochenes oder geschriebenes Wort o.ä. vorkommt"

Daher kann man „Kontext" ähnlich sehen wie die Begriffe „Rahmen" (wie in „reframe", anderer Rahmen) oder „Wirklichkeit" (im WATZLAWICK-schen Sinne, 1984). Ich verstehe unter „Kontext" die Matrix oder den Rahmen von Bedeutungen, die bestimmen, wie Menschen einer be-stimmten Erfahrung einen Sinn geben – was sie denken, worum es geht.

Im Falle der stationären Behandlung ist der Kontext der übergreifende Rahmen (oder der Set miteinander verbundener Rahmen), der der Zu-weisung/Einweisung Bedeutung verleiht und vor dem die jeweiligen Er-fahrungen und Ereignisse interpretiert werden. Dieser Kontext wird von der Struktur der Einrichtung und ihres Programms gestaltet, von den Erwartungen der KlientInnen, der MitarbeiterInnen und der Gesellschaft (öffentlich wie fachlich) sowie von den Annahmen über sich selber und die jeweils anderen sowie den Absichten, die alle Beteiligten hier zu-sammenführen.

Ich frage mich manchmal voller Sorge, ob in einigen stationären Ein-richtungen viele individuell gekonnte und offensichtlich erfolgreiche Ak-tivitäten und Interventionen ablaufen, aber oft in einem Kontext, der dem Erfolg zuwiderläuft. D.h. solange stationäre Einweisungen in ei-nem Kontext erfolgen, der auf Vorstellungen von elterlichem Versagen und/oder kindlicher Pathologie aufbaut, solange wird selbst erfolgrei-cher Behandlung ein Sinn verliehen, der dazu dient, diese bestehenden Vorannahmen zu bestärken. Der Kontext der Einweisung schließt die Art und Weise ein, in der das Kind, die Jugendliche und jedes andere Familienmitglied in dieser Situation sich selber eine Bedeutung verleiht („Wir haben versagt"; „Er/sie ist gestört"; „Ich bin schlecht" usw.) und die Art und Weise, in der die MitarbeiterInnen sich und ihren Rollen eine Bedeutung verleihen. Diese Glaubensannahmen oder Konstrukte stellen die Schablone bereit, vor deren Hintergrund scheinbarer Erfolg oder Mißerfolg interpretiert werden wird.

Wenn man davon ausgeht, daß stationäre Unterbringung oft ein „letzter Ausweg" ist, dann sind Familien gut geschult in Annahmen über eige-nes Versagen, Inkompetenz oder Pathologie. Gefangen in einer Schau-kel (oder Achterbahn mit ihrem auf und ab) von Versuchen, mit ihrer Situation zurechtzukommen, Hilfe zu suchen, sich hoffnungsvoll zu füh-len und diese Hoffnung dann zerstört zu bekommen, überrascht es nicht, daß Familien sich einer stationären Unterbringung mit der Idee eines „mehr desselben" nähern. Verzweifelt werden sie alles versu-chen, auch wenn sie befürchten, daß auch das nichts bringen wird. Wenn die Einrichtung das tut, was sie (oder jemand anders) fordert und das Kind aufnimmt, so ist das eine Bestätigung von allem, was sie über sich und ihr Kind glauben. Der Kontext ist unvermeidlich einer von Inkompetenz und was dabei überrascht, ist, daß stationäre Behandlung manchmal funktioniert, wenn wir erwarten müssen, daß Vorstellungen der Inkompetenz alles, was geschieht, durchziehen.

Das Problem mit den Annahmen und Vorstellungen, die zum stationären Kontext beitragen – wenn man so will: zur stationären „Wirklichkeit" – besteht darin, daß die Beteiligten daran glauben. Je mehr ich, als Elternteil, „weiß", daß ich eine VersagerIn bin, desto mehr Anzeichen sehe ich, die das bestätigen, desto mehr interpretiere ich die hilfreichen Anregungen der MitarbeiterInnen in dem Sinne, daß sie enthüllen, daß sie mich als VersagerIn sehen usw. Ich habe keine konzeptionellen Mittel, die Dinge anders zu interpretieren. Je mehr ich entsprechend als MitarbeiterIn „weiß", daß diese Eltern unmotiviert sind, desto mehr Anzeichen sehe ich, die das bestätigen und desto mehr werde ich ihnen gegenüber feindselig reagieren.

Wenn ich daher einen zweiten Blick auf stationäre Behandlung werfe, dann sehe ich unsere Aufgabe nicht vorrangig darin, an den Abläufen der stationären Programme herumzuwerkeln. Wir können im Grunde genommen so daran herumwerkeln, wie wir wollen, aber solange der Kontext oder der Bedeutungs-Rahmen für Familie und MitarbeiterInnen unverändert bleibt, erreichen wir wenig mehr als kosmetische Korrekturen. Was wir erneut betrachten müssen, ist der übergreifende Kontext. Wie verleihen wir dem Phänomen der stationären Unterbringung einen Sinn? Wie verleihen unsere KlientInnen ihm einen Sinn? Gibt es eine Möglichkeit des „Umdeutens" – nicht nur das jeweilige Problem umdeuten, sondern die gesamte Erfahrung der stationären Behandlung in einen anderen Rahmen stellen –, eine Umdeutung, die die Möglichkeit vergrößert, daß sich KlientInnen als erfolgreich und kompetent erleben? Natürlich hat jede Änderung, wie wir über stationäre Unterbringung denken, Implikationen für den alltäglichen Ablauf jedes Programms und für die Wechselbeziehungen zwischen den beteiligten Personen (wer ist ExpertIn wofür?) und diese alltäglichen Einzelheiten werden das Ausmaß beeinflussen, bis zu dem jeder Rahmen weiterbesteht. Meine Hauptsorge gilt aber der Ausarbeitung von Denkweisen über stationäre Unterbringung, die eine kohärente Schablone bietet, jeden Aspekt des Programms zu betrachten.

# Neue Bedeutungen machen neues Verhalten möglich

Mich beschäftigt, wie wir darüber denken, was wir tun – und wie unsere KlientInnen darüber denken, was sie und was wir tun. Was mich immer wieder bei meiner eigenen Profession überrascht, ist, daß Leute zu glauben scheinen, PsychologInnen *wissen* etwas. Und einige PsychologInnen scheinen das selber auch zu glauben! Wenn Verhalten aber vom Kontext beeinflußt wird, dann steht die Bedeutung von Verhalten nicht eindeutig fest und dann sind Menschen nicht so vorhersagbar, wie unsere Klassifikationssysteme meinen. Ein Fokus auf Kontext ist ein Fokus auf Bedeutung, und Bedeutung ist keine eindeutig feststehende Ganzheit. Ich glaube nicht, daß Therapie oder stationäre Behandlung sich darum dreht, irgendein erkennbares Problem zu identifizieren oder das Verhalten von Menschen zu ändern oder mit all diesem zugrundeliegenden Ursachen umzugehen. Ich glaube, in der Therapie sollte es darum gehen, Bedingungen herzustellen, unter denen Menschen sich einen anderen Sinn geben können und dementsprechend anders reagieren.

Meine Grundannahme ist die, daß wir uns alle ständig an einem Prozeß beteiligen, unseren Erfahrungen einen Sinn zu geben. Wenn wir an diesem Punkt weiterarbeiten, können wir uns auf KELLYS Idee über „persönliche Konstrukte" beziehen (1955, 1963), die bestimmen, wie wir alle unserer Erfahrung einen Sinn geben oder wir können BATESONS Idee der Einschränkung benutzen (1979), d.h. von Glaubensannahmen, die uns davon abhalten, Dinge anders zu sehen, oder aber Ideen des Selbst-Konzeptes. Alle diese Konzepte beschäftigen sich damit, wie Einzelne und Gruppen sich innerhalb ihrer Erfahrungen der Lebensereignisse einen Sinn geben. Bedeutung ist nicht unveränderlich, und unser Verhalten und unser Gefühl wird davon bestimmt, wie wir unserer Situation, unseren Beziehungen und unseren Erfahrungen einen Sinn verleihen.

Probleme spiegeln Menschen wider, die in einer besonderen Weise, Dingen einen Sinn zu verleihen, feststecken* und diese Betrachtungsweise verdeutlicht, daß ihnen keine alternativen Verhal-

---

*) In bezug auf das Phänomen „mehr desselben" habe ich einmal gemeint, sollte ich jemals gebeten werden, zu einer Revision des DSM beizutragen, würde meine Version nur eine einzige diagnostische Kategorie umfassen – die des „Feststeckens" –, die alle bestehenden diagnostischen Kategorien einschließt (DURRANT & KOWALSKI 1993).

tensweisen oder Lösungsmöglichkeiten verfügbar sind. WATZLAWICK, WEAKLAND und FISCH meinen, daß Probleme oft eintreten, weil normalen Lebensereignissen und -erfahrungen ein solcher Sinn gegeben wird, der sie dazu bringt, das Problem auf eine bestimmte Weise lösen zu wollen. Selbst wenn diese Versuche scheitern, tendieren sie dazu, an Lösungen nach dem Muster „mehr desselben" festzuhalten, da ihre Erklärung der Situation alternativen Lösungen keinen Raum gewährt (WATZLAWICK et al. 1974; WEAKLAND et al. 1974). Dieses Konzept einer Lösung nach dem Muster „mehr derselben" versuchten Lösung, die unweigerlich zu „mehr desselben" Problems führt, ist eine zentrale Idee kurztherapeutischer Ansätze.

CADE hat diese Annahme folgendermaßen zusammengefaßt:

> „Da unsere Assoziationsmuster auf eine bestimmte Weise begründet werden, werden sie dazu neigen, das Verarbeiten weiterer Erfahrungen zu beeinflussen ... Auf diese Weise entwickeln wir Glaubens-Rahmen oder geistige „Sets", die bestimmen, wie wir uns und unsere Welt sehen, wie wir ihnen Bedeutung zuschreiben und wie wir demgemäß auf solche Erfahrungen reagieren. In unseren Beziehungen zu anderen entwickeln wir dann gemeinsame Verhaltensmuster, die einerseits unsere geistigen Sets wie die derjenigen, mit denen wir interagieren, widerspiegeln und die andererseits durch Wiederholung zunehmend bestätigt werden – auch wenn sich solche Muster kaum bewußt entwickeln" (CADE 1985, S.35).

Ich glaube, daß wir in unserer Arbeit mit Kindern und Familien nicht wissen können, warum Dinge geschehen (und oft wissen es unsere KlientInnen selber auch nicht). Wir können vermuten (oder „hypothetisieren"), was mehr oder weniger hilfreich sein kann. Unser Fokus richtet sich daher nicht darauf zu wissen, weshalb Dinge geschehen, sondern darauf, wie unsere KlientInnen ihren Erfahrungen Bedeutung verleihen und wie wir ihnen helfen können, Dingen einen anderen Sinn zu verleihen. Ein Fokus auf Kontext führt uns dahin, stationäre Programme auf eine solche Weise zu gestalten, die die Wahrscheinlichkeit erhöht, daß Menschen neue Möglichkeiten erfahren, daß sie Wege finden, sich auf eine Art zu sehen, die neue Optionen für Beziehungen und Verhalten bereitstellt.

# Kapitel 2
# Übergangsriten:
# Anders-Sein praktizieren

## Wie denken wir über das, was wir tun?

Wir haben zwei Möglichkeiten, über die Aufgabe stationärer Behandlung (oder jeder anderen Therapie) nachzudenken. Wir können sie als einen Prozeß betrachten, in dem wir TherapeutInnen auf das Kind und/oder die Familie einwirken, um sie zu ändern bzw. um Schaden zu beheben oder wir können sie als einen Prozeß betrachten, in dem wir mit Kindern und Familien arbeiten, um sie zu unterstützen, sich selber zu ändern. Egal, wie wir das, was wir tun, einkleiden, ich glaube, jede therapeutische Begegnung spiegelt die eine dieser beiden Grundannahmen wider. Die Art, wie wir über das, was wir tun, nachdenken, wird das meiste von dem, was geschieht, bestimmen und es wird einen starken Einfluß darauf haben, wie unsere KlientInnen reagieren und sich selber während und nach diesem Prozeß sehen.

Stationäre Arbeit hat oft Ideen über Kinder widergespiegelt, die beschädigt oder gestört sind, über Kinder, die Probleme oder Pathologie besitzen oder über Eltern, die inkompetent oder unzulänglich sind. Wenn wir uns unserer Aufgabe von dieser Seite her nähern, werden wir unsere Rolle unvermeidlich als die von ExpertInnen sehen, die auf die KlientInnen einwirken, um etwas zu reparieren oder zu heilen. Diese Auffassung kann sich darin zeigen, daß wir therapeutische Unterstützung bereitstellen, um Kindern zu helfen, „über" schädigende Erfahrungen „hinwegzukommen", um Kontrolle zu praktizieren, damit sich inakzeptables Verhalten verändert und Kontrolle internalisiert wird, um Aufgaben zu verschreiben, damit dysfunktionale Familienstrukturen oder Prozesse geändert werden usf. Ich habe schon im vorhergehenden Kapitel deutlich gemacht, daß solche Interventionen, ganz egal, wie gut sie auch sein mögen, unvermeidlich einen Kontext familiärer Inkompetenz verstärken. KlientInnen beginnen die Behandlung, indem sie sich im Status des Versagens erleben oder als Menschen, die unzulänglich sind. Sie beenden die Behandlung mit dem gelösten aktuellen Problem, aber mit der Bestätigung ihres Status, da sie sich selber nicht als Personen erfahren haben, die persönliches Vermögen oder Kontrolle über den Änderungsprozeß besitzen.

Wenn mein französisches Auto kaputt ist, suche ich eine ExpertIn, die es repariert. Es hat einige Zeit gedauert, eine Werkstatt zu finden, die sich mit den Besonderheiten französischer Autos auskennt und „George" ist ein hervorragender Experte, der jedes Problem, das mein Auto entwickelt, lösen kann. Ich habe keine Illusionen über mein fehlendes Können, mein Auto zu reparieren, und ich bewundere Georges Fähigkeiten, zu diagnostizieren und zu reparieren (und wenn ich jemals selber daran denken sollte, ich könnte mein Auto reparieren, sagt George mir, „Michael, bleib` du bei den Menschen und ich bleib` bei den Autos!"). Immer, wenn er mir mein Auto nach einer erfolgreichen Reparatur zurückbringt, bestärkt das meine Sicht, daß ich inkompetent bin, was europäische Technik angeht (und die Höhe seiner Rechnung erinnert mich an seine ExpertInnenschaft!). Glücklicherweise ist meine Ansicht von meiner ExpertInnenschaft, was Autos angeht, kein größerer Beitrag zu meinem übergreifenden Selbstkonzept. Dennoch verlasse ich seine Werkstatt voller Freude, daß das Auto jetzt läuft, aber bestätigt in meiner Auffassung von meiner eigenen Unzulänglichkeit in diesem Bereich. Das Problem ist gelöst; der umfassendere Kontext – der zu meiner Ansicht meines eigenen Status in dieser Sache beiträgt – wurde allerdings bestärkt. Kinder werden leider oft in stationären Einrichtungen auf dieselbe Weise untergebracht, wie Autos zur Werkstatt gebracht werden. Die Familie möchte sie verständlicherweiwe repariert haben; allerdings kann eine erfolgreiche Reparatur ihr fehlendes Können bestätigen. Die Gesellschaft erwartet von mir nicht, daß ich Autos reparieren kann. Aber die Gesellschaft *erwartet* von Eltern elterliche Kompetenz, und deshalb sind die Implikationen dieses Mangels schwerwiegender.

Bei meinem therapeutischen Ansatz und meinem Verständnis stationärer Behandlung haben sich Annahmen über Defizit und Reparatur als nicht hilfreich erwiesen. Sie nehmen sich neben meinen Ansichten und Beobachtungen, daß Menschen und Familien über Ressourcen verfügen, die eine Vielzahl von Belastungen, Änderungen und Schwierigkeiten handhaben können, ziemlich armselig aus. Wenn KlientInnen zu mir kommen, kann es natürlich sein, daß sie nicht so effektiv handeln oder funktionieren, aber das ändert nichts an der Tatsache, daß die meisten Leute die meiste Zeit mit Belastungen so umgehen, daß sie damit klarkommen. Eines der Probleme, TherapeutIn (oder MitarbeiterIn einer stationären Einrichtung) zu sein, besteht darin, daß unsere Ansichten unzureichenden oder „verzerrten" Daten entstammen. Wir sehen KlientInnen, wenn die Dinge *nicht* gut laufen und eine solche schiefe Stichprobe kann uns leicht dahinbringen, die Welt in Begriffen von Dysfunktion, Pathologie und Defizit zu sehen.

Unsere AhnInnen im Bereich individual-orientierter Therapie und Psychiatrie spiegelten diesen Fokus am deutlichsten in der Operation wider, die als Diagnose bekannt ist. Ist ein Problem erst einmal in einer sogenannten objektiven Weise klassifiziert, dann hört es auf, in der *Erfahrung* der KlientInnen zu existieren – es existiert dann im Wissenskanon von ExpertInnen über das, was normal und gesund bzw. unnormal und ungesund ist. Dabei ist es unerheblich, ob die jeweilige Formulierung sich auf analytische Theorie, Bindungs- und Zuneigungstheorie, Lerntheorie, Systemtheorie, Ideen über Ganzheiten wie etwa „A.D.D." oder irgendeine andere Theorie bezieht. Haben wir erst einmal den Problemtypus identifiziert – und vielleicht seinen darunterliegenden Grund –, betreten wir den Bereich von Defizit und Reparatur, und wir beschränken uns auf eine Position, die unseren Blick für Stärke und Erfolg vernebelt, die sonst im Leben unserer KlientInnen erkennbar oder möglich wären.

Familientherapie ist nicht davor gefeit. Trotz einer ausgesprochenen Betonung von Systemen und „zirkulärer Kausalität" haben FamilientherapeutInnen sich auch daran gemacht, Familienpathologie, dysfunktionale Familienstrukturen und konflikthafte Ehen usf. als kindliche Probleme „verursachend" zu identifizieren. Auch wenn unsere Klassifikationssysteme nicht so mikroskopisch differenziert sein mögen, so ist das Ergebnis, wie wir das, was unsere KlientInnen präsentieren, beschreiben und dem einen Sinn verleihen, und dementsprechend unsere Rolle bestimmen, oft den therapeutischen Modellen mehr als nur ähnlich, von denen viele FamilientherapeutInnen sonst behaupten, sie würden sie zurückweisen.

Im Bereich der Kurz- und Familientherapie gab es allerdings Herausforderungen dieser vorherrschenden Orthodoxie. Der ursprüngliche (und noch weiter bestehende) Ansatz der Kurztherapie der MRI-Gruppe in Palo Alto (WATZLAWICK et al. 1974; WEAKLAND et al. 1974) war „nicht normativ und nicht pathologisch" (HEATH & AYERS 1991). Andere haben ihre Rahmen und Ansätze auf Annahmen über die Stärken – und nicht die Defizite – der KlientInnen aufgebaut. Indem sich viele TherapeutInnen auf Milton ERICKSONS Fokus beziehen, das *zu nutzen* („*utilisieren*"), was KlientInnen zur Therapie bringen, anstatt einfach vorgefertigte Ideen der TherapeutInnen über das, was geschehen sollte, durchzusetzen, haben sie Ansätze ergriffen, die danach suchen, *mit* KlientInnen *zu arbeiten*, statt *auf* sie *einzuwirken* – und es ist nur möglich, mit ihnen zu arbeiten, wenn wir die Grundüberzeugung vertreten, daß Menschen Lösungen für ihre Probleme erreichen können. Der „lösungs-orientierte kurztherapeutische"* Ansatz von DE SHAZER und seinen KollegInnen (DE SHAZER 1988, 1991) beruht auf der Annahme, daß es Zeiten gibt, wo KlientInnen die Sachen richtig machen und daß es nützlicher ist, sich darauf zu konzentrieren, anstatt auf das, was sie „falsch" machen. O`HANLON (1993) spricht von „Therapie der Möglichkeit"*, die sich auf die feste Überzeugung gründet, daß Änderung eine Möglichkeit ist und daß KlientInnen dies einfach erkennen müssen. PAPP (1988) meint, solche Ansätze repräsentieren ein *Ressourcen-Modell,* „...in dem die TherapeutIn Familie zuallererst mit ihren Ressourcen sieht und erst an zweiter Stelle und auch nur zeitweilig als therapiebedürftig. Im Ressourcen-Modell sucht und benutzt die TherapeutIn die Stärken und Ressourcen der Familie, anstatt die Familie als defizitär zu sehen, die einer Reparatur mittels äußerer Hilfen bedarf" (S. V).

„Anstatt unsere Bemühungen darauf zu richten, Pathologie zu erkennen und zu korrigieren, sollten wir uns darauf konzentrieren, Ressourcen und Stärken der Menschen zu stützen und zu vergrößern. Menschen kooperieren und ändern sich eher und leichter in einem Umfeld, das ihre Stärken und Ressourcen unterstützt und ihnen eine Auffassung von sich als fähig anbietet – und weniger, wenn man auf ihre Pathologie und Probleme fokussiert" (O`HANLON 1990, S. 88)

Stationäre Programme sind für Ansichten von Defizit und Reparatur besonders anfällig. Schließlich ist das oft genau das, was Eltern wollen oder erwarten – „Nehmen Sie mein Kind und bringen Sie das in Ordnung, was falsch ist." Das ist oft genau das, was Gerichte und Wohlfahrtsbehörden erwarten. Und allein die Tatsache, ein Kind oder eine Heranwachsende *aus* dem Haus und der familiären Umgebung herauszunehmen und sie *in* ein besonderes Programm hineinzustecken, verstärkt die Tatsache, daß hier etwas Besonderes geschieht. In einem

---

*) **Anm.d.Hrsg.**: Um hier noch einmal die bereits im vorigen Kapitel angeführte Bemerkung aufzugreifen: Die begriffliche Formulierung beider Ansätze kann allzu leicht Assoziationen an die Lösung oder an die Möglichkeit heraufbeschwören. Deshalb erscheinen die Begriffe „lösungen-orientiert" oder „Therapie der Möglichkeiten" passender – sie nehmen Abschied von der Idee, es könne eine einzige Lösung oder eine einzige Möglichkeit geben. Der Plural verweist darauf, daß es nicht um die einzige Auf-Lösung gehen kann, sondern um das Erkennen und Offenmachen von Optionen, von Möglichkeiten, von Lösungen. Die eine, die dann „gewählt" wird, ist diejenige, für die sich die KlientInnen entscheiden – und gerade das zeichnet sie aus.

ambulanten Setting fällt es uns leichter, eine nicht pathologische Haltung zu bewahren. Der Akt der stationären Aufnahme scheint zu bestätigen, das eben genau die Person das Problem ist oder es hat und daß wir die ExpertInnen sind, die das Programm laufen lassen, sie zu heilen. Mein ständig wiederkehrendes Thema lautet aber, daß eine solche Auffassung zu einem Kontext beiträgt, der Kind und Familie eben genau im Status der Inkompetenz beläßt, den sie vorher innehatten.

Wenn wir wirklich glauben, daß Kinder, Jugendliche und Familien, die wir sehen, imstande sind, in ihrem Leben Kompetenz zu erfahren (denn ein *Glaube* ist und bleibt es), dann stellt das für die stationäre Situation besondere Herausforderungen dar. Wie können wir – für uns wie für unsere KlientInnen – einen Kontext schaffen, der zur Erfahrung von Kompetenz beiträgt? Wir können Methoden der Kurz–, der lösungenorientierten oder der Ressourcen-Therapie anwenden, aber sie alle sind nicht ausreichend, solange sie nicht in einem allgemeinen Klima ablaufen, das es dem ganzen stationären Programm ermöglicht, ihre Werte zu reflektieren. Einen ressourcen-orientierten Therapieansatz an ein allgemeineres und implizit defizit-orientiertes stationäres Programm anzuhängen, ist ein Rezept zum Verwirren und zu Konflikten unter den MitarbeiterInnen. Die Frage lautet vielmehr: „Gibt es eine Möglichkeit, so über den gesamten stationären Prozeß zu denken, daß unsere Ziele, Kompetenz zu vergrößern und Ressourcen zu nutzen, gefördert werden?"

Dieser Fokus auf Kompetenz hat einige Aspekte psychosozialer und fürsorgerischer Arbeit in verschiedenen Einrichtungen beeinflußt. Wie bereits erwähnt, gibt es einige Therapieansätze, die aus Ideen über Kompetenz hervorgegangen und darauf begründet sind (z.B. DE SHAZER 1988, 1991; O'HANLON & WEINER-DAVIS 1989). „Familien-orientierte Dienste" und „Vermeidung von Fremdunterbringung", insbesondere das „homebuilders"-Modell (KINNEY, HAAPALA & BOOTH 1991), gehen davon aus, daß Familien Stärken haben und die Fähigkeit, sich zu ändern. Wenn man davon ausgeht, daß diese Ansätze nicht in jedem Fall erfolgreich sind, Fremdunterbringungen zu vermeiden, so ist es hilfreich, wenn eine Unterbringung auf eine Weise geschieht, die entsprechende Ideen über Kompetenz widerspiegelt.

# Änderung:

## Heilung eines Problems oder Wechsel des Status?

Was, meinen wir, ist Änderung? Wenn wir von der Voraussetzung ausgehen, daß unsere KlientInnen Ressourcen besitzen und viele Herausforderungen erfolgreich bewältigt haben, können wir die Zwangslage, mit der sie auftauchen, so verstehen, daß sie in ihr „feststecken". Sie haben versucht, etwas an der Situation zu machen, aber es hat nicht funktioniert und sie sind darin gefangen, sich als inkompetent und VersagerInnen zu sehen. D.h. der Kontext ist einer des Versagens, ihr Status ist einer der Inkompetenz. Wir wollen darauf hinweisen, daß ein Änderungsprozeß darauf zielt, es ihnen zu ermöglichen, sich anders zu erfahren – sich in einem anderen Kontext zu sehen oder in einem anderen Status. Daher besteht unser Ziel nicht darin zu heilen. Unser Ziel besteht darin, einem Übergang von einem Status in einen anderen zu assistieren – d.h. Status, so wie er von ihnen und von denjenigen, mit denen sie bei dieser speziellen Problemlage zu tun haben, wahrgenommen wird. Behandlung als ein Prozeß des Übergangs enthält ganz andere Implikationen als Behandlung als ein Prozeß von Heilung oder Veränderung.

Die anthropologische Literatur zeigt Wege, über den Änderungsprozeß im Sinne eines Übergangs von einem Status zu einem anderen nachzudenken und hier können wir auch eine Metapher für den Prozeß der stationären Behandlung finden, die ein Klima anregt, Kompetenz zu entwickeln und zu erkennen. Wenn man davon ausgeht, daß viele Aspekte stationärer Behandlung von den normalen Prozessen des Alltags abgetrennt werden, kann es sinnvoll sein, sich mit Arbeiten über *rituelle* Prozesse oder über Prozesse, die den Prozeß der Änderung symbolisieren, zu befassen. Insbesondere VAN GENNEP (1908) hat von dieser Klasse ritueller Prozesse geschrieben, die er „Übergangsriten" nennt – rituelle Prozesse, die einen Übergang von einem Lebensabschnitt in den nächsten oder von einem Status in den anderen einschließen.

Wir können uns eine Familie vorstellen, die die stationäre Behandlung ihres Kindes in einem Kontext des Versagens erlebt und sich selbst im Status des Versagens begreift. Wir hoffen, daß sie aus diesem Prozeß in einen Kontext der Kompetenz eintauchen, und sich selbst im Status der Kompetenz erleben. Die Metapher eines „Übergangsrituals" (wir müssen uns bewußt bleiben, daß *jedes* erklärende oder theoretische Konzept, das wir heranziehen, nur eine Metapher ist – unsere KlientInnen erleben es nicht notwendigerweise so, wie wir es beschreiben) scheint für einen Prozeß bedeutsam, der einen Wandel des Status oder des Kontextes einschließt.

In vielen Stammeskulturen wird aus dem Übergang vom Jungen zum Mann oder vom Mädchen zur Frau eine ganze Menge gemacht und oft umgibt ein komplexer ritueller Prozeß diesen Übergang. Z.B. verlassen die Jungen den Stamm zu einer festgelegten Zeit (sie lassen gewissermaßen ihre Kindheit hinter sich) und gehen hinaus in die Wildnis. Dort üben sie jagen, kämpfen, sich an die Beute anschleichen usf. – sie praktizieren oder experimentieren im wesentlichen damit, erwachsen zu sein. Während dieser Zeit sind sie weder Kind noch Erwachsener – sie sind im Übergang. Nach einer angemessenen Zeit des Übens kehren sie zu ihrem Stamm zurück und werden als Erwachsene willkommen geheißen. Das mag in mancher Hinsicht verfrüht scheinen. Sie haben nicht alles erfahren, was es heißt, erwachsen zu sein und sie lernen und entwickeln sich weiterhin. Körperlich sind sie nur einige Wochen älter als vorher und von daher körperlich nicht eindeutig als Erwachsene erkennbar – was körperliche Kriterien betrifft. Trotzdem kehren sie als Erwachsene zurück und werden von diesem Augenblick an in Ausdrücken ihres neuen Status gesehen. Meist findet dann noch ein großes Fest statt, daß eine öffentliche Würdigung ihres neuen Status einschließt.

Wenn man an Rituale im allgemeinen und Übergangsrituale im besonderen denkt, dann kann man leicht zu der Auffassung kommen, das Fest stelle das Übergangsritual dar. VAN GENNEP (1908) hat aber gezeigt, daß das Fest nur den Endpunkt des Übergangsrituals markiert. Das Wesentliche des Prozesses ist der Übergang von einem Status in den anderen und die Zeit des Übergangs oder der Übung ist das, was diesen Prozeß kennzeichnet. Der ganze rituelle Prozeß stellt einen Rahmen bereit, in dem der Übergang stattfinden kann. Ein Ritual – wie z.B. ein Übergangsritual – „kann deshalb nicht einfach einen Übergang *markieren*, sondern es muß zur selben Zeit auch einen Übergang *vollziehen*" (ROBERTS 1988, S. 14).

Wenn wir stationäre Behandlung als ein Mittel betrachten, das der Familie hilft, einen Übergang von einem Status zu einem anderen oder einen Richtungswechsel auszuhandeln, dann kann uns die Metapher des

Übergangsrituals möglich machen, das Programm auf eine solche Weise zu entwerfen, die genau dies erleichtert. Wie gründlich ein solches Programm auch sein mag, so wird jede Familie weiteren Herausforderungen gegenüberstehen, wenn ihr Kind entlassen ist. Anstatt unser Ziel in der Heilung zu sehen, ziehe ich es vor, uns so zu sehen, daß wir Familien helfen, einen anderen Weg zu beschreiten, mit neuen Fertigkeiten und neuen Gefühlen der Kompetenz. Wir können das Programm (und seinen Abschluß) so betrachten, daß es einen Übergang für Kind und Familie *darstellt*, aber auch, daß das Programm ihnen selbst hilft, diesen Übrgang zu *vollziehen*. Andere haben die Metapher des Übergangsrituals als eine Analogie für den Prozeß der Therapie gesehen (IMBER-BLACK, ROBERTS & WHITING 1988; KOBAK & WATERS 1984). Die Metapher scheint gut zur Situation der stationären Behandlung zu passen.

# Stationäre Behandlung als Übergangsritual

VAN GENNEP (1908) beschreibt das Übergangsritual als einen rituellen Prozeß mit drei Abschnitten.

„In der ersten Stufe, der *Trennungsphase*, werden besondere Vorbereitungen getroffen und neue Erkenntnisse weitergegeben, während der Rahmen zur Markierung eines bestimmten Ereignisses geschaffen wird. Diese Vorbereitungszeit für das Ritual ist so wichtig wie das eigentliche Ritual. Die zweite Stufe ist die *Schwellen- oder Übergangsphase*, in der die Menschen tatsächlich am Ritual teilhaben, sich selbst neu erfahren und neue Rollen, neue Identitäten übernehmen. Die dritte Stufe ist die *Wiedereingliederung oder Reintegration*, in der die Menschen mit ihrem neuen Status wieder in die Gesellschaft aufgenommen werden." (ROBERTS 1988, S.7f)

Wir wollen diese drei Abschnitte einmal in Hinblick auf die stationäre Situation betrachten, denn sie können einen nützlichen Rahmen bereitstellen, in dem wir unsere Auffassung vom stationären Prozeß konstruieren können.

## Trennungsphase

Wird ein Kind oder eine Heranwachsene in eine stationäre Einrichtung aufgenommen, so findet eine offenkundige Trennung statt – eine Trennung von der Familie. Das ist aber nicht die Trennung, die wir besonders beachten wollen, denn diese Trennung verstärkt allzu leicht die Ansicht über den Fehler oder das Defizit aufseiten des Kindes. Wenn wir dies als eine Zeit des Übergangs für die ganze Familie hervorheben, dann soll nicht die räumliche Trennung des Kindes von den Eltern im Mittelpunkt stehen (und, wie wir noch sehen werden, ist die Aufgabe, kreative und konsistente Möglichkeiten zu finden, die anderen Familienmitglieder in die Behandlung einzubeziehen, ganz entscheidend). Der Aufnahmeprozeß kann vielmehr so gesehen werden, daß das Kind und die Familie gemeinsam anfangen, sich von ihrem Problem und ihrer Vergangenheit zu trennen.

„Übergangsrituale beginnen, wenn sich Menschen von einem alten Status trennen, der nicht mehr zu ihnen paßt" (ADAMS-WESTCOTT & ISENBART 1990, S.38). D.h. die Trennung, die wir betonen müssen, ist eine Trennung auf der Ebene von Kontext oder Status – und keine Trennung von Menschen.

Wir wollen nicht, daß stationäre Behandlung ein „mehr desselben" ist. Sie haben wahrscheinlich schon einige Therapieversuche hinter sich, die, da sie jetzt eine Heimunterbringung anstreben (die oft als „letztes Mittel" gilt), nicht erfolgreich und demoralisierend waren und ihre Hoffungen, daß sich alles zum besseren ändern könnte, vermutlich verringert. Es wäre ein leichtes, die stationäre Aufnahme in dieses Muster einzupassen und sie zu einem weiteren Schritt auf demselben ausgetretenen Pfad in Richtung Inkompetenz zu machen, anstatt zu einem ersten Schritt in Richtung auf Hoffnung und Kompetenz. Trennung ist daher Trennung von den alten Wegen, die Situation zu sehen, und sie umfaßt eine ganze Reihe von Aspekten.

Erstens, es ist wichtig, daß Eltern und Kind in ihren Erfahrungen und ihren Bemühungen bestätigt werden. Für die, die in stationären Einrichtungen arbeiten, ist es ein leichtes, über eine Neuaufnahme hinwegzugehen und zu vergessen, was das für ein riesiger Schritt für Eltern und Kind gleichermaßen ist. Wenn wir dies zu einer Übergangszeit machen wollen und nicht zu einem Akt der Heilung, dann werden wir wünschen, daß unsere KlientInnen erleben, daß sie selber eine größere Rolle bei dem, was geschieht, spielen. Wir wollen mit ihnen und nicht an ihnen arbeiten. Um eine derartige Beziehung herzustellen, müssen wir von Anfang an von einer Haltung ausgehen, die grundlegenden Respekt und Bestätigung ausdrückt – und ein Annehmen dieser Haltung wird das, was wir über unsere KlientInnen zu glauben gelernt haben, gründlich infragestellen. Wir möchten den Schritt, sich zur Aufnahme anzumelden, nicht herunterspielen. Es ist wichtig, daß unsere KlientInnen uns so erleben, daß wir die Anstrengungen, die sie unternommen haben, wertschätzen, und daß wir ihre Zweifel, Ängste und Frustrationen verstehen. Und sie müssen hören, daß wir anerkennen, daß sie eine wichtige Entscheidung getroffen haben, diese Einrichtung aufzusuchen. Ihre Erfahrung mag natürlich so sein, daß sie keine Wahl hatten – entweder weil die Situation unerträglich schien oder weil ein Amt, eine Behörde die Entscheidung über die Fremdunterbringung getroffen hat – dennoch ist es hilfreich, davon auszugehen, daß die Aufnahme in der Einrichtung eine Entscheidung aufseiten von Eltern und Kind widerspiegelt, eine Entscheidung, an Änderungen zu arbeiten.

Zweitens, der Abschnitt der Trennung schließt auch ein, daß eine andere Sichtweise über die Fremdunterbringung aufgebaut wird, die es ermöglicht, sie zu einem Übergang zu machen. Dies ist ein Prozeß des *Umdeutens* – nicht einfach das vorgestellte Problem umdeuten, wie wir es in der Therapie gewohnt sind, sondern den ganzen Behandlungsprozeß umdeuten. Dieses Umdeuten kann ein Externalisieren des Problems für Kind und Familien nutzen (WHITE 1989), es kann einschließen, die Situation in Begriffen des Erfolges statt des Überwindens von Versagen zu rahmen; es wird mit Sicherheit die Unterbringung als eine Zeit des Übens oder Experimentierens einrahmen. Dieser Prozeß des Umdeutens ist ein wesentlicher Teil der Vorbereitungen für die Aufnahme und die Schaffung eines Kontextes des Übergangs. Er wird im folgenden Kapitel eingehend beschrieben. Dieser Prozeß soll eine Denkweise über die Unterbringung begründen, die die Stärken der Familie betont und es wahrscheinlicher macht, daß sie daran mitarbeiten, in eine neue Richtung zu gehen.

„Rituale sind gemeinsam entwickelte symbolische Handlungen, die nicht nur die zeremoniellen Aspekte der eigentlichen Präsentation des Rituals beinhalten, sondern auch dessen Vorbereitungsprozeß ... Es hat aber sowohl offene wie geschlossene Anteile, die „zusammengehalten" werden durch eine führende Metapher." (ROBERTS 1988, S. 8). Was ROBERTS unter „offenen" und „geschlossenen" Teilen des Rituals versteht, sind jene Teile des Prozesses, die Flexibilität erlauben und nicht strukturiert sind sowie jene Teile, die vorbestimmt oder Teil der Struktur sind. Hier ist die Anregung wichtig, daß die verschiedenen Teile des Prozesses von einer Leitmetapher „zusammengehalten" werden. Wird die stationäre Unterbringung umgedeutet, wird dies eine Metapher für die Aufgabe bereitstellen, die zu einem *Thema* für Kind, Familie und MitarbeiterInnen wird, wenn die vielen Aspekte des Programms voranschreiten. Dieses Thema wird den gegenwärtigen Prozeß von den bisherigen Lösungsversuchen abtrennen und eine gemeinsame Sprache und Denkweise bereitstellen, die bei allem, was folgt, verwendet werden kann. Das Thema, das sich aus der Umdeutung ergibt, kann anschaulich sein, wie z.B. „intensives Üben, dem Jucken zu widerstehen" für ein Mädchen, das „juckende Finger" und Geld gestohlen hat (MENSES & DURRANT 1986) oder auch allgemeiner, wie z.B. „eine Gelegenheit zu üben, dem Muster zu widerstehen, in dem ihr feststeckt", für einen jungen Mann und seinen Vater (DURRANT & COLES 1991) oder „üben, mehr gute Tage zu haben" (wie in dem Beispiel in Kapitel 4) – es wird immer einen Bezug zur Unterbringung herstellen. Das Thema begründet eine Denkweise über die neue Richtung, die die Familie einschlägt, und das zukünftige Familienleben mit dem Kind muß ebenso Teil dieses Abschnittes sein wie der Zeitpunkt der Entlassung.

Ein wichtiger Aspekt, wenn man ein solches Thema schafft, ist der, daß es eine Bedeutung für die Situation möglich macht, die sich von der, die alle Beteiligten bisher teilten, unterscheidet. Frühere Bedeutungen schlossen meist die Idee ein, das Kind oder die Jugendliche seien im Unrecht oder gestört und/oder die Eltern unzulänglich, und derartige Bedeutungen sind für eine Zusammenarbeit von Kind, Familie und MitarbeiterInnen nicht förderlich. Das neue Thema stellt die kommenden Erfahrungen in einen anderen Rahmen, in dem alle Beteiligten sich gemeinsam Herausforderungen stellen. Die praktische Situation mag so aussehen, daß das Kind im Heim untergebracht wird, daß aber die Bedeutung, die diesem Prozeß gegeben wird, alle einschließt. „Diese Züge haben die wichtige Funktion, alle Familienmitglieder als gemeinsam Reisende zu behandeln, *die sich in ihrem Bedürfnis und ihrer Hoffnung nach Änderung gleichen*" (KOBAK & WATERS 19845, S. 91). Der Prozeß des Übergangs wird ein Prozeß sein, der die ganze Familie betrifft und eben nicht nur das Kind.

## Schwellen- oder Übergangsphase

Als wir über die Aufnahme von Sohn oder Tochter verhandelten, habe ich einigen Familien gesagt, ich könne nicht garantieren, daß das Problem gelöst sein wird, wenn das Kind nach Hause zurückkehrt. Und ich habe auch gesagt, das Zuhause sei der einzige Ort, wo Änderungen eintreten können. Sie leben nicht hier in der Einrichtung und jede Änderung und jeder Fortschritt hier kann eine wichtige Lektion sein und Ideen bereitstellen, wie zuhause etwas anders gemacht werden kann, aber es wird deshalb die Situation zuhause nicht von alleine verändern.

Wenn wir Fremdunterbringung als Übergang und nicht als Heilung ansehen, ist der Druck von uns genommen, dieses Problem in einem festgelegten Zeitrahmen lösen zu müssen. Die Wegnahme dieses Drucks bedeutet, daß wir nicht dauernd nach Anzeichen ständiger Änderungen suchen müssen. Vielmehr können wir die Zeit so sehen, daß es rauf und runter geht, daß mit neuen Dingen experimentiert und neue Dinge ausprobiert werden. Eine Änderung – und besonders einen Änderung in der Art und Weise, wie Familienmitglieder miteinander umgehen und sich selber sehen – kommt nicht sofort und wird nicht beständig sein. Immer, wenn wir etwas anders machen und dies mit einer Änderung, wie wir darüber denken, zusammengeht, durchlaufen wir eine Zeit von Versuch und Irrtum. Das ist eine natürliche menschliche Erfahrung. Die meisten von uns wußten nicht sofort, wie man/frau eine EhepartnerIn ist. Wir hatten vielleicht eine Zeit der Verlobung, wo wir „ausprobierten", Teil eines Paares zu sein und für die meisten Menschen schloß die Verlobungszeit Mißverstehen, Zeiten der Niedergeschlagenheit und der Erregung ein, da wir mit dieser Beziehung experimentierten. Als ich die Klinik verließ, um in freier Praxis als Therapeut zu arbeiten, waren meine ersten Monate in gleicher Weise vom Experimentieren mit Systemen gekennzeichnet, vom Organisieren und Umorganisieren meines Umgehens mit allen Dingen, um meine neue Freiheit herauszufinden und meine neuen Verantwortlichkeiten zu erkennen. Eine Zeit fühlte es sich so an, als „spielte" ich freie Praxis, denn es war eine Zeit von Versuch und Irrtum, bis ich imstande war, mich mit meiner neuen Identität anzufreunden. Wenn das unsere Erfahrung ist, wenn wir „normale" Änderungen im Lebenszyklus aushandeln, wieviel mehr wird dies dann der Fall sein, wenn Leute sich daran machen, sich selbst in Bezug auf eine Situation, die sie als schmerzlich unangenehm erlebt haben, zu ändern?

BATESON sprach von Änderung und Lernen als „stochastischer Prozeß", worunter er einen Prozeß von Zufall und neuen Erfahrungen als Versuch und Irrtum verstand. In den Übergangs- oder Initiationsriten der Stämme praktizieren oder experimentieren die Initiierten damit, erwachsen zu sein. Es wird nicht erwartet, daß Sie, sobald sie ihre Kindheit hinter sich gelassen haben, automatisch wissen, wie es ist, erwachsen zu sein. Was sie außerdem durch diesen Übergangsprozeß erreichen, ist der Zustand, sich selbst als Erwachsenen zu sehen – und nicht alle Fähigkeiten für jedes erwachsene Handeln zu beherrschen. Der Versuch-und-Irrtum-Prozeß besteht darin, neue Denkweisen über sich selber auszuprobieren, denn diese werden den Rahmen für sie bereitstellen, in ihrer neuen Rolle weiterzumachen. „In der Marginal- oder Schwellenphase ist die dem Ritual unterworfene Person oder Gruppe weder in dem alten noch in dem neuen Status ... (Sie) versuchen sich in neuen Rollen, neuen Identitäten" (ROBERTS 1988, S. 19).

Die Zeit der stationären Unterbringung könnte als Teil der Übergangsphase gesehen werden, wo alles als Experiment oder Erprobung oder „Versuch und Irrtum" gilt. Der Vorteil des stationären Aufenthaltes für das Kind oder die Jugendliche besteht darin, daß er einen Ausgangspunkt für intensives Üben und einen sicheren Kontext für Experimente bereitstellt. Der Vorteil des stationären Aufenthalts für die Eltern liegt darin, daß er eine gewisse räumliche Distanz schafft, die es ihnen ermöglicht, zu üben und zu experimentieren ohne den unmittelbaren Druck der häuslichen Anwesenheit ihres Kindes. Dieses Konzept von Üben oder Experimentieren wird während der Unterbringung hervorgehoben. Die Betroffenen stecken in Verhaltens- und Beziehungsmustern fest, die für sie nichts brachten und sie nehmen sich die Zeit, neue Möglichkeiten herauszufinden, die wirkungsvoll sind. Eine solche Sichtweise steht in deutlichem Gegensatz zu vielen Erwartungen, daß sich das Kind während des stationären Aufenthaltes gleichmäßig und Schritt für Schritt bessern wird. Diese Erwartung – implizit oder explizit – läßt wenig Raum für Schnitzer, die als alles mögliche außer Versagen gelten. Aber wir müssen uns vor Augen halten, daß alte bekannte Verhaltensweisen und Muster bestehen bleiben und daß selbst bestätigter Fortschritt von Zeiten begleitet wird, die weniger erfolgreich sind.

Ich habe zuviele Kinder und Eltern erlebt, deren Freude über Fortschritte durch einen einzigen Vorfall, der als Versagen oder Rückschlag gesehen wird, zerschlagen wurde. Wenn wir aber an Übung denken – Üben, einen Ball zu treffen, eine Rolle in einem Spiel zu übernehmen, ein Musikinstrument zu spielen etc. – dann würden wir wenig lernen, wenn wir es immer richtig machen. Es sind genau die Zeiten, wo wir Fehler machen, die uns helfen, klarer zu erkennen, wie wir die Dinge haben wollen und was wir nächstes Mal nicht tun sollen. Ich habe es auch zu oft erlebt, daß Kinder und Jugendliche wegen eines bestimmten Problems stationär untergebracht und wieder ohne viel Federlesens entlassen wurden, weil sie genau dieses Problem zeigten. (Das deutlichste Beispiel ist das, wo ein Jugendlicher stationär untergebracht wird, weil er gewalttätig ist und dann entlassen wird, weil er gewalttätig ist. Das heißt nun aber nicht, daß wir hemmungslose Gewalt tolerieren müssen. Ich kann mir nicht helfen, aber ich habe den Eindruck, daß genau dies sehr leicht eine weitere Erfahrung werden kann, versagt zu haben, was die Aussicht auf eine Änderung noch weiter zu verschlechtern scheint.)

Jedes Verhalten innerhalb der Einrichtung wird als experimentell verstanden. Das heißt nun aber keinesfalls, daß es *nicht* auch Verhaltensweisen gibt, die *nicht* akzeptiert werden und Konsequenzen nach sich ziehen (und ich werde darüber, wie wir über „Disziplin" und „Konsequenzen" denken können, in Kapitel 8 schreiben). Auf jeden Fall ist das Klima der Einrichtung eines, wo alles in Begriffen des Übens gesehen wird. Diese jungen Leute und ihre Familien sind in einer Phase „mittendrin und dazwischen". Sie sind in einer Phase des Übergangs. Könnten sie Erfolg sofort und beständig erreichen, wären sie nicht in der Einrichtung! Ein Klima oder ein Rahmen des Übens ist aber kein Freibrief, alles zu tun, keine Vorschrift für die MitarbeiterInnen, alles zu tolerieren. Es bietet vielmehr eine Denkweise über den Prozeß an, die uns Möglichkeiten an die Hand geben sollte (zusammen mit dem bereits benannten Thema der Aufnahme), auf Verhaltensweisen zu reagieren und Ereignisse zu besprechen, die die Bewegung in Richtung Kompetenz und Kontrolle befördern.

Praktisch heißt das, daß die Aufgabe der MitarbeiterInnen in dieser Phase darin besteht, „Ausnahmen" zum bisherigen Verhalten zu betonen (DE SHAZER et al. 1986) und darüber als experimentelle Entdeckungen zu sprechen, auf die sich Fortschritt aufbauen läßt, wie auch über „Rückschläge" als Teil eines fortlaufenden Experiments zu diskutieren. Für eine bestimmte Person kann es bestimmte, stärker strukturierte Aspekte im Ablauf geben oder auch nicht; diese und die täglichen Erfahrungen stellen allerdings das Material bereit, darüber in Ausdrücken des Übens zu sprechen. So, wie ich darauf verwiesen habe, daß die Art und Weise, wie wir über stationäre Behandlung *denken*, wichtig ist, so ist die Art und Weise, wie wir über das, was geschieht, reden und darauf reagieren, wichtiger als die Ereignisse selber. Was die anderen Familienmitglieder angeht, so suchen die fortlaufenden Therapiesitzungen und all die anderen Möglichkeiten, sie in die Behandlung einzubeziehen, danach, ihre „Arbeit" zuhause als integralen und *gleich wichtigen* Teil der experimentellen Aufgabe zu definieren.

Unser vorrangiges Ziel besteht darin, daß Familien, die Versagen und fehlende Kontrolle erlebt haben, entdecken, daß sie erfolgreich sein und Kontrolle in ihrem Leben ausüben können. In Übereinstimmung damit wird alles, was während der Übergangsphase geschieht, mit ihnen besprochen. Wird ein spezifisches Vorgehen verwendet oder verursacht ein Verhalten des Kindes Schwierigkeiten, so wird ihre Unterstützung gesucht. Keine Entscheidung über das Vorgehen gegenüber der BewohnerIn wird ohne vorherige Konsultation der Eltern getroffen. Diese Haltung unterscheidet sich sehr von den üblichen stationären Programmen, wo die MitarbeiterInnen als ExpertInnen gelten, die die Behandlungsentscheidungen in Hinblick auf die KlientInnen treffen. Wenn irgendein Profit der Behandlung auch nach der Entlassung weiterbestehen soll, müssen Eltern sich als kompetent und effektiv sehen. Sie fühlen sich eher imstande, weiter Änderungen zu schaffen, wenn sie sich als Teil des Prozesses erfahren haben, in dem Änderungen erzielt wurden. Schließlich können wir den Eltern sagen, daß wir Erfahrung besitzen, eine Umgebung zu schaffen, die Experimentieren und Änderung erleichtern, aber sie kennen ihr Kind und ihre familiäre Situation viel besser als wir und sie wissen besser, was hilfreich sein kann und was nicht. Wir können auch ständig die Tatsache hervorheben, daß das stationäre Setting ein künstlicher Kontext ist. Es wird „da draußen" sicherlich härter.

## Wiedereingliederung oder Reintegration

In gewisser Weise hört Üben nie auf. Ich übe und experimentiere weiterhin, in privater Praxis zu sein und ich werde hoffentlich noch mehr und weiter lernen. Ich experimentiere weiter damit, Ehepartner zu sein, und ich mache oft Fehler, aus denen ich (hoffentlich) lerne. Die erwachsenen Initiierten haben noch Jahre weiteren Übens, erwachsen zu sein, vor sich und am Ende der rituellen Initiation beherrschen sie noch nicht jede Fertigkeit. Das Ende des Rituals heißt nicht, daß die Änderung abgeschlossen ist. In derselben Weise, wie ich mich jetzt als niedergelassener Therapeut betrachte und mich als Eheman und Vater sehe, so haben die jungen Leute des Stammes den Status der Erwachsenen erlangt, wie zögernd und stockend ihr Ausdruck auch sein mag.

Wenn die stationäre Unterbringung solange dauert, bis neue Verhaltensweisen verfestigt sind und Rückfälle niemals auftreten, dann wird sie nie zu Ende sein. Der Abschluß des Prozesses ist *nicht* dann gegeben, wenn Kind und Familie jedes Problem oder jede Herausforderung überwunden haben, sondern dann, wenn sie ausreichend Übung haben, sich genügend zuzutrauen, die Herausforderungen anzunehmen, die sich ihnen zuhause stellen. D.h., genau dann, wenn sie anfangen, sich selbst als kompetent zu sehen und als bereit, die neue Richtung als Familie einzuschlagen. Verstehen wir stationäre Behandlung dagegen als Heilung, dann finden wir uns dabei, die Eltern zu überzeugen, daß ihr Sohn oder ihre Tochter bereit ist, nach Hause zurückzukehren, während sie Hindernisse gegen die Rückkehr aufbauen und wir können erwarten, daß sie nach jedem Anzeichen suchen, daß die Sachen nicht gewirkt haben. Verstehen wir stationäre Behandlung allerdings als eine Zeit des Übergangs, dann wird der rituelle Prozeß beendet sein, ehe jeder einzelne Aspekt der Situation gelöst ist.

Die Abschlußphase oder Wiedereingliederung ist eine, wo Kind und Familie bereit sind, die *wirkliche* Arbeit gemeinsam anzufangen. Eltern und Kind waren bisher daran beteiligt, den Fortschritt der anderen in ihren Experimenten zu überwachen und sie werden von sich und den anderen gelernt haben. Die Zukunft wird weiterhin offen sein; aber die Möglichkeit einer anderen Zukunft ist eine wirkliche Möglichkeit. KOBAK und WATERS meinen, daß die Aufgabe der TherapeutIn (ich würde sagen der MitarbeiterInnen) während der Übergangsphase der Behandlung „darin besteht, die Familie an *der Schwelle der Möglichkeiten* zu halten" (1984, S. 94). Da sie in der Auffassung ihrer Situation als hoffnunglos feststeckten und da sie sich machtlos fühlten, selber überhaupt etwas zu erreichen, sollte das Ende der Zeit der Experimente dann sein, wenn Kind und Familie die Möglichkeit sehen, daß Dinge anders sein können und die Möglichkeit erlebt haben, sich als kompetent zu empfinden.

Da wir uns bemühen, die Familie in ihren Alltag „wiedereinzugliedern" (denn der rituelle Prozeß der stationären Behandlung war in gewisser Weise von den Wirklichkeiten des Alltags abgetrennt), werden wir Konzeptualisierungen einer anderen Zukunft nutzen, um ihnen zu helfen, ihr eigenes Programm zu bauen, mit Änderungen fortzufahren. Das Thema oder der therapeutische Rahmen wird sich allmählich entfernen – es war Teil des rituellen Prozesses und jeder und jede weiß, daß es nur symbolisch war. Der Fokus wird sich auf die Fragen verschieben, was neue Ideen und Gelerntes, neue Auffassungen von sich selber für Zuhause, Schule und Arbeit bedeuten. Therapiesitzungen – zur Zeit der Entlassung und in der Nachfolgezeit – werden sich um die Dinge drehen, die geübt wurden und die funktionieren und darum, wie sie sich fortsetzen lassen, wenn die wirkliche Änderungsarbeit weiterläuft.

## Ein großes Fest – Die Zeremonie

Der ganze Prozeß der stationären Behandlung läßt sich als ein ritueller Prozeß verstehen, indem die Metapher des Übergangs- oder Initiationsritus verwendet wird. Trotzdem werden spezifische Rituale ein wichtiger Teil dieses Prozesses sein. Der Abschluß des Übens oder Experimentierens rechtfertigt ein großes Fest, und ein solches Fest verdient die ganze Ernsthaftigkeit (und ernsthafte Freude) eines rituellen Festes. Das Fest ist die öffentliche Verkündung eines neuen Status. Es ist für jedermann und jedefrau das Zeichen, daß die Person nicht mehr so gesehen wird wie bisher. Das Fest des Erwachsenseins ist dementsprechend ein Zeichen, daß die jungen Leute als Erwachsene angesehen werden. Andere mögen ihre Jugend erkennen und ihre unzureichenden Fertigkeiten – trotzdem werden sie als Erwachsene betrachtet und ihr weiteres Üben wird in diesem Rahmen gesehen. Mein Diplom war eine öffentliche Deklaration, daß mir der Status eines Psychologen verliehen war. Vorher war ich Student und meinen Erfolgen wie meinen Mißerfolgen wurde in diesen Grenzen ein Sinn verliehen. Nach dem Diplom wurden meine Erfolge und meine Mißerfolge in einem anderen Kontext verstanden. Es bestand nicht die Erwartung, daß ich plötzlich bei jedem beruflichen Vorhaben erfolgreich wäre; aber egal, wieviele Fehler ich auch machen würde, ich könnte nie in meinen früheren Status zurück. Ich verstand mich selber anders und das machten auch andere.

Die Entlassungs-Fete oder das große Fest sind nicht nur eine Gelegenheit, Erleichterung und Glück über den Erfolg auszudrücken. Sie sind auch ein wichtiger Markierungspunkt der Statusänderung – und das ist etwas Glückliches und des Feierns würdig. Nichts wird je wieder so sein wie vorher, denn Familie und Gemeinschaft sehen jetzt alles anders. Einige der alten Verhaltensweisen werden weiterbestehen – alles andere wäre auch mehr als überraschend –, aber sie werden jetzt als eine ständige Herausforderung gesehen und nicht als Anzeichen von Versagen.

# Nach dem Übergang ... die *wirkliche* Arbeit

Australien ist stolz auf seine Erfolge im Wassersport. Eine der größten nationalen Sorgen – alle vier Jahre während der Olympischen Sommerspiele – besteht in der Frage, ob unser Schwimmteam besser sein wird als die Teams aus den USA und Osteuropa. Als Insel-Kontinent ist Wasser für uns wichtig und wir sind überzeugt, daß Schwimmen eine Sportart ist, in der wir führend sein sollten. Wir haben unseren Anteil an Goldmedaillen, und doch bleiben wir im Schatten anderer Schwimmteams. Ich kann mir nur vorstellen, daß unsere SchwimmerInnen sich fortlaufend als VersagerInnen sehen (und während das ganze Land jede GoldmedaillengewinnerIn bejubelt, trösten wir unsere Zweitplazierten mit Sicherheit so gut wie gar nicht).

Vor jedem großen Wettkampf, z.B. vor Olympischen Spielen, gehen unsere SchwimmerInnen „ins Trainingslager". D.h. sie sind stationär untergebracht. Sie ziehen sich für eine gewisse Zeit zu einem intensiven Training zurück. Frei vom Druck des Alltags – Anrufe, Medien, Möchtegern-KritikerInnen und SchwimmexpertInnen – leben sie in einem Übungskontext, wo sie mit neuen Techniken experimentieren, ihre Fertigkeiten entwickeln und daran gehen können, sich als GewinnerInnen zu sehen. Die Vorteile, sich zurückzuziehen, um besser zu werden, liegen auf der Hand. Diese Zeit ist dennoch nur eine Zeit des Übens. Sie können in dieser Zeit keine Medaillen gewinnen. Egal, wie schnell sie schwimmen, Trainingszeiten gelten nie als Weltrekord. Nichts, was geschieht oder erreicht wird, ändert etwas an der Tatsache, daß sie die Spiele wagen und sich dem wirklichen Wettkampf stellen müssen.

Wenn die stationäre Behandlung eine Zeit des Übergangs ist, eine Gelegenheit zu üben, dann ändert das nichts an der Tatsache, daß die wirkliche Arbeit noch getan werden muß. Nach dem großen Fest, wenn der junge Mensch nach Hause zurückkehrt, ist die Aufgabe noch nicht erledigt – es ist nur ein Anfang. Die Aufgabe, die familiären Beziehungen neu zu organisieren und neue Verhaltensweisen zu implementieren, wartet. Nur in der häuslichen Umgebung kann die Veränderung wirklich erreicht werden. Wir hoffen, daß am Ende der stationären Unterbringung die Familienmitglieder neue Möglichkeiten entdeckt und erfahren haben und sich selber jetzt bereit und vorbereitet erleben, neue Herausforderungen anzugehen. Wir hoffen, daß sie sich selber in einem anderen Status erlebt haben, der es ihnen ermöglicht, die Unsicherheit und Beklommenheit angesichts von Änderungen von einem anderen Standpunkt aus zu betrachten.

Stationäre Behandlung löst keine Probleme.

Stationäre Behandlung bietet Familien eine Gelegenheit, den Übergang von Gefühlen der Hoffnungslosigkeit und der Hilflosigkeit dahin zu schaffen, daß sie fühlen, sie haben Fertigkeiten und Vorstellungen, wie sie vorankommen können.

*David, 12 Jahre, hat seit langem Probleme mit seinem Zorn. Seine Eltern fühlen sich davon überwältigt und zweifeln an ihren eigenen Fähigkeiten. Nach erfolgloser Therapie ist David stationär aufgenommen worden, um intensiv zu üben, den Zorn zu besiegen. Es war klar, daß der Zorn Davids Größerwerden behindert hat und sein Aufenthalt im Heim war eine Chance zu üben, mit seinem Größerwerden voranzukommen.*

*Während seines Aufenthalts hatte David die Gelegenheit, mit verschiedenen Reaktionen auf seinen Frust zu experimentieren*

und die MitarbeiterInnen taten alles, damit er ab und zu frustrie-
rende Situationen erlebte. Die Eltern nutzten Davids Abwesenheit, um ihre Sicht von sich als elterliche Einheit zu konsolidieren
und um mit ihren anderen Kindern und mit David – wenn er auf
Wochenendurlaub kam – andere Reaktionsweisen auf den Zorn
auszuprobieren. Sie experimentierten damit, dem Zorn nicht zu
gestatten, sie aufzuregen und ihm nicht zu erlauben, sie dazu zu
bringen, sich von ihrer Sicht – wir sind die Eltern, die es am
besten wissen – abzubringen. Sie übten, den Zorn zu ignorieren
und beharrten auf ihren Regeln trotz der Versuche des Zorns, sie
davon abzubringen. David und seine Eltern entdeckten, daß es
schon viele Male geschah, daß sie miteinander auskamen, ohne
dem Zorn zu gestatten, sich einzumischen. Den Zorn zu bändigen wurde das Thema der stationären Unterbringung und die
MitarbeiterInnen reagierten auf David mit konkreten und spezifischen Beispielen, wie er den Zorn nicht die Kontrolle gewinnen
ließ und mit der allgemeineren Idee, daß er jemand sei, der
Zeichen von Stärke und Kontrolle zeige.

Während seines Aufenthalts fanden die MitarbeiterInnen heraus,
daß David sich besonders für Boxen interessierte. Sie fingen an, mit
ihm in solchen Ausdrücken zu sprechen wie: der Zorn „hat dich an
den Seilen" oder „jetzt wird der Zorn angezählt". Bei seiner Entlassungsfeier, bei der David und seine Eltern zusammen mit den MitarbeiterInnen die Tatsache würdigten, daß sie ein intensives Training
in Zorn-Bändigen absolviert hatten, wurde David mit der Urkunde
„Meister im Zorn-Bändigen" ausgezeichnet. Seine Eltern freuten
sich, die Urkunde „TrainerInnen des Meisters im Zorn-Bändigen" zu
erhalten. David erhielt eine Boxtrophäe – eine Bronzefigur auf einem hölzernen Gestell mit drei Plaketten. Auf die erste war etwas
eingraviert, daß deutlich machte, daß David ein Meister im Zorn-
Bändigen war, wobei aber klargemacht wurde, daß sich diese Aus-
zeichnung nur auf Runde Eins bezog. Die beiden anderen Plaketten
waren für Runde Zwei und Drei und es sollte David und seiner
Familie überlassen bleiben, wann diese graviert würden. Einerseits
wurde ihnen ihr neuer Status bestätigt. Andererseits war klar, daß
der größte Teil der Aufgabe vor ihnen lag und daß sie den weiteren
Erfolg beurteilen würden.

- Timaru Hostel, Care Force Youth Services, Sydney

# Also, worum dreht's sich?

Diese beiden Kapitel haben die theoretischen Konzepte entworfen, die eine Art, über stationäre Arbeit zu denken, bereitstellte. Das weitere Buch wird verschiedene Aspekte stationärer Programme betrachten und einige Ideen vorstellen, wie Konzepte für KlientInnen, Familien und MitarbeiterInnen einen Unterschied machen können.

Die Art, wie wir über das, was wir tun, *denken*, hat grundlegende Implikationen für jeden Aspekt stationärer Arbeit. Die Art, wie wir über stationäre Behandlung denken, wird nicht nur die stärker formale Therapie beeinflussen, sondern auch, wie wir mit Fragen der Disziplin auf der Station ungehen, wie wir auf unterschiedliche Verhaltensweisen reagieren, was wir den Eltern sagen etc.

Hier folgt nun eine sehr kurze Zusammenfassung der wesentlichen Konzepte oder Prinzipien, die den Vorgehensweisen, die in diesem Buch beschrieben werden, zugrundeliegen.

1. Menschen befinden sich in einem ständigen Prozeß, sich selber, ihren Beziehungen und dem, was ihnen passiert, „einen Sinn zu geben". Diese Auffassung von sich selbst (oder diese Konstrukte) bestimmen, wie Menschen sich fühlen und verhalten. Deshalb muß ein stationäres Programm bedenken, wie junge Menschen und ihre Familien der Behandlung einen Sinn verleihen – d.h. ein Fokus auf der Bedeutung all der Dinge, die geschehen.

2. Wenn Menschen in Familien Probleme haben, ist das eine Reflexion ihres „Feststeckens". Ihre Sicht von sich bedeutet, daß sie oft keine Möglichkeit sehen, daß Dinge anders sein können, und so können sie sich hoffnungslos und besiegt fühlen und dann in ständigem Problemverhalten gefangen sein.

3. Menschen haben Ressourcen und Stärken und sind imstande, sich anders zu verhalten, aber ihre Denkweise über sich selbst und ihr Verhalten bedeutet oft, daß sie diese Stärken nicht sehen. Die Auffassungen, die die MitarbeiterInnen über ihre KlientInnen und über ihre eigene Rolle haben, bedeuten oft, daß sie die Stärken der KlientInnen auch nicht sehen.

4. Ein stationäres Programm, daß sich auf der Vorstellung gründet, Problemverhalten zu verändern oder psychologische oder emotionale Probleme zu heilen, wird leicht einen Kontext

begünstigen, der BewohnerInnen und Familien das Gefühl verleiht, noch inkompetenter und machtloser zu sein – selbst wenn die Behandlung erfolgreich scheint – und der weiteren Änderungen, wenn die Familie wieder zusammen ist, entgegenarbeitet.

5. Stationäre Unterbringung kann als „Übergang" gedeutet (gerahmt) werden: von einer Auffassung, sich zu sehen, zu einer anderen – von einem Status von Versagen und Problem zu einem von Erfolg und Lösung. Als eine Zeit des Übergangs wird sie von Üben und Experimentieren gekennzeichnet sein – mit unvermeidlichem Auf und Ab und ohne die Erwartung eines konstanten Fortschritts.

6. Alles, was als Teil der Behandlung geschieht, wird diesen Übergang fördern oder behindern. Die Art, wie die Unterbringung gedeutet (gerahmt) ist, kann ein „Thema" bereitstellen, das jedem Aspekt des Programms eine innere Logik verleiht und das einen Rahmen bereitstellt, um im Zuge der Aufnahme zu planen und zu reagieren.

7. Unser Ziel besteht darin, *mit* Kindern, Jugendlichen und Familien zu arbeiten und nicht *an* ihnen.

---

Das Ziel stationärer Behandlung liegt darin, daß der junge Mensch und seine oder ihre Familie imstande sein soll, sich als kompetent und erfolgreich zu erleben. Und durch diesen Prozeß wird es ihnen möglich, eine neue Sichtweise von sich selbst zu entwickeln, die es ihnen erlaubt, fortlaufend hilfreicheres, akzeptableres und erfolgreicheres Verhalten zu entdecken.

---

# Kapitel 3
# Ein Thema für die Praxis festlegen

Nicht alle stationären Projekte gehen von einer deutlich formulierten Theorie der Veränderung aus und viele haben sich auch keine formelle therapeutische Komponente zu eigen gemacht. Dennoch verfolgen die meisten mir bekannten Programme das Ziel, therapeutisch zu sein. Ich habe sogar den Verdacht, daß die wichtigste „Therapie" außerhalb der Therapieräume bei den informellen Interaktionen zwischen Angestellten und TeilnehmerInnen abläuft – am Eßtisch, beim Billiard, vor dem Schlafengehen, auf Ausflügen und wenn die Eltern zu Besuch kommen. Diese Arbeit wird zwar oft unterbewertet, ist aber äußerst wichtig, weil sie sich um die normalen Angelegenheiten des alltäglichen Lebens herum bewegt – und es ist ja gerade der Bereich des alltäglichen Lebens, wo die Probleme auftreten und wo sich auch die Lösungen finden.

Die Herausforderung liegt darin, ein Konzept des Denkens über stationäre Arbeit zu finden, das einen Rahmen für die *gesamte* in Frage kommende therapeutische Arbeit bereitstellt. Wenn KlientInnen, therapeutische MitarbeiterInnen, ErzieherInnen oder SozialarbeiterInnen und andere Angestellte ein gemeinsames Ziel haben und die gleiche Vorstellung über die Fremdunterbringung teilen, können sie sich in ihrer Arbeit ergänzen, statt miteinander im Wettstreit zu liegen. Ein „Thema" für eine Fremdunterbringung verschafft uns eine einheitliche Beschreibung dessen, woran gearbeitet wird, und eine gemeinsame Sprache, in der wir darüber reden können.

Wenn wir die stationäre Unterbringung als eine Übergangsphase betrachten wollen, besteht unsere erste Aufgabe darin, einen Rahmen oder ein Thema zu erstellen, die diese Fremdunterbringung von dem, was vorher geschehen ist, lösen und auf eine neu gestaltete Zukunft ausrichten. Das heißt, die Unterbringung wird auf eine Weise beschrieben, die sie als einen ersten Schritt im Lichte einer neuen Zukunft darstellt und nicht als eine Kette von neuen Frustrationen und Fehlschlägen. Dies erreicht man meistens in einer Art Therapie- oder Beratungssitzung zur Zeit der Aufnahme. Bei Programmen, die keine spezielle Therapie beinhalten, kann dies jedoch auch in den Gesprächen geschehen, die ja auf jeden Fall geführt werden, wenn ein junger Mensch in eine stationäre Einrichtung kommt. Selbst scheinbar völlig desinteressierte Eltern sind meist zu einem Treffen bereit, bei dem über die praktischen Aspekte der Unterbringung ihres Kindes gesprochen werden soll, und solch ein Treffen kann der Anfang eines Prozesses sein, bei dem alle Beteiligten die Dinge neu sehen lernen. Nach meiner Erfahrung kann man die Unwilligkeit der Eltern, sich einbeziehen zu lassen, als Reflektion ihrer Gefühle von Frustration, Versagen und Hoffnungslosigkeit verstehen und als eine verständliche Angst, diese Gefühle könnten durchaus begründet sein. Ein Gespräch, in dem man sich bemüht, die Dinge anders zu sehen, kann dazu führen, daß die Eltern bereitwilliger am Programm teilnehmen. TherapeutInnen und Heimangestellte sollten sich davor hüten, desinteressierte Eltern zu schnell „abzuschreiben".

Hat man das Thema erst einmal festgelegt, durchdringt es alle Aspekte der Fremdunterbringung – wobei dies nicht zu jeder Zeit gleich deutlich ist. Wir legen von Anfang an Wert auf die Feststellung, daß ein solches Thema nicht „sakrosankt" ist. Es kann sich ändern und muß flexibel sein. Doch was am wichtigsten ist, es muß zu den Erfahrungen der Familie und der Jugendlichen passen.

# Umdeuten – die Fremdunterbringung erhält eine neue Bedeutung

Die Idee der Umdeutung (Reframing) ist im Bereich der Kurz- und Familientherapie allgemein bekannt. Sie beruht auf dem Gedanken, die „Bedeutung" eines Verhaltens oder eines Ereignisses sei nicht festgelegt und eine Situation könne daher auf unterschiedliche Weise beschrieben werden – auf eine Weise, die ihr eine ganz neue Bedeutung beimesse. Für WATZLAWICK, WEAKLAND und FISCH (1974, S.95) besteht ein 'Umdeuten' darin „... den begrifflichen und gefühlsmäßigen Rahmen, in dem eine Sachlage erlebt und beurteilt wird, durch einen anderen zu ersetzen, der den `Tatsachen` der Situation ebenso gut oder sogar besser gerecht wird, und dadurch ihre Gesamtbedeutung ändert." Eine andere Bedeutung oder ein anderer Rahmen gibt den Menschen die Möglichkeit, ihren Erfahrungen einen neuen Sinn zu verleihen, und es steht ihnen offen, sich anders zu verhalten und anders zu empfinden. In der Heimsituation ist es unser Ziel, die stationäre Aufnahme und die Umstände, die dazu geführt haben, auf eine Weise zu erklären, die es den betreffenden Personen gestattet, die Geschehnisse als Beginn einer neuen Zukunft zu verstehen und nicht als Fortführung ihrer vergangenen Niederlagen.

Das Problem kann auf eine Weise umgedeutet werden, die es lösbarer erscheinen läßt, doch worauf es ankommt, ist, daß die Umdeutung nicht lediglich eine andere Bedeutung anbietet, sondern für die betroffene Person auch „Sinn ergibt". Ich erinnere mich an einen jungen Mann, der mir zur Therapie zugewiesen wurde (nicht im Rahmen einer stationären Betreuung) mit einem Begleitschreiben seines Arztes, in dem das Problem als „Depression und pathologisches Sich-Zurückziehen aus der Gesellschaft" geschildert wurde. Dies war eindeutig ein schwerwiegendes Problem, unter anderem wegen der Unfähigkeit des jungen Mannes, bei gesellschaftlichen Anlässen mit Menschen zu reden, und wegen seines Gefühls der Mutlosigkeit aufgrund seiner Mißerfolge in zwischenmenschlichen Beziehungen. Da ich nicht sicher war, wie ich „Depression und pathologisches Sich-Zurückziehen aus der Gesellschaft" behandeln sollte, sprach ich mit ihm über sein „Problem mit der Schüchternheit". Diese Beschreibung ergab Sinn für ihn, da sie zu seinen Erfahrungen mit gesellschaftlichen Schwierigkeiten und Peinlichkeiten paßte. Es war jedoch eine Beschreibung, die eher von einer normalen, statt von einer pathologischen Schwierigkeit ausging. In der Beschreibung wurde nicht das Ausmaß der Schwierigkeiten, wie er sie erlebte, verändert (denn wenn meine Beschreibung den Anschein erweckt hätte, die Ernsthaftigkeit seiner Schwierigkeiten würden unterschätzt, hätte sie nicht zu seiner Erfahrung gepaßt). Sie ermöglichte uns jedoch, ganz neu über seine Situation nachzudenken und insbesondere auch *Ausnahmen* bei seinen Schwierigkeiten zu erkunden. Wenn ich ihn nach Zeiten gefragt hätte, in denen er nicht unter „Depressionen und pathologischem Sich-Zurückziehen aus der Gesellschaft" gelitten hatte, wären ihm diese unter Umständen nur schwer eingefallen. Eine Beschreibung im Sinne einer ernsthaften Pathologie hätte es ihm nicht erlaubt, die Möglichkeit zu sehen, daß die Dinge manchmal auch anders lagen. So war er jedoch in der Lage, anzufangen, über die Zeiten nachzudenken, in denen es ihm gelungen war, trotz seiner Schüchternheit mit Menschen zu reden, und wir konnten daran gehen, Lösungsmöglichkeiten aufzuzeichnen. Es ist wichtig festzuhalten, daß weder „Depression und pathologisches Sich-Zurückziehen aus der Gesellschaft" noch „Schüchternheit" die *wahre* Bedeutung seines Zustandes wiedergaben. Er und ich konnten uns im wesentlichen darauf einigen, es so oder so zu benennen, solange beide Beschreibungen seiner Erfahrung entsprachen. „Schüchternheit" war eine Beschreibung, die uns beiden die Möglichkeit einräumte, uns voran zu bewegen.

Stationäre Unterbringung wird oft in einer Weise gedeutet, die das Gefühl des Versagens betont. Wie ich im ersten Kapitel beschrieben habe, sehen Familien (insbesondere Eltern) die stationäre Aufnahme oft als einen letzten Versuch, ihr Kind „in Ordnung" zu bringen. Diese Deutung ist unausweichlich kontraproduktiv, da sie auf Gefühlen des Versagens und der Verzweiflung beruht, denn selbst eine erfolgreiche Fremdunterbringung kann weiterhin entmachten. Während das Thema für eine Fremdunterbringung erstellt wird, werden Wesen und Ziele der Fremdunterbringung umgedeutet. Unser Ziel bei der Konstruktion des Themas liegt darin, einen Bedeutungsrahmen anzubieten, der es den Menschen ermöglicht, die Fremdunterbringung und ihre Zukunft anders zu sehen. Wenn ihnen dies gelingt, sehen sie vielleicht auch mögliche andere Verhaltensweisen und Interaktionen.

## Gemeinsame Beschreibungen der stationären Unterbringung

Ich habe Eltern oft ausrufen hören: „Wir brauchen einmal eine Ruhepause!" Ich habe auch stationäre Einrichtungen kennengelernt, die anbieten, den Eltern „eine Ruhepause" zu ermöglichen.

Das Problem liegt im Nachdenken darüber, warum diese Eltern eine Pause brauchen. Wir versuchen vielleicht, an eine Pause als etwas Neutrales zu denken, es ist aber dennoch schwer, sich der Tatsache zu entziehen, daß es leicht als Beweis von Versagen angesehen wird, wenn man eine Pause braucht. Eine stationäre Einrichtung mag den Eindruck von Wohlwollen und Güte erwecken, wenn sie Eltern wie Kindern eine Pause anbietet, aber dennoch bleibt die Tatsache, daß die meisten Eltern eben doch kein Krankenhaus oder eine andere Institution brauchen, die ihnen eine Pause von ihrer Rolle als Eltern ermöglichen. Ganz gleich also, wie viel Unterstützung und Verständnis eine stationäre Einrichtung anbietet: wenn Eltern meinen, sie brauchen eine Pause, ist es für sie schwer, dies nicht auch als Versagen in ihrer Elternrolle zu deuten.

Eine stationäre Einrichtung, die eine Pause anbietet, ist vielleicht erfolgreich, aber die Eltern werden noch mehr entmachtet, und die Meinung, die sie von sich selbst haben, nämlich inkompetent zu sein, wird aufrechterhalten. So überrascht es nicht, wenn sie sich mit großer Wahrscheinlichkeit in einer Weise verhalten, die zu dieser Meinung paßt, und Dinge sagen oder tun, die als „Sabotieren der Fremdunterbringung" oder „Zurückweisen des Kindes" interpretiert werden.

Manchmal ist die Bedeutung der Fremdunterbringung für die Eltern noch expliziter. „Nehmen Sie unser Kind und bringen Sie es in Ordnung" wäre eine passende Zusammenfassung der Haltung vieler Eltern, die mit ihrer Kraft am Ende sind. In Anbetracht ihrer Bemühungen, mit der Situation fertig zu werden, und ihres ständigen Gefühls des Versagens, ist dies verständlich. Trotzdem ist es in diesem Rahmen nicht wahrscheinlich, daß sie auf Anzeichen des Erfolgs reagieren, denn der Erfolg der Einrichtung bestätigt ihr vorhergegangenes Versagen.

Welchen Sinn macht eine stationäre Unterbringung für die Kinder und Jugendlichen? Viele von ihnen haben die Drohungen ihrer Eltern erlebt, sie würden sie „fortschicken". Selbst wenn sie in der stationären Einrichtung Spaß haben, bin ich sicher, daß viele junge Leute sich ihre Aufnahme dort zurechtlegen als „meine Eltern werfen mich hinaus" oder als „irgendetwas kann mit mir nicht stimmen". Keine der beiden Deutungen bietet ihnen viel Hoffnung.

## Langsam eine Familie werden

Anna und Sophie, 13 und 15, hatten seit der Scheidung der Eltern eine Reihe von Jahren bei ihrer Mutter gelebt. Den Vater sahen sie regelmäßig; trotzdem war ihnen klar, daß er das Leben allein genoß. Alles ging gut, bis ihre Mutter schwer krank wurde und starb. Nun mußten sie nicht nur mit der Trauer um den Verlust der Mutter fertig werden, sondern plötzlich auch noch beim Vater leben. Sie hatten Wochenenden bei ihm verbracht, aber die ganze Zeit bei ihm zu leben, war etwas ganz anderes.

Der Vater war es nicht gewohnt, für zwei Teenager zu sorgen, und bald entwickelten sich Konflikte. Die Mädchen meinten, der Vater stelle übertriebene Anforderungen an sie, und er seinerseits wurde wegen ihrer mangelnden Kooperation mit ihm immer frustrierter. Die Streitereien nahmen immer heftigere Formen an, die Mädchen verbrachten immer mehr Zeit außer Haus, und der Vater griff auf immer stärkere Strafmaßnahmen zurück, um ihr Betragen unter Kontrolle zu bringen.

Das Jugendamt mischte sich ein, als die Schule anfing, sich Sorgen zu machen, ob die Mädchen ausreichend versorgt würden. Der Vater gab bereitwillig zu, daß er keinen Einfluß mehr auf seine Töchter habe, und sie wurden in einer stationären Einrichtung untergebracht. Sie betrugen sich dort gut und kamen wieder nach Hause; es dauerte jedoch nicht lange, bis die Sitaution sich wieder verschlechterte. Zwei weitere Unterbringungen wurden ausprobiert, eine davon bei Pflegeeltern. All diese

Maßnahmen schienen gut zu laufen – das Verhalten der Mädchen schien sich zu beruhigen, und die Leute glaubten, die Mädchen seien nun in der Lage, wieder bei ihrem Vater zu leben. Unglücklicherweise ging es jedes Mal eine Weile lang gut, bis der Vater wieder anfing, sich zu beklagen, weil die Mädchen sich nicht einfügten und unkooperativ und widerspenstig seien.

Verschiedene Ideen wurden vorgetragen, um diese Situation zu erklären, unter anderem die, daß die Mädchen noch um den Tod der Mutter trauerten und der Vater nicht in der Lage sei, sich um zwei heranwachsende Mädchen zu kümmern. Keine dieser Erklärungen bot einen Weg nach vorn. Alle Fremdunterbringungen waren zwar wohlgemeint gewesen, aber in einer Weise gedeutet worden, die es sowohl dem Vater wie auch den beiden Jugendlichen erlaubt hatte zu meinen, andere Leute bemühten sich darum, das Problem „in Ordnung zu bringen", und sie seien nicht viel mehr als Objekte oder ZuschauerInnen.

Als die Familie einer weiteren stationären Einrichtung zugewiesen wurde, beschloß die Therapeutin, die mit ihnen arbeitete, die Situation anders zu deuten – sie so zu deuten, daß der Vater und die Mädchen erleben konnten, wie sie selbst etwas zu ihrer Situation beitrugen. Die Therapeutin hörte zunächst dem Vater und den Mädchen zu und gewann einen Einblick, wie schwierig die Situation gewesen war (wobei, was ganz wichtig war, ihre Erlebnisse von Frustration und Niederlagen anerkannt wurden); sie sprach dann die Vermutung aus, man könne das Problem möglicherweise darin sehen, daß die Entscheidung über ihr Wiederzusammenkommen nicht bei ihnen gelegen hatte. Andere Menschen hatten entschieden, wann sie soweit wären, als Familie zusammenzukommen. Vielleicht war dadurch alles zu schnell geschehen – wichtig war, daß sie diese Entscheidung nicht für sich selbst hatten treffen können. Da sie ja vorher keine Familie gewesen wären, könnte man von ihnen jetzt wohl kaum erwarten, eine Familie zu sein, wenn der Prozeß des Zusammenwachsens nicht in ihren Händen läge. Vielleicht mußten sie sich für dieses Zusammenwachsen mehr Zeit nehmen?

Der Familie wurde eine stationäre Unterbringung für die Mädchen angeboten, mit dem Ziel, sie selbst ausprobieren zu lassen, wie sie eine Familie bilden könnten, und es ihnen selbst zu überlassen, sich gemäß ihrem eigenen Tempo zusammenzufinden.

Es ist müßig, darüber zu streiten, ob diese Erklärung „wahr" ist oder nicht. Sie war die einzige Möglichkeit, die Situation verständlich zu machen. Es war wichtig, sie den Mädchen und dem Vater verständlich zu machen. Sie erhielten dadurch die Möglichkeit zu erleben, wie sie selbst auf das Einfluß hatten, was mit ihnen geschah.

*Die Mädchen wurden aufgenommen, damit sie sich darin üben konnten, herauszufinden, wie sie Teil einer Familie mit dem Vater sein konnten. Während der Aufnahme wurden verschiedene Verhaltensweisen betont, die der Familie helfen würden, sich näher zu kommen. Andere Verhaltensweisen wurden so eingestuft, daß man mit ihnen zwar versucht, seine eigenen Dinge zu tun – was auch in Ordnung sein kann –, daß sie aber dem Zusammenschluß als Familie nicht nützen. Dies war sinnvoll, da die Mädchen ganz offensichtlich wirklich Teil einer Familie mit ihrem Vater sein wollten. Sie – und er – wußten einfach nur nicht, wie man das anfing. Die Formulierung des Themas ermöglichte es, das „Problemverhalten" im Kontext ihres Zieles zu sehen, statt es einfach nach irgendwelchen willkürlichen Kriterien als unakzeptabel einzustufen.*

*Natürlich bot die Zeit der Aufnahme der Mädchen dem Vater auch die Chance, sich zu überlegen und zu üben, was es bedeutete, Vater zu sein. Zu diesem Üben gehörte sowohl die Neuordnung gewisser Bereiche seines Lebens wie auch das Vatersein, wenn die Mädchen ihn am Wochenende besuchten.*

*Die MitarbeiterInnen reagierten auf verschiedene Weise auf das Verhalten der Mädchen und mußten manchmal auch Strafen verhängen oder andere Konsequenzen ziehen, wenn die Regeln gebrochen wurden. Es wurde jedoch bei solchen Überschreitungen darüber diskutiert, wie verständlich sie seien, da die Mädchen sich daran gewöhnt hatten, ihr Verhalten selbst in der Hand zu haben und daher erst üben mußten, sich Erwachsenen unterzuordnen. Die MitarbeiterInnen bemühten sich, alle Verhaltensweisen zu unterstreichen, die kooperativ und rücksichtsvoll waren, äußerten laut ihre Verwunderung, wie die Mädchen dies schafften, und sprachen mit ihnen darüber, welch einen Unterschied solch ein Verhalten machen würde, wenn sie zu ihrem Vater zurückkehrten. Oft stellten sie die Frage: „Wie werdet ihr wissen, wann ihr bereit seid, wieder eine Familie zu sein?" und forderten die Mädchen auf, über alle möglichen Vorfälle nachzudenken in Hinblick auf die Frage, ob ihnen dies zu erkennen helfe, wann sie bereit wären, mit dem Vater eine Familie zu bilden.*

*In den Familiensitzungen gingen die Therapeutin und die MitarbeiterInnen noch einmal durch, was die Mädchen erreicht hatten. Sie fragten die Töchter und den Vater, ob dies Dinge seien, die ihnen halfen, sich für einen Familienzusammenschluß bereit zu fühlen. Auch die Gedanken und Pläne des Vaters wurden in Augenschein genommen in Hinblick auf seine Vorbereitung für seine Rolle als Vater der Mädchen. Die Therapeutin und die MitarbeiterInnen hüteten sich davor, selbst vorzuschlagen, die Mädchen seien jetzt bereit, entlassen zu werden. Vielmehr wurde die Famiie oft gefragt, wann sie meinte, bereit zu sein, und woran sie das erkennen würde.*

*Bei einer Familiensitzung überreichten die Mädchen dem Vater ein Geschenk. Er entfernte das knallige bunte Papier und fand einen schreiend auffälligen Schlips. Der Vater schluckte seinen Widerwillen gegen diese modische Entgleisung herunter und dankte seinen Töchtern für das Geschenk. Sie riefen im Chor: „Toll, Vati, das war ein Test, wie gut du schon als Vater bist – und du hast bestanden!"*

*Die Wochenendbesuche zu Hause waren nicht unproblematisch, aber das Thema, das man entwickelt hatte, erlaubte ihnen, auf jeden Vorfall unter dem Aspekt des „Übens, eine Familie zu sein" zu reagieren. Erfolge wurden vermerkt. Dinge, die nicht so gut liefen, waren Übungsbeispiele und konnten Anlaß für Diskussionen sein, was man anders machen konnte – ohne von Schuld oder Fehlern zu reden.*

*Schließlich wurden die Wochenendbesuche zu Hause um mehr und mehr Tage verlängert, und die Mädchen wurden in die Pflege des Vaters entlassen. Was ganz wichtig war: sie hatten immer die Entscheidung über die längere Zeit zu Hause selbst in der Hand. In den therapeutischen Folgesitzungen zeigte sich, daß die Familie immer noch Schwierigkeiten hatte, aber besser darauf vorbereitet zu sein schien, sich mit diesen gemeinsam auseinanderzusetzen.*

*– Robinson House, Care Force Youth Service, Sydney –*

In diesem Fall hatte die Familie erlebt, wie andere Menschen – ExpertInnen – entschieden, wann es für sie richtig war, zusammenzukommen. Im Kontext dieser Fremdunterbringung war es ihnen erlaubt zu fühlen, daß sie diesen Prozeß selbst in der Hand hatten. Sie wurden aufgefordert, die Entscheidungen zu fällen, wie lange sie zu Hause sein und wann sie entlasssen werden wollten, und dadurch hatten sie nicht nur die Möglichkeit zur Selbstbestimmung, sondern ihnen wurde auch bestätigt, daß sie die ExpertInnen waren und somit in der besten Position, diese Entscheidungen zu fällen. Die MitarbeiterInnen bemühten sich, auf alles zu reagieren, was in Hinblick auf das Thema geschah, um so der Fremdunterbringung eine gewisse Kohärenz zu geben und das

Familienziel im Blickfeld zu behalten. Als die drei beschlossen, sie seien genügend vorbereitet, um sich als Familie wieder zusammenzutun, war die Chance eines Erfolges größer, da sie sich selbst als diejenigen erlebten, die diese Entscheidung in der Hand hatten.

## Alternative Beschreibungen der Fremdunterbringung

Dieses Beispiel zeigt den wichtigen Aspekt der Themen, die eine andere Beschreibung der stationären Unterbringung ermöglichen.

1. Das Thema muß für die Familie Sinn ergeben.

2. Das Thema ermöglicht eine andere Beschreibung der Situation, was ihr eine andere Bedeutung gibt und dem bis dahin herrschenden Gefühl der Hoffnungslosigkeit entgegenwirkt.

3. Das Thema wird auf eine Weise gedeutet, die den Familienmitgliedern so überzeugend wie möglich das Gefühl gibt, ihr Schicksal selbst in der Hand zu haben.

4. Das Thema bietet einen Rahmen und eine Sprache, die MitarbeiterInnen und Familie während der Fremdunterbringung nutzen können.

5. Das Thema ist „zielgerichtet" statt „problembegründet".

6. Das Thema setzt nicht nur die Ziele für Kind bzw. Heranwachsende, sondern öffnet auch den Eltern einen Weg, am Änderungsprozeß teilzuhaben.

Über diese Prinzipien hinaus sind die Themen keine „Zauberei". Manchmal werden sie in deutlich kreativer, sogar eingängiger Weise beschrieben. Manchmal werden sie sehr gewöhnlich erscheinen. So oder so müssen sie bedeutungsvoll sein. Ich habe sehr viel Erfahrung damit, sowohl in der Therapie wie auch im stationären Bereich, wundervoll klingende Umdeutungen und Themen zu entwerfen, auf die ich sehr stolz war und von denen die MitarbeiterInnen sich verschiedene kreative Möglichkeiten versprachen, zu denen die Familienmitglieder aber gar keine Beziehung fanden. Ich habe TherapeutInnen davon reden hören, sie müßten „die Familie dazu bringen, ihnen die Umdeutung abzukaufen", womit unterstellt wird, die Therapeutin habe eine großartige Idee gehabt und müsse nun nur die Familie davon überzeugen, sie ihr abzukaufen. Solch eine Auferlegung verträgt sich nicht mit unserem

Ziel, die Familienmitglieder sollten sich bei diesem Prozeß als Expert
Innen erleben, und sie wird auch nur selten funktionieren.

## Themen, die sich durch einen Fokus auf Erfolge ergeben

Wenn unser Ziel darin besteht, daß sich die HeimbewohnerInnen als
kompetent und erfolgreich erleben, ist es sinnvoll, sich Erfolge nutzbar
zu machen, die bereits eingetreten sind. Ganz gleich, wie überwältigend die Geschichte des Problems zu sein scheint, werden wir fast
immer „Ausnahmen" finden.

Ausnahmen sind die Verhaltensweisen, Wahrnehmungen, Gedanken und Gefühle, die im Gegensatz zum beklagten Mißstand
stehen und die das Potential zu einer Lösung in sich bergen,
wenn die TherapeutIn bzw. die KlientInnen ihr Auftreten verstärken. (LIPCHIK, 1988, S. 4)

Die Grundlage des Lösungsverhaltens ist die Idee der *Ausnahmen –*
d.h. es gibt bereits Beispiele für erfolgreiches Verhalten oder Lösungsverhalten (Ausnahmen zum Problemverhalten), die im Repertoire der
Person vorhanden sind und auf deren Basis man aufbauen kann; unter
Umständen fallen sie jedoch der Person nicht auf, oder sie hält sie nicht
für wichtig. Eine der Hauptaufgaben dieser lösungs-orientierten Therapie liegt darin, solche Ausnahmen zu erkennen und die Person aufzufordern, sie für bedeutsam zu halten, da sie die Basis dafür bilden, das
eigene Ich in einem neuen Lichte der Kompetenz zu erblicken.

Die Beispiele für Erfolg scheinen manchmal angesichts der Geschichte
der Mißerfolge bis zur Bedeutungslosigkeit zu verblassen, aber es gelingt uns vielleicht doch, sie hervorzuheben und ein Thema um sie
herum zu erstellen. Das hat den Vorteil, die stationäre Unterbringung
als etwas zu deuten, was auf dem bereits Geschehenden aufbaut oder
was „weiter in die Richtung geht, die funktioniert". Dies ist ein positiveres und erreichbareres Ziel als „an einem Problem zu arbeiten".

*Andy, 36, war seit langem Alkoholiker und kam durch alkoholbedingte
Vorfälle ständig mit dem Gesetz in Konflikt.* * *Andy berichtete, er sei
der Polizei so gut als Alkoholiker bekannt, daß sie ihn anhielten, nur*

---

\* Dieses Buch konzentriert sich hauptsächlich auf die stationäre Behandlung von Kindern und Jugendlichen, was sich auch in den meisten Beispielen widerspiegelt. Trotzdem lassen sich die Ideen auch auf stationäre Einrichtungen für Erwachsene anwenden, einschließlich psychiatrischer und Suchtprogramme, und darum habe ich auch
eine Reihe von Beispielen aus Einrichtungen für Erwachsene mit einbezogen.

um ihn einmal nüchtern zu erleben. Obwohl die Bewährungshelferin Andy zugestanden hatte, selbst die Wahl für eine Behandlung zu treffen, hatte sie ihm empfohlen, sich entgiften zu lassen und danach ein 28tägiges stationäres Behandlungsprogramm mitzumachen; es ist unklar, ob Andy selbst den Eindruck hatte, wirklich eine Wahl zu haben oder nicht. Er hatte vorher noch keine Behandlungen gehabt, als er der Einrichtung für kurzzeitige stationäre Krisenintervention und Entgiftung bei Drogen- und Alkoholmißbrauch zugewiesen wurde.

Es war klar, daß nicht nur die Polizei von Andy erwartete, betrunken zu sein und in Schwierigkeiten zu stecken – Andy war von den Erwartungen, die alle an ihn stellten, überwältigt. Vielleicht hatten sie recht. Vielleicht war er ein hoffnungsloser Fall. Trotzdem sagte er aus, er wolle sich von dieser Reputation lösen – eine große Herausforderung, denn seine ganze Familie genoß denselben Ruf. Während er zwar wirklich den Wunsch hatte, diese Reputation hinter sich zu lassen, war es für ihn sehr schwer, sich in der Lage zu fühlen, dies erreichen zu können. Es fiel ihm nicht leicht, sich vorzustellen, er könne es selbst in der Hand haben, wie die Menschen ihn sahen und behandelten.

Bei den Gesprächen zwischen den MitarbeiterInnen und Andy kam eine Ausnahme in seinem Lebenslauf als Alkoholiker zutage, die sich als Schlüssel dafür erwies, sein Ziel erreichbar zu machen. Seit er festgenommen worden war, war er nüchtern geblieben. Als er gefragt wurde, wie er die Tatsache erklären konnte, daß jemand mit seiner Geschichte vier Monate lang mit nur zwei kleinen „Ausrutschern" nüchtern bleiben konnte, erhellte sich Andys Gesicht plötzlich, und er wurde kooperativ und engagiert während seiner restlichen stationären Behandlung. Man ermunterte ihn, darüber nachzudenken, welche Auswirkung diese erfolgreiche Zeit der Nüchternheit auf seinen Ruf gehabt haben könnte. „Seinen Ruf hinter sich lassen" wurde das Thema während seiner Unterbringung, und seine verschiedenen Tätigkeiten wurden als Übungen gedeutet, Dinge zu tun, die anderen Leuten halfen, ihn anders zu sehen. So konnte er allmählich Einfluß auf seine Reputation gewinnen.

Andys Programm baute auf dieser Ausnahme auf, und sein Erfolg war der Anlaß dafür, daß seine Bewährungshelferin zustimmte, eine ambulante Behandlung würde für ihn angemessener sein. Andy wurde erfolgreich „trocken" und entwickelte einen Plan für eine ambulante Behandlung und für seine Arbeitssuche. Beim letzten Kontakt lebte *er vorübergehend bei einem AA-Sponsoren, hatte mit der ambulanten Behandlung angefangen und war immer noch trocken.*

*– Prince William County Mental Health Services Crisis/Detox Program, Manassas, Virginia*

Das Thema „Seinen Ruf hinter sich lassen" entstand aus Andys eigenen Worten über seine Situation und hatte darum eine größere Chance, ihm sinnvoll zu erscheinen, als ein Thema, das von der Therapeutin erfunden worden wäre. Die Entdeckung einer Ausnahme, die er vorher nicht für bedeutsam gehalten hatte, konnte mit diesem Thema in Beziehung gebracht werden und erfüllte es für ihn mit Bedeutung. Ohne diese Entdeckung hätte das Thema u.U. zwar zu einer neuen Art, über sein Programm zu reden, Anlaß gegeben, hätte aber für Andy keine neue Bedeutung angenommen. Das heißt, es wäre keine Beschreibung gewesen, die ihm erlaubt hätte, sich selbst als jemanden zu erleben, der einen gewissen Einfluß auf das Erreichen seines Zieles ausüben kann.

Das Thema gab jedem, der mit dem Fall zu tun hatte, die Möglichkeit, die Dinge einheitlich zu sehen. Die MitarbeiterInnen konnten nach Beispielen in Andys Verhalten suchen, die man als Teil seines Bemühens deuten konnte, seinen Ruf hinter sich zu lassen. Wann immer sie dementsprechend reagierten, konnte Andy dadurch nicht nur Anerkennung für seinen Erfolg ernten (so gering der auch sein mochte), sondern darin auch einen weiteren Teil des Prozesses zur Erreichung seines Zieles sehen.

Im folgenden Kapitel findet sich ein detaillierteres Beispiel dafür, wie ein Thema Schritt für Schritt entwickelt wird, basierend auf kleinen Erfolgen oder Leistungen, die man als schon vorhanden bezeichnen könnte.

# Probleme externalisieren

Die verschiedenen Probleme, die von Kindern, Jugendlichen und Erwachsenen präsentiert werden, sind deswegen so überwältigend, weil sie häufig als „Teil" des jungen Menschen angesehen werden. Sehr oft sprechen die Familien und die Fachleute über die betreffenden Personen, als sei die Person das Problem. Eltern und junge Menschen betrachten das Problem als Krankheit, als Teil der Persönlichkeit oder als „so ist er eben". Der junge Mensch interpretiert dies als „Ich bin das Problem".

Ich erinnere mich, wie ich auf der Kinderstation in einem Krankenhaus arbeitete und mit vielen jungen Menschen zu tun hatte, die an Asthma litten. Einige von ihnen *waren* AsthmatikerInnen. Wenn man sie fragte, sagten sie: „Ich bin Asthmatiker/in". Andere waren Kinder oder Jugendliche, die zufällig an lebensbedrohlichem Asthma litten. Das heißt, sie schienen sich nicht in Bezug auf ihr Asthma zu definieren, obwohl es nicht weniger schwer war als das der ersten Gruppe. Es war oft diese letztere Gruppe, die besser in der Lage zu sein schien, die Medikamenteneinnahme selbst zu regeln, und die das Gefühl hatte, eine gewisse Kontrolle über das eigene Leben zu haben, wohingegen die erste Gruppe oft die Beaufsichtigung zu brauchen schien, denn sie hatte von sich ein Bild, in dem die Krankheit ein integrierter Bestandteil war. Die zweite Gruppe schien in der Lage zu sein, ihr Asthma so zu behandeln, als sei es etwas von ihnen Getrenntes, etwas Externes, und das Bild, das sie von sich hatten, gestand ihnen die Möglichkeit zu, etwas gegen das Asthma zu unternehmen.

„Das Problem externalisieren" ist eine Form der Umdeutung, die sich diese Art der Unterscheidung zunutze macht. Sie wurde von WHITE (1984, 1986, 1989) angeregt und deutet das Problem so, als sei es eine externe Einheit, die alle Familienmitglieder dominiert. Durch diese Deutung kann es den Familienmitgliedern gelingen, die Möglichkeit zu sehen, auf das Problem hin zu handeln, es unter Kontrolle zu bekommen oder etwas dagegen zu tun. Durch die Umdeutung werden die Vorbereitungen dafür getroffen, die Auswirkungen des Problems auf die Menschen im Vergleich zu den Zeiten zu sehen, wo sie sich ihm „erfolgreich gestellt hatten". Wird das Problem als extern dargestellt, so wird der Zyklus von Schuld und Schuldzuweisung durchbrochen, der meist die eher internen Beschreibungen begleitet, und Eltern sowie Kinder (und MitarbeiterInnen) können sich gegen das Problem zusammentun, statt gegeneinander zu arbeiten. EPSTON (1991) hat unterschieden zwischen „das Problem externalisieren" und es „personifizieren". Bei der Arbeit mit Kindern stellt man fest, daß sie auf den Gedanken an das Problem so reagieren, als wäre es ein Tyrann oder ein Ungeheuer, das man mit persönlichen Eigenschaften belegt und mit dem sie vielleicht kämpfen müssen.

Ich habe an anderer Stelle (DURRANT, 1987) einen 14jährigen Jungen beschrieben, der in der Vergangenheit sexuell mißbraucht worden war und der verschiedene „bizarre" sexuelle Verhaltensweisen an den Tag legte. Die Beschreibung dieser Verhaltensweisen als „Angewohnheiten", die versuchten, sich seines Lebens zu bemächtigen, ergaben in seinen Augen Sinn, und er reagierte positiv auf die Vorstellung, die Angewohnheiten würden zornig werden, wenn er sie zu beherrschen versuchte. „Übung im Kampf gegen Angewohnheiten" hieß das Thema zu Anfang seiner Fremdunterbringung, und es erlaubte ihm, die Möglichkeit zu erkennen, daß er eine gewisse Kontrolle über das erreichen konnte, was er für einen Teil seiner selbst gehalten hatte, was ihm wiederum als Beweis für den Schaden erschien, der ihm zugefügt worden war und gegen den er nichts unternehmen konnte. Ausgehend von seiner Meinung, der sexuelle Mißbrauch habe seine Probleme „verursacht" und würde ihn wahrscheinlich dazu führen, andere sexuell zu mißbrauchen oder pervers zu werden, beschrieb man seinen Erfolg über die Angewohnheiten als „sich der Vergangenheit stellen". „Die Vergangenheit" wurde externalisiert, aber nicht personifiziert, und aufgrund dieses weiter gefaßten Themas konnte man andere Beweise für seine Kontrolle über verschiedene Aspekte seines Lebens hervorheben.

Ein solches Externalisieren des Problems kann eine nützliche Grundlage eines Themas für eine Fremdunterbringung sein, besonders wenn die KlientInnen nicht in der Lage zu sein scheinen, Erfolge oder Ausnahmen zu identifizieren oder wenn der junge Mensch oder die MitarbeiterInnen für die Unterbringung einen „strukturierteren" Rahmen vorziehen. Es ist ein Ansatz, der besonders gut bei jüngeren Kindern funktionieren kann. Er bietet auch eine gute Möglichkeit, die Eltern mit einzubeziehen, indem sie sich mit ihrem Kind gegen das Problem verbünden.

Während der ersten Ideenentwicklung über stationäre Behandlung, wie sie in diesem Buch vorgestellt werden, bildete das Externalisieren vermutlich eine zeitlang die am häufigsten benutzte Basis für das Erstellen eines Themas. Meiner eigenen Erfahrung nach kann es ein nützlicher Ansatz sein, obwohl ich persönlich es vorziehen würde, ein Thema auf der Basis der Erfolge, die bereits aufgetreten sind, aufzubauen. Bei Themen, die auf dem Externalisieren von Umdeutungen aufbauen, gibt es Aspekte, denen die MitarbeiterInnen mit großer Vorsicht begegnen sollten. Erstens bietet das Externalisieren des Problems zwar die Möglichkeit, auf eine neue Art darüber zu reden, die es den Familienmitgliedern erlaubt, sich selbst als fähig zu sehen, etwas gegen das Problem zu unternehmen, aber es ist dennoch ein Rahmen, in dem man sich auf Probleme und nicht auf Lösungen oder Erfolge konzentriert. Wenn ein Thema, das auf dem Externalisieren basiert, den MitarbeiterInnen, dem jungen Menschen und den Familienmitgliedern erlaubt, sich hauptsächlich auf Erfolge im Durchsetzen gegen das Problem zu konzentrieren, kann es sehr hilfreich sein. Wenn es jedoch das Problem im Brennpunkt behält, kann es hinderlich sein. Im oben zitierten Beispiel waren der „Kampf gegen die Angewohnheiten" und das „sich der Vergangenheit stellen" nützlich, weil sie den Blick auf Zeiten zuließen, zu denen der Junge diese Dinge erfolgreich bewältigt hatte. Im Laufe der Fremdunterbringung wurde das Thema auf „Übungen zum Erwachsenwerden" erweitert, um auf Erfolgen aufbauen zu können, die der Junge selbst als „erwachseneres Verhalten" beschrieben hatte. Es war wichtig, daß sich das Thema von der Konzentration auf das (externalisierte) Problem fortbewegte zu einem Punkt, wo es mehr auf dem Gedanken der Kompetenz basierte. Eine weitere Sorge ist, daß der externalisierte Rahmen sehr leicht eine zu große Betonung auf den „Kampf des jungen Menschen gegen das Problem" legt, ohne die Eltern in die Aufgabe mit einzubeziehen, es sei denn als BeobachterInnen und UnterstützerInnen. Es ist wichtig, die Eltern als aktiv Beteiligte mit heranzuziehen.

*Peter (12) wurde als Notfall in einer stationären Einrichtung für Krisenaufnahmen aufgenommen, nachdem es zu Hause zur „Explosion" gekommen war. Er lebte bei seiner Mutter, Susan; sein Bruder (15) befand sich in Jugendhaft.*

*Die Mutter beklagte sich, Peter sei gewalttätig veranlagt und habe scheinbar keine oder wenig Kontrolle darüber. Sie sagte, dies sei schon seit Jahren ein Problem, das aber in den letzten 12 Monaten besonders schlimm geworden sei. Da sie nicht anders mit seinem Verhalten fertig wurde, war ihr einziger Ausweg, ihm Ohrfeigen zu geben. Sie hatte andere Lösungen wie reden, schreien und Stubenarrest versucht. Sie hatte große Angst davor, was er als nächstes tun würde, da er sie vor kurzem bei einem Streit mit dem Messer bedroht hatte.*

*Im Interview nach seiner Aufnahme war Peter wenig gewillt zu sprechen, es sei denn, um seiner Mutter zu widersprechen und sie zu beschuldigen, unfair zu sein. Dennoch gab er zu, ein Problem mit seinen Wutausbrüchen zu haben, und beantwortete auch einige Fragen, die auf den Einfluß dieses Problem in seinem Leben abzielten. Der Therapeut wollte wissen, wie lange dies schon Anlaß zu Sorge gegeben habe. Hatte die Wut in den ganzen Jahren dasselbe Ausmaß gehabt oder hatte sie sich verändert? Peter wußte nicht, durch welche Dinge die Wut ausgelöst wurde, sagte aber, sie habe – besonders in den letzten zwölf Monaten – mehr und mehr Macht über sein Leben gewonnen. In der letzten Woche hätte die Wut ihn dreimal überkommen und ihn dazu gebracht, seine Mutter anzubrüllen.*

*Auf die Frage, welche anderen Bereiche in Peters Leben von diesem Problem berührt würden, sagten sie, er habe zwar einige Verhaltensschwierigkeiten in der Schule, seine Wut ergreife ihn dort aber nicht im gleichen Ausmaß, und auch wenn sie andere Leute besuchten, trete sie nicht auf. Der Therapeut stellte die Frage, wie Peter es geschafft habe, in diesen Bereichen die Zügel besser in der Hand zu behalten. Diese Frage gab Peter und seiner Mutter zu denken.*

*Während der Sitzung führten mehrere zornige Wortwechsel zwischen den beiden zu einer Eskalation der Feindseligkeiten. Sie schienen in einem Interaktionsmuster festzustecken und waren immer weniger in der Lage, daraus auszubrechen und neue Wege zu finden, um mit ihren Problemen umzugehen. Gewisse Überzeugungen waren aus dieser Situation erwachsen und trugen zu ihrer Aufrechterhaltung bei – Peter glaubte, er könne seine Wut nicht unter Kontrolle halten; die Mutter glaubte, die Wut richte sich hauptsächlich gegen sie; Peter glaubte, die Mutter wolle ihm das Leben schwer machen. Diese Überzeugungen hinderten sie daran, neue Lösungen zu finden, und bestärkten sie in der Vorstellung, jeder handle absichtlich so.*

*Um an einigen dieser problem-erhaltenden Überzeugungen zu rütteln, hatte der Therapeut angefangen, sich bei seinen Fragen und Aussagen auf „die Wut" zu beziehen. Er gab die Möglichkeit zu bedenken, diese Wut beherrsche nicht nur Peter, sondern schikaniere auch Susans Leben. Diese Wut sei im Laufe der Jahre sehr viel stärker geworden und tyrannisiere sie nun beide. Es sei nicht überraschend, wenn Peter den Eindruck habe, sie habe sehr viel Macht, oder wenn die Versuche der Mutter, die Situation in den Griff zu bekommen, in Frustration endeten. Susan nickte ein paar Mal, da diese Beschreibung der Situation ihr sinnvoll erschien.*

*Der Therapeut sprach mit Peter darüber, ob er daran arbeiten wolle, „Herr" über seine Wut zu werden, besonders angesichts jener Zeiten, zu denen er sie schon unter Kontrolle zu haben schien. Der Gedanke, er könne dies tun, war neu für Peter, und er sagte, ihm sei nicht bewußt, daß er eine Wahl habe. Der Therapeut fragte: „Wie hat die Wut es geschafft, dich so `reinzulegen, daß du meinst, du hättest hier keine Wahl?" Die Mutter sagte, sie sei bereit, Peter in seinem Kampf mit der Wut beizustehen, und war einverstanden, darüber nachzudenken, welche Übungen er brauche, um seiner Wut Herr zu werden.*

*Die ErzieherInnen in der Einrichtung halfen Peter bei diesen Überlegungen, indem sie ihn von Zeit zu Zeit an die Frage erinnerten, wie er*

Herr über seine Wut werden könne, und indem sie Tagebuch darüber führten, wann Peter die Wut unter Kontrolle bekommen hatte. Peter erklärte sich einverstanden, sich auf diese Weise von den ErzieherInnen helfen zu lassen.

Peter stimmte auch zu, die Wut unter einen gewissen Druck zu setzen, damit er herausfinden konnte, wie schwer es sein würde, sich ihr entgegenzustellen. Man einigte sich, daß die MitarbeiterInnen ihm vor dem nächsten Interview sechs „Wutbeherrschungstests" stellen würden. Mit diesen Tests sollten sie ihn absichtlich bei seinen alltäglichen Gepflogenheiten in eine Situation bringen, in der sein Gleichmut auf die Probe gestellt würde. Peter war mit diesen Tests einverstanden. Er wurde darauf aufmerksam gemacht, daß er nicht genau wissen würde, wann sie stattfänden. Man würde ihm aber sofort danach Bescheid sagen, ob er bestanden hätte oder nicht, und sie einigten sich darauf, die Ergebnisse festzuhalten.

Diese Tests wurden als Möglichkeit gedeutet, ihm zu helfen, seine Entschlossenheit auf die Probe zu stellen und zu üben, wie er etwas unter Kontrolle bringen konnte. Zum Beispiel würde man ihm auftragen, eine Arbeit im Haushalt noch einmal zu tun, wenn er es gerade eilig hatte; man würde ihn für kurze Zeit von dem abrufen, womit er sich gerade beschäftigte; ihm extra Verantwortung übertragen; ihn kurze Zeit unbeaufsichtigt lassen; „nein" sagen auf eine kleine Bitte hin usw. Die Tests sollten bewußt von den MitarbeiterInnen während der normalen Tätigkeiten geplant werden, nicht zu Zeiten, wo er bereits unter Druck stand. Allen gemeinsam war, daß sie einen Test seiner Beherrschung darstellten und man von ihm erwartete, daß er sie durchaus bestehen konnte. Sie sollten in einer Weise durchgeführt werden, die Peter nicht in Verlegenheit brachte oder demütigte. Peters Einverständnis, „sich auf die Probe stellen zu lassen", war ein Anzeichen für sein neu entstandenes Zutrauen in seine Fähigkeit, die Wut unter Kontrolle zu bringen.

Vor dem nächsten Interview hatte Peter alle sechs Wutbeherrschungstests bestanden und sich im großen und ganzen in der Einrichtung kooperativ verhalten. Den MitarbeiterInnen waren Zeiten aufgefallen, wo er zornig gewesen war, sich aber beherrscht hatte. Er hatte eine Auseinandersetzung mit einem Mitbewohner gehabt. In diesem und den folgenden Interviews berichteten die MitarbeiterInnen über die Erfolge, die Peter nach ihrer Beobachtung über die Wut errungen hatte, und seine Mutter wurde in Gespräche darüber einbezogen, wie er dies vielleicht erreicht haben konnte. Als die Besuche zu Hause näher rückten, redete der Therapeut mit der Mutter darüber, wie sie anders reagieren könnte, um als seine Trainerin zu fungieren. Sie beschrieb, wie sie meist selbst die Beherrschung verlor wegen Peters Verhalten und gab zu, daß die Wut auch über ihr Leben eine gewisse Herrschaft ausübte, und so waren die Besuche zu Hause eine Chance für beide, sich darin zu üben, die Situation unter Kontrolle zu behalten.

Peter verließ die stationäre Einrichtung nach dreieinhalb Monaten. Man gab eine Abschiedsparty für ihn, um diesen Anlaß zu unterstreichen und seinen Eintritt in eine neue Phase seines Lebens zuhause deutlich zu machen. Diese Feier, bei der auch seine Mutter anwesend war, war ein Ritual, das den neuen Kontext hervorheben sollte, in dem die Familie ihre Situation unter Kontrolle hatte. Bei der Party wurden Reden gehalten, in denen das Alte und das Neue gegenübergestellt wurden; Peter erhielt eine Urkunde als Champion der Wut-Bezwinger und seine Mutter eine Urkunde als Ausgezeichnete Wut-Bezwinger-Trainerin.

– bearbeitet nach COLES (1986)

Peters Fall zeigt, wie es möglich war, die Rolle der Mutter im Interaktionsprozeß in das Thema mit einzubeziehen. Das Thema bildete dabei den Rahmen für die generellen Reaktionen der MitarbeiterInnen während des Programms, für spezielle therapeutische „Aufgaben", die Peter gestellt wurden, und z.B. für das Aushandeln von den Besuchen zuhause.

Sally, 16 Jahre alt, wurde im Krankenhaus für akute Notfälle aufgenommen, da sie mit Selbstmord gedroht, eine Überdosis Tabletten genommen hatte und grundsätzlich nicht mehr unter der Kontrolle ihrer Eltern stand, die mit ihrem Latein am Ende waren und laut verkündeten, sie könnten nicht mehr die ganze Zeit „ein Auge auf sie haben". Sally blieb ungefähr einen Monat lang im Krankenhaus, bevor sie in die Tageseinrichtung überwiesen wurde.

Dort ging man den Problemen nach, die von der Familie dargelegt wurden. Die Therapeutin meinte, Sally und ihre Familie stünden unter dem Einfluß eines Perfektionismus und müßten daher ständig mit kritischem Blick alles überwachen. Es ist Teil der elterlichen Aufgaben, ein Auge auf das Kind zu haben; anscheinend dominierte jedoch dieser „kritische Blick" die Familienmitglieder und verwehrte ihnen die

Entscheidung, wie sie mit ihrer heranwachsenden Tochter umgehen sollten. *Es gehört zwar zum Erwachsenwerden dazu, sich zu beobachten und sich seiner Emotionen und Verhaltensweisen bewußt zu sein, aber der Einfluß des Perfektionismus beherrschte Sally und machte sie unglücklich. Sally war ein loyales Mitglied der Familie, wodurch sie der Tradition des Perfektionismus und dem „kritischen Blick" schutzlos ausgeliefert war.*

*„Sich dem kritischen Blick entziehen" wurde das Thema des Programms, und es lieferte die Sprache, mit der man auf Beispiele kompetenten Verhaltens reagierte. Sowohl Sally wie auch ihre Familie begannen, die Stärken zu erkennen, die jeder von ihnen besaß. Um Sallys erfolgreiche Flucht vor dem „kritischen Blick" zu feiern, schenkte man ihr zur Entlassung ein Vergrößerungsglas, das die Tradition symbolisierte, sich selbst und die Familie genau unter die Lupe zunehmen, um etwas nicht ganz Perfektes zu entdecken, und dazu bekam sie einen Stein, mit dem sie das Vergrößerungsglas zerschmettern und so die Tradition beenden konnte. Dies funktionierte bestens, und als wir zuletzt von Sally hörten, ging es ihr gut.*

*– Shadow Mountain Institute, Tulsa, Oklahoma*

Der „kritische Blick" war eine externalisierende Beschreibung. Sie war komplexer als das vorherige Beispiel („die Wut"), aber passend für diese Familie. Sie bot eine Plattform, auf der die Stärken der Familie hervorgehoben werden konnten – was sehr wichtig war – und ermöglichte ihr, diese Stärken sinnvoll zu deuten.

Für Einweisungen eine Bedeutung zu finden oder ein Thema für sie zu entwickeln, muß kein komplizierter Vorgang sein. Ob wir es explizit aussprechen oder nicht, jede Fremdunterbringung verfolgt eine bestimmte Absicht. Diese Absicht bestimmt darüber, wie alle Beteiligten über das denken, was sie tun, wie das Programm funktioniert und wie die MitarbeiterInnen auf verschiedene Ereignisse reagieren. Ein Thema sollte auf Stärken aufbauen und wirkliche Veränderungsmöglichkeiten anbieten, statt sich mit der pessimistischen Konzentration auf das Problem zu befassen.

# Das Aufnahme-Interview

Es ist nicht wichtig, ein besonders ausgefallenes Thema für die Unterbringung zu entwickeln. Obwohl ein Thema an und für sich schon sehr sinnvoll ist, liegt seine eigentliche Nutzanwendung darin, eine zentrale

Aufgabe für die stationäre Unterbringung zu stellen; d.h. das Thema erfüllt keinen Selbstzweck. Wichtig ist, daß die Aufnahme in einer Form beginnt, die dabei hilft, sich jetzt und in der Zukunft auf Lösungen und Erfolge zu konzentrieren.

Das Aufnahme-Interview ist also äußerst wichtig, da es den Ton für die Interaktion zwischen Familie und Einrichtung festlegt. Vorzugsweise soll der Kontakt mit der Familie so beginnen, wie er auch nach unserer Vorstellung weitergehen soll. Wenn die Familienmitglieder das Aufnahme-Interview als eine Suche nach pathologischen Zuständen und Diagnose erleben oder als detaillierte Erforschung aller Facetten des Problems, lenkt es vermutlich den Blick in eine Richtung, die im Gegensatz zu dem auf Kompetenz ausgerichteten Blick des übrigen Programms steht.

Man ist leicht versucht, „Beurteilung" und „Behandlung" als getrennte Tätigkeiten zu betrachten und die Erwägungen über die Behandlung aufzuschieben, bis die Beurteilung abgeschlossen ist. Wenn wir unseren Blick jedoch auf Bedeutung und Erfahrung ausgerichtet haben, dürfen wir nicht vergessen, daß die KlientInnen in irgendeiner Form dem Aufnahme-Interview eine Bedeutung unterlegen werden. Es kann nicht neutral sein. Sie werden ihm entweder *eine Bedeutung unterlegen*, die ihren Pessimismus, ihr Gefühl, versagt zu haben, und ihren Mangel an Motivation verstärkt oder sie werden es in einer Weise erleben, die sie zu größerem Optimismus ermutigt und ihnen hilft, die Möglichkeit größerer Kompetenz zu sehen. Welche dieser Erfahrungen sie haben, wird davon abhängen, wie wir das Interview durchführen und auf welche Information wir den Blick richten.

Unterschiedliche Stile des Interviews passen zu unterschiedlichen Programmen. Wichtig ist, daß im Interview der Blick auf Kompetenz betont wird. Darum sollte man nach Information über Ausnahmen und Erfolge suchen, statt nach all dem, was es an vorangegangenen Fehlschlägen und Problemen gab – obwohl, wie ich schon angedeutet habe, die KlientInnen das Gefühl haben müssen, daß wir ihre Erfahrung respektieren. Wir sollten auch tunlichst vermeiden, durch die Art der Fragen nach Ausnahmen und Erfolgen den Anschein von Herablassung zu erwecken. Entscheidend für den Erfolg ist letztlich die Frage, ob die KlientInnen die Bedeutung der Ausnahme akzeptieren. Viele TherapeutInnen und MitarbeiterInnen, die den auf Kompetenz basierenden Ansatz verfolgen, stellen fest, daß sie weniger Information brauchen, als sie ursprünglich angenommen haben. Ganz sicher braucht man bei der Konzentration auf Erfolg keine detaillierte Information über das Problem (und ich bin sicher, daß wir oft detaillierte Angaben über die Fallge-schichte und ihren Hintergrund aus dem einfachen Grund erhalten, weil wir meinen, sie sollten wichtig sein, und nicht, weil sie uns tatsächlich helfen). Abbildung 3.1 gibt ein Beispiel für Richtlinien zu einem Aufnah-me-Interview, die dabei helfen sollen, den Blick auf bestimmte erfolgs-orientierte Ziele zu konzentrieren.

---

Richtlinien für ein Aufnahme-Interview

1. Bestätigen Sie den KlientInnen bzw. Eltern, daß Sie deren Entschei-dung zu einer Behandlung als Zeichen dafür werten, daß sie die Dinge anders angehen wollen.

2. Benutzen Sie das Aufnahmeformular und stellen Sie die folgenden Fra-gen (in diesem Beispiel ist „Depression" das dargestellte Problem):

   a. Erzählen Sie mir, was Ihrer Meinung nach für mich hilfreich wäre, damit ich den Grund Ihres Hierseins verstehe.

   b. Zu welchen Zeiten beeinträchtigt die Depression Sie nicht so stark?

   c. Was wird anders sein, wenn Sie so weit sind, die Behandlung zu beenden (mit den Eltern auskommen, den Job behalten, die Ehe retten usw.)?

   d. Was muß in Bezug auf die Depression geschehen, damit diese Unterschiede eintreten können?

   e. Wem wird es auffallen, wenn Sie nicht mehr unter Depressionen leiden? Was wird ihnen auffallen?

   f. Wie viele Tage in der Woche sind Sie nicht oder weniger depressiv? Wieviele Stunden am Tag sind Sie nicht oder weniger depressiv? Was machen Sie zu diesen Zeiten anders?

3. Zählen Sie die oben entdeckten Ausnahmen auf.

4. Stellen Sie den Behandlungsplan in den Rahmen der oben identifizier-ten Ziele („Was wird anders sein ...", „Was muß geschehen ...") und benutzen Sie dabei die aufgeführten Ausnahmen.

Zum Beispiel: „Unser Plan ist, die Depressionen zu stoppen oder zu reduzieren, indem wir auf den folgenden Aktivitäten oder Strategien (also den Ausnahmen) aufbauen, was zu einer engeren Beziehung zur Mutter führen soll, besserer Kontrolle über zornige oder traurige Gefühle und besserem Vorankommen in der Schule (also den Zielen). Dies soll durch Familientherapie geschehen, durch ein lösungsorientiertes Programm für stationäre PatientInnen und Teilnahme an den folgenden lösungsorientier-ten Gruppen ..."

(Copyright 1992, Linda METCALF – geändert mit Zustimmung)

---

*Abb. 3.1: Beispiel eines „Pro-Forma" Entwurfes für ein Aufnahme- Interview (Willow Creek Hospital, Arlington, Texas)*

# Kapitel 4

# „Gute Tage nehmen"

# Ein neuer „Rahmen" der Unterbringung

Es gibt nicht den einzig „richtigen Weg", um ein Thema für Fremdunterbringung zu konstruieren. Die besten Themen entstehen aus dem Interaktionsprozeß eines Interviews, und sie bedienen sich dabei der Worte, die die KlientInnen selbst gewählt haben. Das Ziel liegt darin, sich auf ein Thema zu einigen, das auf der Erkenntnis des jungen Menschen und der Familie aufbaut, gewisse Kompetenzen oder Fertigkeiten zu haben.

Ob zu einem Programm nun eine „formale" Therapie gehört oder nicht, so gibt es doch fast immer eine Art von Interview oder Zusammenkunft, um die Aufnahme des jungen Menschen zu organisieren. Selbst eine weniger formelle Zusammenkunft kann benutzt werden, um so etwas wie ein Thema für die Unterbringung zu entwickeln und auf diese Weise ein zentrales Anliegen bzw. eine gemeinsame Sprache für die weitere Zeit des Aufenthaltes bereitzustellen.

Es folgt ein Transkript von Teilen eines „themenstellenden" Interviews mit einem Jugendlichen und seiner Familie. Das Transkript wird hier recht detailliert wiedergegeben, um eine Vorstellung vom Ablauf zu vermitteln, wie in der Interaktion zwischen Therapeut und Familie ein neuer „Rahmen" oder ein neues Thema erstellt wird.*

Jeffrey (14 Jahre), der bei seiner Mutter und seiner 17jährigen Schwester Rose wohnte, war wegen Diebstahls vors Gericht gekommen, das ihn zu einer Strafe auf Bewährung verurteilte. Zwei Jahre später ersuchte die Mutter um stationäre Unterbringung für ihn, da sie meinte, mit seinem Verhalten nicht mehr fertig werden zu können. Jeffrey war zornig und fühlte sich sehr unfair behandelt.

---

* Therapeut war Michael DURRANT, und das Interview war ein Konsultationsinterview in einer stationären Einrichtung. Dabei anwesend war auch der Senior Youth Worker. Kate KOWALSKI stellte das „Team" für dieses Interview dar.

# Vom Problem zur Kompetenz

Jeffreys „Null-Bock"-Haltung legte nahe, daß eine langwierige Erforschung seiner Probleme mit dem Stehlen fruchtlos sein würde, da er überhaupt nicht motiviert schien, an diesem Problem „zu arbeiten". Als er gefragt wurde, „wie es kam, daß er hier war", gab Jeffrey zu, „Stehlen ist mein Hauptproblem". Es wäre vielleicht möglich gewesen, das Stehlen als etwas zu externalisieren, was ihn beherrschte, der Therapeut hielt es aber für unwahrscheinlich, daß Jeffrey darauf reagieren würde. Das Ausmaß seiner Mißmutigkeit und der Mangel an sichtbarer Motivation ließen vermuten, jedes „Thema", das auf solcher Externalisierung basierte, würde eine heikle Sache sein. Da wir jedoch versuchen, in einer lösungs-orientierten Richtung zu beginnen, könnte man Jeffreys Antwort „Stehlen ist mein Hauptproblem" als Beweis seiner Aufrichtigkeit deuten.

Der Therapeut ging von der Annahme aus, Jeffreys Meinung, seine Unterbringung sei unfair, reflektiere das Empfinden, es geschähen Dinge mit ihm, die er nicht mehr unter Kontrolle hatte. Sein Verhalten reflektierte nicht nur „die Kontrolle bis zu einem gewissen Grad verlieren", sondern sogar die Überzeugung, er befände sich jetzt in einem System, das seinem Empfinden nach die Kontrolle vollständig übernommen hatte und ihm wenig Möglichkeiten offen ließ, ein Gefühl von Kompetenz zu erleben. Statt sich auf das Stehlen zu konzentrieren, begann der Therapeut von Anfang an, nach „Ausnahmen" zu suchen – nach irgendwelchen Zeichen seiner Kompetenz oder seines Einflusses – und darauf ein Thema aufzubauen.

| | |
|---|---|
| Therapeut | (zur Mutter): Wie sehen Sie die Dinge? Wie beurteilen Sie den Prozeß, der dazu führte, daß Jeffrey hierherkam? |
| Mutter: | Also, ich bekam Angst. Wir gelangten an einen Punkt, wo ich nicht mehr mit ihm fertig wurde. Ganz gleich, was ich machte, er war nicht mehr zu zügeln. Für mich als alleinstehende Mutter war das schwer. Solange ich bei ihm zu Hause blieb, war er ein artiger Junge, aber sobald ich wieder zur Arbeit mußte, stellte er irgendetwas an. Solange ich zu Hause und nicht auf der Arbeit war, benahm er sich. Er gehört zu den Jungen, für die man immer ganz da sein muß ... |
| Therapeut: | Ihnen war also völlig klar, daß irgendetwas geschehen mußte, damit sich was veränderte. |
| Mutter: | Ganz gleich, was ich machte, ich nahm ihn zu verschiedenen Ärzten mit und wir gingen zur Beratung, ich saß da in der Beratung mit ihm, was auch immer. Er hat mir viel Ärger in der Schule |

gemacht, und ich habe versucht, zu ihm zu halten ... ich weiß, das war verkehrt, aber ein Kind muß das Gefühl haben, man ist auf seiner Seite. Ich war immer da für ihn. Und ich weiß, daß war falsch, aber ich wollte zu ihm stehen. Aber es hat nicht funktioniert, und darum habe ich ihn dem Gericht überlassen, damit sie versuchen, ihm zu helfen.

Es war deutlich, daß die Mutter die Verantwortung für die Situation als enorme Bürde empfand. Sie hatte sich ganz allein die Last von Jeffreys Erziehung aufgeladen und fühlte sich nun schuldig dafür, wie die Dinge sich entwickelt hatten. Für den Therapeuten würde es jetzt darauf ankommen, nicht zu vergessen, wie notwendig es war, ihre Sorgen anzuerkennen und sich vor Augen zu halten, in welchem Umfang sie alle Verantwortung für eine Lösung der Probleme auf sich nahm.

Therapeut: Jeffrey, du bist jetzt zwei Wochen hier und du findest es nicht fair ... Was mich wirklich interessiert, ist, daß du so ehrlich mir gegenüber sein kannst. Du hast geradeheraus gesagt: „Ich stehle". Ich habe andere Jungen gesehen und sie gefragt, welche Probleme sie haben oder warum sie hier sind, und die sagen nur: „Weiß nicht". Wie kommt es, daß du so ehrlich damit sein kannst?

Jeffrey: (schweigt)

Mutter: Liegt es daran, wie ich dich erzogen habe? Ich habe dir immer gesagt, du mußt ehrlich sein.

Therapeut: Ist „ehrlich sein" etwas Wichtiges für dich?

Jeffrey: Ja.

Therapeut: Du kennst wahrscheinlich Jungen, die sagen: „Ich weiß nicht, wo das Problem ist ... es ist nicht fair, ich habe nichts getan", aber du kannst geradeheraus sagen: „Ja, ich stehle, ich bleibe nachts lange draußen." Hast du eine Ahnung, woher es kommt, daß du so ehrlich sein kannst?

Jeffrey: Na ja, weil ich's eben getan habe.

Therapeut (zu Rose): Glaubst du, Jeffrey ist allgemein ziemlich geradeheraus mit Dingen, ziemlich ehrlich?

Rose: Ja.

Mutter: Manchmal übertreibt er.

Therapeut: Sie glauben nicht, er übertreibt, wenn er sagt, er hat gestohlen?

Mutter: Nein. Obwohl, wenn er es macht, wird er immer geschnappt. Einige Kinder können stehlen und kommen davon, aber er wird immer geschnappt.

Therapeut: Brauchst du mehr Übung als Dieb?

Jeffrey: Nein.

| Therapeut: | Vielleicht könntest du lernen, wie man das macht, ohne erwischt zu werden, während du hier bist. |
|---|---|
| Jeffrey: | (lacht) |
| Therapeut: | (zum Mitarbeiter der Einrichtung) Sie müssen andere Kinder hier haben, die sagen: „Ich habe nicht gestohlen, ich habe nichts Falsches gemacht." Verstehen Sie, die nicht in der Lage zu sein scheinen, die Verantwortung für das, was sie hierher gebracht hat, zu übernehmen. Haben Sie solche Kinder hier? |
| Mitarbeiter: | Ja, wir haben ziemlich viele von der Sorte. |
| Therapeut: | Also, ich bin wirklich beeindruckt, daß Jeffrey einfach so vortreten kann und sagt: „Darum bin ich hier, das habe ich gemacht." |

Jeffreys Antwort „Stehlen ist mein Hauptproblem" war wohl kaum ein Ausdruck von Reue, aber sie war doch etwas, was man als Ehrlichkeit und Offenheit umdeuten konnte – also eine Ausnahme von der vorherrschenden Meinung über ihn. Der Wortwechsel über „lernen, ein besserer Dieb zu sein" ist scherzhaft, soll aber Jeffrey die Gelegenheit geben, selbst für eine Veränderung zu argumentieren.

| Therapeut: | Und wie lange, meinst du, wirst du hier sein? |
|---|---|
| Jeffrey: | Bis ich mit der Behandlung fertig bin. |
| Therapeut: | Hast du eine Ahnung, wie lange das sein wird? |
| Jeffrey: | Drei Monate. |
| Therapeut: | Wer wird darüber entscheiden, was wird entscheiden, wie lange die Behandlung dauert? |
| Jeffrey: | Mein Betragen. |

Es war gut möglich, daß Jeffrey nur wiederholte, was er gehört hatte. Wir können uns gut vorstellen, wie Leute zu ihm sagen: „Wann du hier `rauskommst, hängt von dir ab" und das als eine Art Strafpredigt sagen oder um ihn anzufeuern. Trotzdem wurde durch seinen eindeutigen Wunsch herauszukommen und sein „Akzeptieren", daß dies von ihm abhing, die Möglichkeit offen gelassen, die Antwort so zu deuten, daß er den Ablauf in gewisser Weise unter Kontrolle habe – und das stellte vielleicht eine Plattform dar, auf der andere Beweise seiner Eigenverantwortlichkeit erkundet werden konnten.

| Therapeut: | Es hängt also ziemlich stark von dir ab, wann du hier herauskommst. |
|---|---|
| Jeffrey: | Ja. |
| Therapeut: | Und Sie, Herr Rolf, haben mir erzählt, daß manche Kinder viel länger als drei Monate hier sind. |

| | |
|---|---|
| Mitarbeiter: | Ja. |
| Therapeut: | Aber du sagst, Jeffrey, du meinst, du würdest hier in drei Monaten herauskommen können. Meinst du, in drei Monaten wird dein Verhalten zeigen, daß du so weit bist, hier herauszukommen? |
| Jeffrey: | Ja. |
| Therapeut: | Du bist da ziemlich zuversichtlich ... Wie ist das bei einer Skala von Null bis zehn, auf der Null bedeutet: „Ich weiß nicht, ob ich das schaffe, ich weiß nicht, ob ich hier überhaupt `rauskomme" und zehn bedeutet: „Ich weiß ganz bestimmt, daß ich mein Verhalten zurechtkriege und hier `rauskomme". Wie zuversichtlich bist du? Wo würdest du dich selbst auf dieser Skala sehen? |
| Jeffrey: | Ich bin nicht sicher. |
| Therapeut: | Bist du wirklich zuversichtlich oder nicht zuversichtlich oder halb und halb? |
| Jeffrey: | Richtig sicher. |
| Therapeut: | Also etwa bei 7 ... oder 8 ...oder 9? |
| Jeffrey: | 8. |
| Therapeut: | 8 auf der 10er Skala? Du bist also ziemlich sicher. Und du sagst, hier herauszukommen, hängt von dir ab; du bist also ziemlich zuversichtlich, daß du das schaffen kannst. |
| Jeffrey: | Ja. |
| Therapeut: | Was hilft dir dabei, so sicher zu sein. Was weißt du, was es in dir ist, das dich sagen läßt: „Ja, ich weiß, ich kann es schaffen"? Glaubst du, es gibt da irgendwelche Beweise, wenn du dich ansiehst, die dir helfen zu sagen: „Ja, ich weiß, ich kann es schaffen"? |
| Jeffrey: | Ja. |
| Therapeut: | Ja? Was für Dinge von dir sagen dir das? |
| Jeffrey: | (schweigt) |
| Mitarbeiter: | Was hast du mir neulich erzählt darüber, woher du weißt, was richtig und was falsch ist? |
| Therapeut: | Stimmt das, hast du gesagt, du weißt, was richtig und was falsch ist? |
| Jeffrey: | Ja. |
| Therapeut: | Und du bist ziemlich sicher, daß du weißt, was richtig und was falsch ist? |
| Jeffrey: | Ja |
| Therapeut: | Ist das also etwas, was dir hilft, zuversichtlich zu sein? Verstehst du, du sagst: „He, ich weiß, was richtig und was falsch ist, dann |

|  |  |
|---|---|
| | werde ich wohl in der Lage sein, es auf die Reihe zu bekommen, hier herauszukommen." Ist das eins von den Dingen, die dir helfen, so sicher zu sein? |
| Jeffrey: | Ja. |
| Therapeut | (zur Mutter): Und ich vermute 'mal, Sie würden sagen, Sie haben ihn so erzogen, daß er Recht von Unrecht unterscheiden kann. |
| Mutter: | Daran habe ich geglaubt. |

Es wäre vergebliche Mühe zu versuchen, die Mutter davon zu überzeugen, daß sie keine Versagerin ist. Trotzdem ergreift der Therapeut aufmerksam jede Möglichkeit, vorsichtig ihre Meinung über sich selbst, sie sei inkompetent, infrage zu stellen.

|  |  |
|---|---|
| Therapeut: | Ich denke, es gibt einige Beweise, daß Sie ziemlich gute Arbeit geleistet haben. Sicher, manchmal sind die Dinge vielleicht etwas auf die schiefe Bahn geraten. Aber er ist ziemlich ehrlich mit mir heute. Wie zuversichtlich sind Sie, daß Jeffrey die Sachen auf die Reihe kriegen wird und hier herauskommt? |
| Mutter: | Er muß es wollen. Ich meine, er hat gelernt, was richtig und was falsch ist, er ist alt genug zu wissen, was richtig und was falsch ist. Aber er muß seine eigenen Erfahrungen machen. Ihm muß klar werden, daß er außer sich selbst niemandem wehtut. |
| Therapeut: | Sie sind also zuversichtlich, daß er dazu in der Lage sein wird? |
| Mutter: | Ich weiß es wirklich nicht. Ich weiß nicht, was ich darauf antworten soll. |
| Therapeut: | Sie sind also vorsichtig. |
| Mutter: | Ich habe irgendwie das Gefühl, weil ich allein bin, ist es schwerer für mich als für andere, damit fertig zu werden. Ich meine, ich weiß, ich habe Unrecht, aber ... Verstehen Sie, ich gebe mir die Schuld für einige der Schwierigkeiten, die er durchmacht. Aber er fehlt mir zu Hause. Er fehlt mir wirklich sehr. Er war meine rechte Hand. |

# Weitere Anzeichen von Kompetenz

Wenn Familienmitglieder von der Ungeheuerlichkeit der Situation und ihren eigenen Gefühlen der Inkompetenz überwältigt sind, ist es für sie schwer, irgendwelche Abweichungen vom problematischen Verhalten zu erkennen. Oft sind es beiläufige Bemerkungen oder leise gesprochene Kommentare, die auf Ausnahmen im problematischen Verhalten hinweisen. Die Aussage der Mutter, Jeffrey fehle ihr und er sei ihre rechte Hand gewesen, könnten möglicherweise ein Anzeichen seiner Kompetenz sein.

| | |
|---|---|
| Therapeut: | Wirklich? |
| Mutter: | Ja, er hat zum Beispiel geholfen, den Müll 'raus zu bringen, das Gras zu mähen, und wenn irgendetwas heil gemacht werden muß, weiß er immer, wie man das macht. |
| Therapeut: | Wirklich? |
| Mutter: | Wenn eine Lampe ausgeht oder ein Lichtschalter nicht funktioniert, macht er das furchtbar gern heil. Er weiß, wie das mit den Drähten ist, welche unter Strom stehen und welche nicht. Ich meine, ich versteh' überhaupt nichts davon, aber er weiß Bescheid. Er war sehr hilfsbereit im Haus. |
| Therapeut | (zu Jeffrey): Es hat also einige Bereiche gegeben, wo du ziemlich viel helfen und verantwortungsvoll sein konntest. Denn ich vermute, wenn du so 'was machst, wie einen Lichtschalter reparieren, mußt du ziemlich vorsichtig und vernünftig sein, nicht? |
| Jeffrey: | Ja. |
| Therapeut: | Es hat also einige Bereiche gegeben, wo du vernünftig und verantwortungsvoll sein konntest. Fallen einem von euch irgendwelche anderen Bereiche ein, wo Jeffrey sich vernünftig und verantwortungsvoll und erwachsen verhält? Es klingt ja so, als gibt es Bereiche, wo er erwachsen ist. |
| Mutter: | Er spricht mit mir über Sachen. Ich meine, er will erwachsen sein. Manchmal denke ich ... also, (Rose ist) älter, und bei ihr gehen Sachen durch, die bei ihm nicht durchgehen, so ist es immer gewesen. Ich sage ihm immer, er soll warten, bis er auch so alt ist, und dann kann er dieselben Sachen machen wie sie. Sie ist 17, sie kann ausgehen und länger wegbleiben als er. Aber Jeffrey findet einen Grund, auszugehen und die ganze Nacht wegzubleiben. Und dann erzählt er mir, er hat Drogen ausprobiert. Er erzählt mir, sie hat Drogen ausprobiert. Aber das stimmt nicht. |
| Rose: | (lacht) |
| Therapeut: | Was war das? |
| Rose: | Er hat keine Drogen ausprobiert. Er hat es nur gesagt, um sie zu ärgern. Er würde keine Drogen nehmen, das weiß ich. |
| Therapeut: | Du sagst also, er hat keine Drogen ausprobiert? |
| Rose: | Das würde er nicht machen. So dumm ist er nicht. |

Wieder war „so dumm ist er nicht" eine Nebenbemerkung, die fast überhört wurde. Sie war jedoch ein Kommentar darüber, was für ein Mensch Jeffrey war. Er (und sie) hatten vielleicht den Eindruck, es sei ein Beweis für Dummheit, wenn man in einer stationären Einrichtung landete. Hier war potentiell die Möglichkeit gegeben, dies infrage zu stellen und auf dem Bild von ihm als einem kompetenten Menschen aufzubauen.

Therapeut:    Wie kommst du darauf, daß er nicht dumm ist?

Rose:         Ich glaube nicht, daß mein Bruder dumm ist. Er kennt den Unterschied zwischen richtig und falsch. Er wird nicht mit Drogen herumexperimentieren. Er stiehlt vielleicht was, aber er nimmt keine Drogen.

Therapeut:    Er hat also möglicherweise ein paar dumme Sachen gemacht, vielleicht stehlen oder geschnappt werden, aber im Grunde weißt du, daß er nicht dumm ist und nicht mit Dingen leichtsinnig ist, die wirklich gefährlich sind.

Rose:         Die einzigen Mittel, die er nimmt, sind die vom Arzt, und nicht einmal die mag er.

Mutter:       Er ist aber manchmal leichtsinnig mit Alkohol.

Rose:         Ja, mit Alkohol ist er leichtsinnig.

Therapeut:    Das stimmt also, Jeffrey, du hast keine Drogen ausprobiert?

Der Therapeut ignorierte die „problem-orientierte" Erwähnung des Alkohols und hielt sich an die Ausnahme, daß Jeffrey nicht mit Drogen experimentiert, da er diese Entdeckung als eine von den verschiedenen Möglichkeit nutzen wollte, die sich herauskristallisiert hatten und bewiesen, daß Jeffrey kompetent war und sich in der Hand hatte. Dieser Weg könnte zu der Vorstellung führen, Jeffrey sei jemand, der in der Lage wäre, sich zu beherrschen, und die Fremdunterbringung würde dann als eine Zeit gedeutet werden, in der er üben könnte, diese Fähigkeit wiederzuerlangen. Das Ziel bestand also darin, Bedingungen zu schaffen, die ihm erlaubten, sich selbst so zu sehen.

## Ein Thema – Gute Tage gibt es oft

Therapeut:    Und Rose meint, du bist nicht dumm. Glaubst du, daß sie recht hat?

Jeffrey:      Ja.

Therapeut:    Also, das ist interessant. Mir fällt schon auf, in wievielen Bereichen Jeffrey ziemlich erwachsen und vernünftig ist. Er war in der Lage, mit mir geradeheraus und aufrichtig über Dinge zu reden, wie z.B. was ihn hierher gebracht hat und was er gemacht hat; er sieht ziemlich klar, was er tun muß, um hier herauszukommen; wir haben gesehen, er kann Recht von Unrecht unterscheiden und ist nicht dumm. Kannst du verstehen, Jeffrey, warum ich bei all diesen Dingen denke: „He, da gibt es eine Menge Gebiete, auf denen der Bursche ziemlich erwachsen und vernünftig ist"?

Jeffrey:         Ja.

Therapeut:   Ist das etwas, worüber du nachdenkst? Denkst du: „Ja, ich bin ziemlich erwachsen, ziemlich vernünftig"?

Jeffrey:         Das denke ich, aber nicht immer.

Das ist wahrscheinlich zutreffend. Jeffrey *war* vermutlich in der Lage, sich für erwachsen und vernünftig zu halten; die letzten Ereignisse (sowohl sein Verhalten wie auch die Reaktion des Systems darauf) hatten ihn daran gehindert, sich an diesen Aspekt seiner eigenen Person erinnern.

Therapeut:   Okay, zu welchen Zeiten denkst du daran?

Jeffrey:         Wenn ich einen guten Tag habe.

Therapeut:   Wie oft, meinst du, hast du einen guten Tag?

Jeffrey:         Die kommen oft vor.

Therapeut:   Okay. Meinst du, es fällt anderen Leuten auf, wenn du einen guten Tag hast? Können andere Leute sagen: „He, Jeffrey ist heute ziemlich erwachsen und verantwortungsvoll"?

Jeffrey:         Sie wissen es, wenn ich einen guten Tag habe.

Therapeut:   Und du ziehst es vor, einen guten Tag zu haben?

Jeffrey:         Ja.

Therapeut:   Möchtest du also, um hier herauszukommen, üben, mehr gute Tage zu haben?

Jeffrey:         Ja.

Der Ausdruck „gute Tage" ist von Jeffrey gekommen, und die besten Wörter, mit denen man Themen oder „Rahmen" für eine Fremdunterbringung schafft, sind die von den KlientInnen benutzten Wörter. In diesem Stadium ist der Ausdruck „gute Tage" nicht sehr bedeutungsvoll; trotzdem faßt er all jene Zeiten zusammen, in denen sich Jeffrey in einer Weise verhält, die man als erwachsen und verantwortungsvoll einstufen könnte. „Gute Tage" beinhaltet vermutlich auch Tage, an denen er nicht stiehlt, aber das wird und muß nicht explizit gesagt werden.

Wichtig ist, daß Jeffrey das Interview begonnen hat als „ein Junge, der ein Problem mit dem Stehlen hat". Potentiell ist er jetzt „ein Junge, der meistens gute Tage hat", und das ist eine Beschreibung mit ganz anderen Implikationen. Wenn man sich für die Zeit der Fremdunterbringung auf die Formulierung des Themas „üben, mehr gute Tage zu haben" einläßt, kann man Jeffreys Aufenthalt so deuten, daß er jetzt an etwas arbeitet, was er schon kann, statt dies als Zeit zu betrachten, in der andere Menschen sein Problem für ihn lösen müßten.

Dem Therapeuten war daran gelegen, eine klarere Vorstellung davon zu bekommen, wie ein „guter Tag" aussähe, und er fragte, worin sich solche Tage von anderen unterschieden. Die Antwort der Mutter war: „Ich bin dann da. Ich bin zu Hause", wobei wieder ihr Verantwortungsbewußtsein zum Vorschein kam. Hierbei beunruhigten den Therapeuten zwei Dinge: Einmal, daß die Mutter dem Gefühl ausgeliefert war, die Bürde für die guten Tage laste hauptsächlich auf ihr, und zum anderen, daß potentiell der Gedanke untergraben wurde, Jeffrey könne etwas zum Auftreten der guten Tage beitragen. Sie konnte jedoch auf die Frage „Gibt es jemals Zeiten, wo er einen guten Tag hat, wenn Sie nicht da sind?" mit „Ja" antworten, und dies führte zu einer Diskussion darüber, was Jeffrey anders macht, wenn er selbst für einen guten Tag sorgt. (Angesichts der Vermutung, daß Ausnahmen tatsächlich vorkommen, wäre es vielleicht besser gewesen zu fragen: „Wann hatte er das letzte Mal einen guten Tag, als Sie nicht da waren?" Solch eine Frage, die eine gewisse Kompetenz voraussetzt, wird vermutlich eher eine weitere Ausnahme aufdecken.)

## Die Rolle der Mutter in dem Thema

Das Thema „gute Tage" ist festgelegt, und diese sind definiert als Tage, an denen Jefrey „erwachsen" und „verantwortungsvoll" ist. In Hinblick auf die Tendenz der Mutter, sich schuldig und verantwortlich zu fühlen, war der Therapeut bemüht, ihre Rolle im Interaktionsmuster zu erforschen. Sie würde vielleicht mehr als nur ihren Teil der Verantwortung für die Lösung des Problems auf sich nehmen, und diese Bemühungen könnten sich dagegen auswirken, Jeffrey mehr Verantwortung für sein eigenes Verhalten übernehmen zu lassen. CADE (1988) gibt zu bedenken, daß Eltern, die immer intensiver am Verhalten ihrer heranwachsenden Kinder arbeiten, diese dazu verleiten, selber immer weniger hart zu arbeiten. Wenn die Mutter also immer intensiver daran gearbeitet hat, Jeffrey aus allen Schwierigkeiten herauszuhalten, hat sie vielleicht dazu beigetragen, daß er immer weniger Verantwortung für sein Verhalten übernommen hat. Gleichzeitig ist aber die Frage, wann man die Zügel in die Hand nehmen und wann man sich „zurückziehen" soll, für die Eltern mit sehr viel Sorgen verbunden.

Therapeut: Ich frage mich, ob es Zeiten gibt, wenn Jeffrey keinen guten Tag hat, wo Sie das Gefühl haben, mehr Verantwortung für ihn übernehmen zu müssen, ihn aus allen Schwierigkeiten herauszuhalten zu müssen. Sie sagten, glaube ich, Sie haben das Gefühl, zu Hause bleiben zu müssen, um Schwierigkeiten von ihm fernzuhalten.

| | |
|---|---|
| Mutter: | Ja, also einmal, da ist er losgegangen und hat sich einen Job in einem Lebensmittelladen besorgt, und ich hatte den Eindruck, das war richtig gut für ihn. Und ich habe ihm gesagt, er soll nach Hause kommen und schlafengehen, damit er am nächsten Morgen rechtzeitig zur Arbeit aufstehen kann. Aber er blieb abends spät aus, bis nach 12 Uhr, und ich habe ihm gesagt, er ist verantwortlich dafür, rechtzeitig aufzustehen für seinen Job. Und dann ist es schiefgegangen, genau wie ich's ihm gesagt habe. Ich habe ihn schlafen lassen, und er hat den Job verloren. |
| Therapeut: | Sie hatten also beschlossen, Sie würden nicht die Verantwortung dafür übernehmen, er müßte eben .... |
| Mutter: | Das selbst herausfinden. |
| Therapeut: | Und das ist hart. Ich weiß, wie schwer es ist zu sagen: „Das muß er selbst herausfinden." Ich vermute, es gibt Zeiten, wo man meint, man muß sich einmischen und die Verantwortung tragen. |

Der Therapeut war aufrichtig beeindruckt von der Mutter, daß sie Jeffrey hatte weiterschlafen und den Job verlieren lassen. Seine Arbeitssuche hatte sie vermutlich als einen positiven Zug angesehen, und es wäre leicht gewesen und auch verständlich, wenn sie sich alle Mühe gegeben hätte, ihn dazu zu bringen, rechtzeitig zur Arbeit aufzustehen.

Zu einem späteren Zeitpunkt während des Interviews wurde die Mutter gefragt, ob sie Interesse daran habe, die Zeit von Jeffreys Fremdunterbringung dazu zu benutzen, mit fremder Hilfe herauszufinden, wie sie es ihm häufiger überlassen könnte, „die Dinge selbst für sich herauszufinden". Das heißt, es wurde über ihr Engagement diskutiert und ein Plan für weitere Arbeit aufgestellt. Dies war wichtig, weil es bedeutete, daß die Fremdunterbringung für beide, Mutter und Jeffrey, eine Zeit war, in der sie etwas üben konnten.

# Praktische Implikationen des Themas

Im Laufe des Interviews tauchten andere Beispiele von Zeiten auf, wo Jeffrey sich verantwortungsvoller betragen und für gute Tage gesorgt hatte, und von Zeiten, wo er schlechte Tage gehabt hatte. Anscheinend hatte das Interview Jeffreys Fähigkeit deutlich gemacht, gute Tage zu haben, und so ein mögliches Thema für die Unterbringung geschaffen. Ganz wichtig war, daß die Idee in Jeffrey entstanden war und er dafür „motiviert" zu sein schien.

Anscheinend war die Vorstellung, „üben, um für mehr gute Tage zu sorgen", ein brauchbares Thema für die Unterbringung, die den Gedanken mit einbeziehen konnte, die Mutter könnte sich darin üben, Jeffrey zu erlauben, „Dinge selbst herauszufinden". Jeffrey war aufgenommen worden, weil er Hilfe wegen seines Stehlens benötigte. Er war nach außen hin nicht an solcher Hilfe interessiert gewesen, und diese Schilderung der Situation hatte der Mutter keine andere Wahl gelassen, als darauf zu warten, daß „ExpertInnen" das Problem lösen würden, mit dem sie nicht fertig wurde.

Man machte sich seinen Wunsch „rauszukommen" zunutze und führte etwas Genauer aus, was er seines Wissens tun mußte, um dies zu erreichen; man nahm Beispiele aus anderen Bereichen seines Lebens, die zeigten, was er in der Lage war zu erreichen – und so wurde es möglich, ein anderes Bild von Jeffrey zu zeichnen, das zu ihm paßte. Der Versuch, auf Beweisen für seine Kompetenz aufzubauen (und damit auf Beweisen für eine realistische Lösungsmöglichkeit), bot auch eine „Plattform", von der aus vorsichtig die Ansicht der Mutter, versagt zu haben, infrage gestellt werden konnte. Früher hatte sie die Bürde des Gefühls, versagt zu haben, getragen und mußte daher entweder versuchen, ihre Kompetenz zu beweisen, oder bei der Fremdunterbringung unbeteiligt bleiben. Da die Bereiche hervorgehoben wurden, in denen Jeffrey schon seine Beherrschung gezeigt hatte und in denen sich weitere gute Tage abzeichneten – d.h. da man mit dem begonnen hatte, was er *bereits* gut machte, und nicht mit dem, was er vielleicht irgendwann erreichen *könnte* –, war es leichter für die Mutter, einen gewissen Grad von Kompetenz zuzugeben, und sich einbezogen zu fühlen. Die Aussicht, weiter zu üben, wann sie Verantwortung übernehmen und wann sie sich zurückhalten mußte, war für sie weniger bedrohlich, als der Gedanke herauszuarbeiten, was sie falsch gemacht hatte! Sowohl Jeffrey wie auch seine Mutter hatten die Möglichkeit, jene drei Monate, die ihnen bevorstanden, sinnvoll zu deuten und sich als Teil des Prozesses zu fühlen – und sogar eine gewisse Herrschaft darüber zu empfinden.

Was die Pragmatik der Fremdunterbringung anlangt, kann es eine Reihe von Wegen geben, den Kernpunkt des Themas zu integrieren. Die MitarbeiterInnen konnten auf dem Thema aufbauen, indem sie Jeffrey Möglichkeiten zugestanden, sein eigenes Verhalten zu überwachen und zu bestimmen (statt ihre Rolle darin zu sehen, alles selbst zu bestimmen). Sie konnten Jeffrey auffordern, seine guten und schlechten Tage vorherzusagen oder ihn von Zeit zu Zeit fragen, ob dies ein guter oder ein schlechter Tag sein sollte. An den Tagen, die er als „gute Tage" bezeichnete, konnten sie ihm mehr Gelegenheiten bieten, sich selbständig zu verhalten. An anderen Tagen konnten sie ihm klarmachen, daß sie sich bemühen würden, ihn aus Schwierigkeiten herauszuhalten – nicht als Strafe, sondern weil sie die Tatsache anerkannten, daß er vielleicht noch nicht so weit war, die ganze Zeit für gute Tage zu sorgen.

Es würde wichtig sein, daß sie ihm nicht nur an guten Tagen mehr Verantwortung übertragen, sondern auch damit experimentieren, ihm Verantwortung zu übertragen als Möglichkeit, gute Tage zu schaffen. Das heißt, die größere Verantwortung sollte nicht hauptsächlich eine Belohnung für gute Tage sein, sondern eine Art der Übung, denn nur, wenn Jeffrey an sich selbst erfährt, wie er größere Verantwortung übernimmt, wird er in der Lage sein, selbst für gute Tage zu sorgen. Die MitarbeiterInnen sollten auch auf keinen Fall die Sprache des Themas benutzen, um Jeffrey zu verantwortungsvollem Verhalten zu „drängeln". In Kapitel 10 behandle ich ausführlich, wie wichtig es ist, daß die MitarbeiterInnen „nicht zu hart arbeiten".

Das Engagement der Mutter würde darin bestehen, ihre Ansichten neu zu überdenken, wie sie Jeffrey zugestehen könnte, Dinge selbst herauszufinden und dies zeitweise bei Wochenendbesuchen zu üben. Man sollte sie auch auffordern, auf Beispiele zu achten, wann er sich aus Schwierigkeiten heraushält und selbst für mehr gute Tage sorgt.

Natürlich war dies nur ein erstes Interview, in dem ein Thema ermittelt wurde, das als „Plattform" dienen konnte und auf dem die übrige Unterbringung aufbauen würde (Da es sich hier um ein „Konsultationsinterview" handelte, hatte der Therapeut in diesem Fall keinen Einfluß darauf, wie mit der übrigen Zeit von Jeffreys Unterbringung umgegangen wurde). Das Interview selbst reicht nicht aus, um sicherzustellen, daß die Unterbringung auf eine Weise durchgeführt wird, die ihr Ziel in einer sich weiter entwickelnden Kompetenz sieht. Das heißt, die Entwicklung eines Themas ist nicht unbedingt ausreichend – es ist durchaus möglich, diese Ausarbeitung durchzuführen, und dann die Unterbringung in einem im wesentlichen problemfokussierten Rahmen fortlaufen zu lassen. Es ist wichtig, daß alle, die mit solch einer Unterbringung zu tun haben, sorgfältig planen, wie sie das Thema und seinen Fokus innerhalb des Programms einsetzen.

# Kapitel 5

# Ziele setzen:
# Die Zukunft in der Gegenwart

Jedes Programm mit einem therapeutischen Fokus hat eine gewisse Vorstellung von den Zielen für den jungen Menschen und die betreffende Familie. Ich spreche mich eindeutig dafür aus, diese Ziele als einen der Kernpunkte des gesamten Programms zu betrachten und alles, was geschieht, auf die Erreichung dieses Zieles auszurichten. Unglücklicherweise ist dies nicht immer der Fall. Nur allzu leicht werden die Ziele in den Therapiesitzungen und bei der Besprechung des allgemeinen Fortschrittes der KlientInnen bedacht, gehen aber bei den Anforderungen des alltäglichen Lebens verloren.

## „Woran möchtest du arbeiten?" vs. „Welches Ziel hast du?"

Die Art, wie die Ziele formuliert werden, kann einen grundlegenden Einfluß darauf haben, welche Fortschritte die Fremdunterbringung macht. Insbesondere können die Ziele entweder den Kernpunkt der Unterbringung untermauern oder dem entgegenwirken, daß die Unterbringung in einem Rahmen gesehen wird, der die Entwicklung eines Gefühls von Kompetenz ermöglicht.

Im allgemeinen drücken die Ziele eine Orientierung auf Probleme aus. Es wird formuliert, „an welchen (Problemen) die betreffende Person arbeiten möchte oder sollte", „welche Fragen angesprochen werden müssen", „welche Verhaltensweisen wir ändern müssen" und so weiter. Das heißt, die Ziele hängen normalerweise damit zusammen, irgendein Problem zu überwinden oder irgendeine problematische Situation zu verändern. Ganz gleich, wie wohlwollend sie ausgedrückt werden – Ziele, die so formuliert sind, tragen leicht dazu bei, daß die Unterbringung problem-orientiert wird. Ich habe in Kapitel 2 erörtert, warum eine ständige Konzentration auf das Problem nicht notwendigerweise das Kind, die Heranwachsenden, die Eltern oder die MitarbeiterInnen darin unterstützt, das Gefühl zu entwickeln, die Dinge könnten auch anders sein.

Statt sich auf das zu konzentrieren, was sich verändern muß bzw. verändert werden muß, kann es hilfreicher sein, sich darauf zu konzentrieren, wie solch ein veränderter Zustand aussehen wird – also sich auf eine nicht-problematische Zukunft zu konzentrieren. Anstatt sich in einem Programm von Gedanken darüber leiten zu lassen, wie das jeweilige Problem, das zur Fremdunterbringung führte, geändert werden könnte, sollten wir die Unterbringung darauf ausrichten, wie die Dinge stehen werden, wenn der junge Mensch für seine Entlassung bereit ist.

Das ist mehr als nur eine andere Art der Formulierung. Sich auf das zu konzentrieren, was verändert oder woran gearbeitet werden muß, bedeutet, sich auf das Problem mit all seinen Schwierigkeiten und seinem Pessimusmus zu konzentrieren. Sich auf das zu konzentrieren, was zum Erfolg führt, bedeutet, sich auf die Lösung zu konzentrieren, und da dies impliziert, daß es Erfolg geben wird, bringt es größeren Optimismus und eine Zielrichtung mit sich.

Wenn die Unterbringung eine Übungsperiode darstellt, könnte man als Daumenregel sagen, der Blick sollte immer auf die Entlassung der anvertrauten Person gerichtet sein. Alles sollte auf eine Weise formuliert werden, die dies im Auge hat.

Wenn DE SHAZER (1991) über die Therapie spricht, fragt er häufig die KlientInnen: „Woran werden wir erkennen, wann wir aufhören sollten, uns zu treffen?" Er betont, daß die ganze therapeutische Interaktion auf den „Zielzustand" ausgerichtet ist. Alles was geschieht, wird danach beurteilt, wieweit es *eine Bewegung in Richtung* Ziel zuläßt und nicht eine Bewegung vom Problem fort darstellt. Dies ist nicht nur eine semantische Unterscheidung: Gerade im Streben nach diesem Ziel liegen Optimismus und das Bewußtsein für Möglichkeiten.

*In unserem Programm haben wir Techniken entwickelt, die den MitarbeiterInnen und KlientInnen helfen, sich mehr darauf zu konzentrieren, die gewünschten Veränderungen zu üben. Unser erster Schritt ist bekannt als „Zusammenfassung der ersten Sitzung". Das ist ein Formular, das von der HaupttherapeutIn oder der HauptmitarbeiterIn mit den KlientInnen zusammen bei der Aufnahme ausgefüllt wird. Dieses Formular soll den MitarbeiterInnen und KlientInnen helfen, sich von Anfang an auf Anzeichen dafür zu konzentrieren, wann die KlientIn entlassen werden kann. Im Formular muß die Therapeutin die folgenden Punkte festhalten: alle besonderen Symptome, die externalisiert werden; die Formulierung des Themas, eine spezielle Sprache, die hilft, den Standpunkt und das Ziel der KlientIn zu beschreiben sowie jede andere Information, die helfen kann, neue Deutungen zusammen mit KlientIn und Familie zu entwickeln oder weiter auszuführen.*

*Das Formular wird ein wesentlicher Bestandteil der Akten der Klien-
tInnen. Das Schwergewicht des Formulars liegt auf der Frage: „Was
zeigt uns, daß die KlientIn bereit ist für die Entlassung?" Dies gibt den
MitarbeiterInnen und den KlientInnen die Möglichkeit, von Anfang an
zukunfts- bzw. lösungs-orientiert zu arbeiten. Während der restlichen
Unterbringungszeit bemüht man sich, die Information auf dem Formular dazu zu benutzen, der Entlassung der KlientIn „mit Freude entge-
gen zu sehen".*

*– Prince William County Mental Health Services*

*Crisis/Detox Program, Manassas, Virginia*

Die Frage „Woran wirst du erkennen, wann du für die Entlassung bereit
bist?" läßt sich nicht immer leicht beantworten, besonders dann nicht,
wenn die Menschen sich von ihren Problemen beherrscht fühlen und
die Zukunft pessimistisch sehen. Trotzdem kann es eine weitreichende
Frage sein. Sie rückt nicht nur entschieden die Zukunft in den Mittelpunkt, sondern impliziert ganz klar, daß die Person irgendwann für eine
Entlassung bereit sein wird und selbst die Entscheidung darüber treffen
kann. Sie bereitet den Boden für einen Ansatz, der unsere KlientInnen
ermutigt, ExpertInnen für sich selbst zu werden.

In einer ersten Sitzung oder im Aufnahmegespräch könnten folgende
Fragen gestellt werden:

Wie wirst du wissen, wann du bereit bist, diese Einrichtung zu verlassen?

Was wirst du tun, das dir sagt, daß du bereit bist, wieder nach
Hause zu gehen?

Wenn du bereit bist, von hier wieder fortzugehen, was meinst du,
wird den Leuten an dir auffallen, was anders ist als das, was jetzt
passiert?

Wenn wir jetzt eine Videoaufnahme von dir machten und eine zweite, wenn du bereit bist, von hier fortzugehen, welcher Unterschied
würde uns dann auf dem zweiten Band auffallen? Woran würden wir
erkennen, welches das zweite Videoband ist? (Die Idee von „Video-
beschreibungen", die zu bestimmten Schilderungen dessen „was
geschehen wird" anregen, ist von O'HANLON und WILK, 1987, diskutiert worden).

Wie werden Sie wissen, ob Ihr Sohn/Ihre Tochter bereit ist, nach Hause zurückzukehren?

Wenn wir den Punkt erreichen, wo Sie bereit sind, Ihren Sohn/Ihre Tochter wieder zu Hause zu haben, damit Sie diese Dinge zusammen weiter üben können, was wird dann anders sein? An welchen Zeichen werden Sie erkennen, daß dieser Zeitpunkt gekommen ist?

Solche Fragen stellen nicht nur den zukünftigen Erfolg statt des vergangenen Versagens in den Fokus der Aufmerksamkeit, sie helfen auch, die Ziele in konkreten Ausdrücken zu beschreiben. Bei allen spielt die Vorstellung eine Rolle: „Was wirst du/wird er/wird sie *tun*, wenn die Dinge besser stehen?" Vage Ziele („Wir werden besser miteinander auskommen") sind schwer zu messen und schwer zu erreichen. Da wir immer irgendwelche Wege finden könnten, „besser miteinander auszukommen", sind der junge Mensch, die Eltern oder die MitarbeiterInnen vielleicht nie überzeugt, die Ziele erreicht zu haben. Je unbedeutender die Ziele zu sein scheinen, desto mehr hat die Betreffende das Gefühl: „Ganz gleich, wieviel ich erreiche, es wird immer einen weiteren Schritt geben", und umso eher werden die KlientInnen aufgeben. De Shazer weist darauf hin, daß konkrete Ziele, die das Gefühl vermitteln, „woran wir erkennen werden, wenn wir das Ziel erreicht haben", einen wichtigen Schritt darstellen, um eine mögliche Lösung in greifbare Nähe zu rücken, und oft helfen sie der Familie zu erkennen, daß bereits *einiges* von dem, was notwendig ist, geschieht.

Es liegt dann an uns, ob die Ziele nur in den Akten festgehalten und nur bei den formellen Fallbesprechungen erwähnt oder ob sie sinnvoll während der ganzen Unterbringungszeit herangezogen werden. Es ist zwar nicht hilfreich, sie übermäßig zu strapazieren. Wenn die jungen Menschen aber Ziele haben, auf die sie sich beziehen können, unterstützt sie dies oft darin, sich auf die zukünftige Lösung zu freuen. Irgendetwas, was beständig und vorsichtig daran erinnert, daß es irgendwann besser werden *wird*, dient am besten dazu, die „Motivation" aufrechtzuerhalten.

# Es kann Wunder bei der stationären Arbeit geben – wenn wir daran glauben!

De Shazer (1988) bezeichnet die „Wunderfrage" als einen wichtigen Teil der lösungs-orientierten Kurztherapie und als eine Möglichkeit, Ziele zu setzen, die für KlientInnen bedeutungsvoll sind.

Die Wunderfrage ist eine Frage der Form:

> Nimm' einmal an, eines Nachts, während du schläfst, geschieht ein Wunder, und all' deine Probleme, die dich hierher geführt haben, sind gelöst. Woran wirst du das merken? Was wird anders sein und dir zeigen, daß ein Wunder geschehen ist? Woran werden deine Eltern merken, was geschehen ist? (nach DE SHAZER, 1988, S.5)

Wenn wir dieser Frage nachgehen, führt sie uns zu einem konkreten „Bild" dessen, wie der Lösungszustand aussehen wird. Da es eine „laß' uns doch einfach `mal so tun als ob"-Frage ist, fällt es den Betreffenden leichter, sie zu beantworten, ohne in all den „Ja, aber ..." steckenzubleiben, die ihr gegenwärtiges Gefühl der Hoffnungslosigkeit widerspiegeln. Es ist wichtig, die Antworten auf die Frage des Wunders zu untersuchen, um ein möglichst detailliertes Bild zusammenzustellen. Nicht selten antworten Jugendliche anfangs mit Sätzen wie: „Sie werden dann nicht mehr die ganze Zeit Zoff mit mir machen." Weitere Fragen könnten dann in folgender Weise gestellt werden: „Was werden sie stattdessen tun? Welchen Unterschied wird das für dich machen? Was wirst du dann anders machen? In welcher Weise wird das die Dinge für dich verändern? Und für sie?" und so weiter. Wenn die Eltern nun ihrerseits das Wunder im Satz: „Er macht dann, was man von ihm erwartet" ausdrücken, dann könnten wir fragen: „Was für Dinge wird er dann tun? Wie werden Sie darauf reagieren? In welcher Weise wird das die Dinge für Sie verändern? Woran wird ihm auffallen, daß Sie erfreut sind?" und so weiter. Das Ziel besteht darin, ein Bild oder eine Beschreibung des Lösungszustandes zu konstruieren, die sich aus einer Anzahl spezifischer Aussagen darüber ergeben, was alle Betroffenen anders machen werden.

Die Frage nach dem Wunder hat eine Reihe von Anwendungsmöglichkeiten. Allein die Tatsache, daß eine so detaillierte Beschreibung der Lösung entwickelt wird, scheint den Menschen schon dabei zu helfen, diese für erreichbar zu halten. Es ist fast so, als würde die Lösung im Verlaufe des bloßen Beschreibungsprozesses zu einer echten Möglichkeit. „Es scheint, als ob schon der Akt der Konstruktion einer Lösungsvision als Katalysator wirkt, diese herbeizuführen." (O'HANLON & WEINER-DAVIS, 1989, S.106). Um es noch einmal zu sagen, dies führt viel eher zu einem „Motivationsschub" als die Analyse der noch zu bewältigenden Probleme. Zudem kann dann in der Gegenwart nach den Verhaltensweisen gesucht werden, die man als Bestandteil des (zukünftigen) Wunderzustandes identifiziert hat. Immer, wenn den MitarbeiterInnen,

Eltern oder dem jungen Menschen auffällt, daß eines dieser Dinge jetzt bereits geschieht, können sie sich der Lösung einen Schritt näher fühlen. Und schließlich kann die Frage nach dem Wunder als Programm dienen, neue Verhaltensweisen zu üben – entweder innerhalb der Einrichtung oder zu Hause.

*Nan, 23, wurde vor kurzem aus einem psychiatrischen Krankenhaus in die Fürsorge ihrer Mutter entlassen. Nachdem sie ihren gewalttätigen, alkoholabhängigen Ehemann bedroht hatte, war sie ins Krankenhaus eingewiesen und als schwer depressiv diagnostiziert worden. Sie erzählte, ihre Mutter sei während ihrer Kindheit häufig nicht zu Hause gewesen und habe sie ebenfalls körperlich mißhandelt. Sie berichtete ferner, sie sei von männlichen Verwandten sexuell mißbraucht worden.*

*Zum Zeitpunkt ihrer Aufnahme sprach Nan darüber, daß kritische Stimmen sie verfolgten und ihr sagten, sie solle sich umbringen. Anfangs dachten wir, wir könnten Nan die Aufgabe stellen, sie solle lernen, mit diesen Stimmen richtig umzugehen. Bei der zweiten Sitzung fragte Nan immer wieder, wie ihre Diagnose lautete. Wir sprachen über Anpassungsstörungen und wiesen auf die Folge von Streßfaktoren hin, die sie ertragen mußte und die schließlich dazu geführt hatten, daß sie ins Krankenhaus eingewiesen wurde, da sie versucht hatte, sich vor ihrem Mann zu schützen. „Kein Wunder, daß sie depressiv war!" sagte ich in dem Versuch, ihre Erlebnisse normal erscheinen zu lassen. Diese Diskussion gab ihrem Gefühl und ihrer Konversation eine hoffnungsvolle Wendung. Nachdem sie betont hatte, sie sei schon dabei, ihre familiären Beziehungen nach einer stürmischen Jugend neu auszuhandeln, sagte Nan deutlich, ihr Ziel bestünde darin, ihre Vergangenheit hinter sich zu bringen. Am nächsten Tag plante sie bereits Besuche zu Hause. Nach einem besonders schwierigen Tag erinnerten wir Nan daran, daß dies eine Zeit des Übergangs und der Übung sei. Dies war wichtig, um das Auf und Ab beim Einüben der neuen Verhaltensweisen als etwas Normales ansehen zu können.*

*Wir nutzten die Wunderfrage bei Nan, ihrer Mutter und ihrer Schwester als Hilfsmittel, Verhaltensweisen zu identifizieren, die auftreten würden, wenn alles besser war, und sprachen dann weiter von den Dingen, die sie bei ihren Besuchen zu Hause üben könnte.*

*Als wir die Wunderfrage stellten, war die Antwort der Familie anfangs: „Wenn sie mit Leuten zu tun haben kann, ohne böse oder verletzt zu* sein oder auf sie loszugehen." Nach einiger Diskussion einigten sich Nan, ihre Mutter und ihre Schwester darauf, Zeichen dieses Wunders wird es sein, wenn Nan häufiger fröhliche Zeiten mit ihrer Schwester verbringt, nach einem Job sucht, schöne Stunden mit ihrer Mutter verlebt und wieder mit ihrem Stiefvater zur Kirche geht. Nan sagte, sie würde dann wissen, daß ein Wunder geschehen sei, wenn sie von ihrer Mutter etwas Positives hört. Nan und ihre Mutter erwähnten eine Hochzeit in der Familie am nächsten Wochenende, zu der Nan gehen wollte. Wir beschlossen, die Gelegenheit zu ergreifen und Nan zu ermuntern zu üben, auf eine andere Art und Weise mit ihrer Familie zusammen zu sein.

In unseren Therapiesitzungen und Zusammenkünften mit den MitarbeiterInnen, in denen wir den Ausgang für die Hochzeit planten, sprachen wir mit Nan darüber, was sie anders machen müßte, um in einer positiveren Weise mit Mutter und Schwester zusammen sein zu können. Sie erkannte, daß sie üben müßte, sowohl in ihrer Denkweise wie auch in ihrem Umgangston mit anderen positiver zu sein, um positivere Reaktionen zu bekommen. Sie sagte auch, sie würde im weiteren Familienkreis als „verrückte Tochter" gelten und habe daher beschlossen, dies auszunutzen und etwas Spaß zu haben, statt sich darum zu sorgen, wie sie sich an andere Familienmitglieder anpassen oder ihnen gefallen könnte. In Vorbereitung auf die Hochzeit nahm die Mutter Nan mit, um ein neues Kleid für sie zu kaufen, und frisierte ihr das Haar. Nan sah strahlend aus und für beide war der Einkaufsbummel ein Erfolg.

In der Sitzung nach der Hochzeit zählte die Mutter unaufgefordert eine Reihe von Veränderungen in Nans Verhalten auf: Nan sei während des ganzen Hochzeitstages positiv eingestellt gewesen; Nan hatte viel Zeit mit ihrer Schwester verbracht und beide hatten Spaß gehabt; auch mit einem potentiell schwierigen Zwischenfall war Nan positiv umgegangen. Dieser Zwischenfall ergab sich aus dem Umstand, daß eine andere Familie während der Hochzeit in ihrem Haus wohnte. Nan war aufgebracht gewesen, weil es einem kleinen Kind erlaubt worden war, sich eine äußerst gewalttätige Fernsehsendung anzusehen. Nan hatte darum gebeten, das Kind entweder hinauszuschicken oder etwas anderes einzuschalten. Die Mutter des Kindes war dagegen gewesen. Nan war für kurze Zeit aufgebracht, fing sich dann aber, ohne den Vorfall den restlichen Tag verderben zu lassen.

Ich fragte Nan, ob ihr aufgefallen war, daß sie positivere Reaktionen von ihrer Mutter erhalten habe – sie strahlte und sagte: „Ja." Als sie

*gefragt wurden, was sie tun müßten, um auf diesem Weg weiterzu-
machen, sagten beide eindeutig, sie müßten mehr Zeit mit gemeinsamen Familienaktivitäten verbringen und nur sie beide allein mehr Zeit
auf positivere Weise – etwas, was sie nicht oft getan hatten, als Nan
noch ein Kind war.*

*Beim letzten Zusammentreffen vor der Überweisung in eine ambulan-
te Einrichtung hatte Nan eine Woche mit mehr „Wundertagen" als
schlechten Tagen hinter sich (einer der schlechten Tage war sogar
verschrieben worden). Ihre Mutter hatte angefangen, spontan über
positive Veränderungen zu berichten, und Nan hatte Pläne für ihre
Jobsuche, die in der folgenden Woche beginnen sollte.*

*Prince William County Mental Health Services*

*Crisis/Detox Program, Manassas, Virginia*

Die MitarbeiterInnen hatten eine gewisse Vorstellung davon, in welchen
Rahmen sie Nans Unterbringung stellen konnten, indem sie ihre Stimmen externalisierten; es war jedoch nicht das, womit Nan einverstanden war. Viele von uns können Beispiele aufzählen, wie „kreative und
kluge" Umdeutungen vorgenommen wurden, die jedoch den KlientInnen leider nicht paßten! „Ihre Vergangenheit hinter sich bringen" hatte
eine größere Bedeutung für Nan und ergab sich, als der Therapeut ihre
Erlebnisse in weniger pathologischer Weise beschrieb und die Schritte
hervorhob, die sie bereits unternommen hatte, um ihre Beziehungen
zur Familie zu verändern. „Die Vergangenheit hinter sich bringen" hatte
eine Bedeutung für die Klientin, war aber kein Ziel, das von vornherein
meßbar war. Das heißt, es gab keine Möglichkeit zu wissen, wann sie
dieses Ziel erreicht hätte. Die Wunderfrage erlaubte Nan, ihrer Familie
und den MitarbeiterInnen, eine detailliertere Beschreibung dessen zu
entwickeln, was geschehen würde, wenn sie am Ziel angelangt wäre.
Das heißt, es gab jetzt identifizierbare Dinge, die zeigen würden, daß
sie „die Vergangenheit hinter sich ließ", und dies waren Verhaltensweisen, mit denen sie experimentieren konnte.

## Wessen Ziele?

Wenn junge Leute nicht motiviert zu sein scheinen, liegt das Problem
oft bei den Zielen. Wir werden alle eher motiviert, auf Ziele hin zu
arbeiten, die wir uns gestellt haben und die daher für uns von Bedeutung sind, und wir fühlen uns weniger motiviert, Ziele anzustreben, die
andere uns aufgezwungen haben. Eine der am wenigsten fruchtbaren

Aktivitäten, auf die wir uns einlassen können, besteht in dem Versuch, einen jungen Menschen davon zu überzeugen, er habe ein bestimmtes Problem. Nur weil ein Gericht, eine Schule, ein Psychiater oder die Eltern festgestellt haben, wo das Problem liegt und was nun geschehen muß, wird der junge Mensch nicht zustimmen.

Im Bereich der Kurztherapie haben etliche Leute den Begriff „KundIn der Therapie sein" („customership") beschrieben. Der Gedanke wurde im MRI Brief Therapy Project (FISCH et al., 1982) eingeführt und dann von DE SHAZER und seinen KollegInnen (DE SHAZER, 1988) weiterentwickelt. Statt KlientInnen mit Begriffen wie „Motivation" oder „Widerstand" zu beschreiben, wird angeregt, daß KlientInnen in unterschiedlichen Umständen unterschiedliche Beziehungen zur Therapie und dem Gedanken der Veränderung haben. Manche Menschen sind „BesucherInnen" in der Therapie (sie sind oft unter Zwang dort, und nicht etwa, weil sie gern beteiligt werden möchten. Sie glauben vielleicht noch nicht einmal, ein Problem zu haben); andere sind „Klagende" (sie geben das Problem zu, sind aber nicht willens oder in der Lage, etwas dagegen zu unternehmen und nicht zur Therapie „motiviert"). Einige sind „KundInnen" in der Therapie (sie kommen und möchten dabei helfen, etwas für ihre Situation zu tun, und sind in der Lage, deutlich darzulegen, wie sie die Dinge gern verändert sähen).

Jugendliche, die stationären Einrichtungen zugewiesen werden, betrachtet man oft nur als „BesucherInnen" – sie fordern normalerweise die TherapeutInnen und MitarbeiterInnen nicht dazu auf, ihnen zu helfen, sich zu verändern, und glauben oft, es seien die anderen (Eltern, Schule, Polizei), die eigentlich ein Problem hätten. Es muß jedoch darauf hingewiesen werden, daß „KundIn sein" (oder „BesucherIn") kein Merkmal der Person ist, sondern eine Art, die TherapeutIn/KlientIn-Interaktion zu beschreiben. DE SHAZER spricht von „Codeworten" und erklärt: „Das Codewort „KundIn" ... beschreibt eine TherapeutIn/KlientIn-Beziehung *als ein Ergebnis des Interviews* – die darauf aufbaut, daß der Klient etwas für den Aufbau einer Lösung tun möchte" (DE SHAZER, 1988, S.42 – Kursivdruck hinzugefügt). Das heißt, die KlientIn ist vielleicht nur „BesucherIn", wenn die TherapeutIn auf einer Definition des Problems besteht, die nicht vom Jugendlichen kommt. Infolge des Interviews haben TherapeutIn und KlientIn ihre Beziehung auf einer anderen Definition der Situation aufgebaut – ein anderes Programm – und die KlientIn ist dafür vielleicht „KundIn".

Im vorherigen Kapitel war Jeffrey nur „Besucher", so lange sich Interview und Unterbringung auf das Programm der Mutter und der Behörden konzentrierten, nämlich auf sein Stehlen und sein störendes Verhalten. Am Ende der Sitzung war er jedoch ein potentieller „Kunde" für „mehr gute Tage haben". Natürlich war sein „Kunde sein" wie bei den meisten Jugendlichen noch zögernd.

Nach meiner Erfahrung möchten die Menschen, mit denen wir arbeiten, normalerweise die Dinge verbessern. Wir müssen nur verstehen, was sie mit „besser" meinen, und nicht, was wir glauben, was sie meinen.

*Chris war ein Jugendlicher, der uns sehr viel darüber lehrte, wie wichtig es ist, eigene Hoffnungen und Vorstellungen von Zielen fahren zu lassen, um dem jungen Menschen Raum für die Entwicklung von Hoffnungen und Zielen zu geben, die für ihn von Bedeutung sind.*

*Chris war in die stationäre Einrichtung aufgenommen worden, nachdem er die Tochter von Nachbarn wüst beschimpft hatte. Das Jugendamt meinte, seine Unterbringung zu Hause sei nicht mehr sicher, da seine Mutter nicht glaubte, ihn beaufsichtigen zu können. Zu seinem Programm gehörte neben der Therapie der Besuch einer Schule außerhalb der Einrichtung.*

*Nachdem er einige Monate regelmäßig zur Schule gegangen war, hörte Chris einfach auf, die Schule zu besuchen. Da wir uns darüber im klaren waren, ihm etwas zur Auswahl anbieten zu müssen, sagten wir ihm, er solle entweder wieder zur Schule gehen oder sich Arbeit suchen oder sich für einen technischen Kursus einschreiben. Das waren die üblichen Möglichkeiten für jemanden in seiner Position. Je mehr wir versuchten, Chris zu ermuntern, eine Entscheidung zu treffen, desto weniger unternahm er. Wir beschlossen, „kreativ zu werden", und boten ihm weitere Möglichkeiten an – er konnte zur Schule gehen oder einen Job suchen oder sich für einen Kursus einschreiben oder Arbeitslosenhilfe beantragen oder Penner werden. Wieder unternahm er nichts.*

*Uns wurde klar, daß schon unsere Versuche, (angebliche) Auswahlmöglichkeiten anzubieten, Chris unter Druck setzten und ihm nicht wirklich das Gefühl gaben, selbstbestimmend zu sein. Wenn es nur so aussah, als ob er zur einen oder anderen Richtung neige, war es nur zu leicht für uns, uns auf diese scheinbare Entscheidung „zu stürzen" und ihn vorsichtig (oder auch nicht so vorsichtig) weiter in die Richtung zu drängen. Wir waren bereit, ihm die Entscheidung zuzugestehen, waren aber entschlossen, daß er etwas tun müsse. In Wirklichkeit nahm Chris aber eine fast katatonische Haltung ein, je mehr wir drängten.*

Schließlich machten wir uns klar, wieviel Erfahrungen Chris bereits mit Fachleuten, Ämtern und SozialarbeiterInnen gemacht hatte, die alle sein Leben in die Hand nehmen wollten. Er hatte gar nicht wirklich die Möglichkeit gehabt, seine eigenen Fähigkeiten zu erkunden, und unsere Bemühungen, ihn zu einer Entscheidung zu bringen, waren in diesem Kontext ein weiteres Beispiel dafür, wie Außenstehende versuchen, sein Leben zu planen. Schließlich sagten wir ihm, wir würden ihn überhaupt nicht drängen und es ihm überlassen, seine eigenen Entscheidungen zu treffen. Wir erwarteten von ihm, sich an die Minimalforderungen der Einrichtung zu halten, aber wir würden ihm nicht hinterherlaufen oder ihn an diese Aufgaben erinnern. Er bekam einen Stapel von Aufgabenkarten mit seinem Namen darauf und sollte immer dann eine Karte hinterlegen, wenn er beschloß, eine der Aufgaben zu erledigen. Diese „Informationskarten" gaben uns die Möglichkeit, uns zu informieren, was er gerade machte, damit wir nicht hinter ihm herlaufen mußten.

Wir fanden seine Karten und stellten fest, daß er anfing, zusätzliche Pflichten und Aufgaben im Haus zu erledigen, uns extra Karten zu hinterlegen und sowohl uns wie sich selbst zu zeigen, wie gut er für sich selbst plante. Wir bemühten uns, dies vorsichtig hervorzuheben, vermieden dabei aber, uns allzu enthusiastisch über seine Bemühungen zu äußern (da dies wieder eine Art der Einmischung gewesen wäre).

Am Ende gaben wir unsere Erwartungen hinsichtlich seiner „Entscheidungen" auf und fragten ihn, welche Vorstellungen er darüber habe, wie seine Situation aussehen würde, wenn sie so war, wie er sie sich wünschte. Er sagte sehr deutlich, er wolle zu Hause bei seiner Mutter sein. Andere Institutionen hatten früher entschieden, dies sei nicht möglich; trotzdem war es eindeutig sein Wunsch. Solange er nicht auf dieses Ziel hinarbeiten konnte, spielten Fragen wie Arbeit oder Schule in seinen Gedanken nur eine nebensächliche Rolle. Während die MitarbeiterInnen sich auf das Problem Arbeit oder Schule konzentrierten, empfand Chris immer gößere Hoffnungslosigkeit in Bezug auf seine Aussichten, zu seiner Mutter nach Hause zu kehren.

Wir mußten unsere Vorstellungen darüber, wie eine „erfolgreiche Unterbringung" aussieht, aufgeben und Wege finden, Chris' eigene Ziele anzunehmen. Darauf hinzuarbeiten, nach Hause zurückkehren zu können, war etwas, wozu er motiviert war. Wir sprachen mit ihm darüber, wie er daran arbeiten konnte, seine Mutter (und implizit sich *selbst) davon zu überzeugen, daß es sicher war, ihn zu Hause zu haben. Wir garantierten ihm einen sicheren Platz, an dem er mit den Dingen experimentieren konnte, die für ihn notwendig waren, um nach Hause zurückkehren zu können; außerdem würden wir auch beratend für ihn da sein, wenn er es wünschte.*

*Als seine Mutter seine Unterhaltszahlung einstellte (wegen seines Nichtstuns), fragte Chris uns um Rat, wie er sich um „Arbeitssuche-Geld" bewerben könnte, und akzeptierte schließlich unsere Hilfe, Arbeit für ihn zu finden. Dies war für ihn wichtig und bedeutungsvoll als Bestandteil des Prozesses, an dem er arbeitete, um nach Hause zurückkehren zu können; solange es lediglich eine der möglichen „Entscheidungen" war, zu der wir ihn zu zwingen versuchten, ergab sie keinen Sinn für ihn.*

*Von dem Zeitpunkt an hatte Chris etwas, worauf er sich während seiner Unterbringung konzentrieren konnte – einen Fokus, der für ihn bedeutungsvoll war und ihm nicht von Außenstehenden aufgezwungen wurde.*

*– Trigg Hostel, Care Force Youth Services, Sydney*

Obwohl die MitarbeiterInnen sich bemühten, Chris viele Entscheidungsmöglichkeiten anzubieten, befanden sich all diese Möglichkeiten im Rahmen der Ziele anderer Menschen. Seine eigenen Ziele wurden nicht nur ignoriert, sie wurden von den „ExpertInnen" sogar für unerreichbar erklärt. Man hätte seine eigenen Hoffnung und Motivation, die er vielleicht gehabt hat, nicht besser niederschmettern können! Wenn ein junger Mensch eine Vorstellung davon hat, wie er die Dinge gern hätte, dann hat man auf diesem Gebiet die größten Aussichten, kooperativ zusammenzuarbeiten.

Was macht man, wenn die Ziele unrealistisch sind? Wenn es auch schwer scheint, ist es doch weise, sich am Anfang nicht zu viele Sorgen über diese Frage zu machen. Wenn es in dem Beispiel Chris' Ziel war, nach Hause zurückzukehren, und dies für unrealistisch erklärt wird, können wir von ihm nicht viel mehr als „Widerstand" oder Trotz erwarten. Wenn wir jedoch dieses Ziel akzeptieren und genauer untersuchen, fangen wir an, ein Bild von den Dingen zu entwerfen, die er vielleicht erreichen kann. „Woran wirst du erkennen, wann du bereit bist, nach Hause zu gehen?" oder ähnliche Fragen können dazu führen, daß er sich genauer über bestimmte Verhaltensweisen oder Schritte äußert, die er sich zum Ziel setzen möchte. Einen Arbeitsplatz zu finden, war zum Beispiel für Chris erst dann von Bedeutung, als er darin einen weiteren Schritt in seinem Streben, nach Hause zu kommen, sah. Man kann dann im Laufe der Unterbringung bestimmte Verhaltensweisen und Fähigkeiten in Angriff nehmen, die als charakteristisch für den endgültigen Zustand gelten.

Während Chris diese erreicht, und die MitarbeiterInnen (und seine Mutter, falls diese sich einbeziehen läßt) darauf reagieren, wird er sich allmählich anders sehen, kompetenter. Wir können uns vorstellen, daß die meisten seiner früheren Erfahrungen eine Sichtweise in ihm genährt hatten als eines hoffnungslosen und zurückgestoßenen Menschen, der nicht in der Lage ist, die Richtung, in die sein Leben geht, selbst zu bestimmen. Wenn man die Schritte in den Blickpunkt rückt, die ihn zu Kompetenz und Erfolg führen, hilft man ihm, eine andere Sichtweise seiner selbst zu verfestigen. Ist dies erst einmal errreicht, und Chris in der Lage, seine Zukunft durch eine „Optik" der Kompetenz und Selbstbestimmung zu sehen, eröffnen Diskussionen über die Einzelheiten seiner Zukunft vielleicht verschiedene Möglichkeiten. Innerhalb seines früheren Kontextes war die Rückkehr nach Hause die einzige Hoffnung, an die er sich klammern konnte. Da er nun in der Lage ist, sich anders zu sehen, können wir vielleicht über andere Optionen diskutieren. „Du hast jetzt einen Job und hast dich erfolgreich darin geübt, dein Leben selbst zu leiten. Wie, meinst du, werden diese Dinge nun deine Beziehung zu deiner Mutter beeinflussen? Wird das in irgendeiner Weise einen Unterschied in deinem Verhalten anderen Menschen gegenüber machen, zum Beispiel deinen Nachbarn gegenüber? Wie wird es für dich sein, wenn du diese Dinge weiter so machst, aber letztlich doch nicht nach Hause zurückgehst?" Das heißt, wenn er erst einmal eine Vorstellung von sich als erfolgreicher Mann erreicht hat, wird er eher in der Lage sein, andere Optionen in Betracht zu ziehen.

Dieses Beispiel zeigt zum einen, wie wichtig es ist, daß es die Ziele der KlientInnen und nicht unsere sind, die wir verfolgen, und zum anderen, daß sie in sehr spezifischen und nicht in allgemeinen Begriffffen ausgedrückt werden.

## Die Zukunft üben ...

Die Identifizierung spezifischer Verhaltensweisen oder Aktivitäten, die Teil der Lösung sind, liefert uns wertvolles Material für das stationäre Programm. Im oben erwähnten Beispiel von Nan führte die Frage nach dem Wunder zu einer Reihe spezifischer Verhaltensweisen – mehr fröhliche Zeit mit der Schwester verbringen, nach Arbeit suchen, Zeit mit der Mutter verbringen und mit dem Stiefvater zur Kirche gehen. Das ermöglichte die Diskussion darüber, wie sie bewußt einige dieser Verhaltensweisen üben könnte. Diese Aktivitäten wurden Schritte in Richtung ihres Ziels, und bei jedem einzelnen konnte untersucht werden, welche Zwischenschritte sie im Verlaufe des Programms üben konnte. Sprechen über mögliche Jobs, in den Zeitungen nach Annoncen suchen, Bewerbungsschreiben verfassen, Rollenspiele für Bewerbungsgespräche durchführen und so weiter – all diese Aktivitäten können während der Zeit der Fremdunterbringung geübt werden. Da sie sich aus Gesprächen über Nans Ziel herleiten, werden sie zu bedeutungsvollen Aktivitäten und sind nicht nur etwas, was die MitarbeiterInnen ihr als „Sachen, die du tun solltest" aufdrängen.

Bei Kindern und Jugendlichen, die wegen sogenannter „Verhaltensstörungen" aufgenommen werden, scheinen die Veränderungen, auf die wir hoffen können, oft kaum mehr als Fügsamkeit zu sein. Die spezifischen Verhaltensweisen jedoch, die Teil der Beschreibung des Wunders sind oder Teil der Antwort auf die Frage: „Woran wirst du erkennen, ob du bereit bist, entlassen zu werden?" führen wahrscheinlich eher zu positiven Zwischenschritten, die geübt werden können. Entwickelt man ein Thema wie „üben, seinen Zorn unter Kontrolle zu halten", kann dies innerhalb des Programms zu Aktivitäten führen, in deren Folge der junge Mensch sich auf Beispiele konzentriert, in denen er anders auf Frustration und Konflikte reagiert hat. Dennoch können sie gestellt und konstruiert erscheinen oder den Eindruck erwecken, es ginge hauptsächlich darum, sich den Erwartungen der MitarbeiterInnen zu fügen. Wenn jedoch verschiedene Beispiele, in denen der junge Mensch „übt, seinen Zorn unter Kontrolle zu halten" als charakteristisch für den Zustand des Wunders identifiziert werden, erkennt er vielleicht, wie wichtig es ist, mit solchen Reaktionen zu experimentieren.

Wenn Eltern mit betroffen sind, ist es unser Ziel, daß sie sich selbst als Teil des Prozesses sehen und die Zeit der Fremdunterbringung ihres Kindes als Chance wahrnehmen, andere Verhaltensweisen oder Reaktionen zu üben. Wenn ihr Kind von zu Hause fort und in der stationären Einrichtung ist, kann es jedoch für sie schwer sein zu erkennen, wie sie daran arbeiten können, anders zu reagieren. Die Antworten auf zukunftsorientierte Fragen können den Eltern helfen, bestimmte Dinge zu identifizieren, die sie üben oder an denen sie arbeiten können, Dinge, die sie anders machen werden, wenn das Ziel erst einmal erreicht ist.

Die Eltern möchten vielleicht einfach nur, daß ihr Kind oder der Jugendliche sich anders verhält. In diesem Rahmen ist es für sie schwer zu erkennen, was sie außer dem Warten auf die Veränderung des Kindes noch tun müßten. Die verschiedenen oben beschriebenen zukunftsorientierten Fragen bringen die Eltern vielleicht auf konkretere Dinge, die von ihnen während der Unterbringung angesprochen oder geübt werden können. Die Eltern sagen zum Beispiel, es wäre ein Zeichen von Verbesserung, wenn ihr Kind sich verantwortungsvoller beträgt. Erforscht man nun, welche Veränderungen sich daraus *für sie* ergeben, tauchen vielleicht Ideen auf wie: die Eltern tun mehr Dinge gemeinsam (statt sich völlig auf das jüngste schlechte Betragen des Kindes zu konzentrieren), sie unternehmen häufiger etwas Schönes mit dem Kind, sie verbringen weniger Zeit mit der Beaufsichtigung der Hausaufgaben, sie sind entspannter und so weiter. Daraus entwickeln sich Überlegungen, was die Eltern bereits üben können, während das Kind in der stationären Einrichtung ist. Wenn sie zum Beispiel ausprobieren, gemeinsam als Ehepaar mehr Zeit miteinander zu verbringen, oder Dinge planen, die sie mit ihrem Kind unternehmen können, eröffnen sich ihnen mehr Alternativen, wenn das Kind schließlich nach Hause kommt.

In einem Beispiel in Kapitel 3 wurde die Fremdunterbringung zweier junger Mädchen unter anderem als Chance für den Vater gedeutet, herauszufinden, was es heißt, Vater zu sein, um dies dann bereits zu üben. Zu seinem Üben gehörte es, gewisse Bereiche seines Lebens neu zu ordnen und sich als Vater zu verhalten, wenn die Mädchen zum Wochenendbesuch nach Hause kamen. Während es ihm vielleicht bei manchen Dingen in Abwesenheit der Mädchen auch schwer fallen mochte, andere Reaktionsmuster zu üben, war es ihm doch möglich, verschiedene Bereiche zu identifizieren, in denen *sein* Leben anders sein würde, wenn es ihm gelänge, sich in die Rolle des Vaters dieser beiden Mädchen einzufinden. Dazu gehörte es, verschiedene spezifische Dinge zu identifizieren, die sich in der Organisation seines Lebens und seiner Tätigkeiten verändern würden – ganz abgesehen von der Art, wie er auf die Mädchen reagierte – und so gab es also etwas, was er während der Abwesenheit der Mädchen an anderem Verhalten einüben konnte.

## ... oder so tun, als ob

Milton ERICKSON hat gesagt: „Man kann bei allem so tun, als ob, und es erreichen" (LUSTIG, 1975).

DE SHAZER (1991) beschreibt eine Therapie von KlientInnen mit schwerwiegender psychiatrischer Diagnose und Fallgeschichte, bei der er die Wunderfrage benutzte, um ein Bild des Lösungszustandes zu konstruieren. Am Ende der ersten Sitzung forderte er sie beide auf, in der folgenden Woche zwei Tage auszuwählen – ohne dem anderen zu sagen, welche – und so zu tun, als sei das Wunder eingetreten.

Wie oben beschrieben, scheint die Erforschung des Lösungszustandes durch Einsetzen der Wunderfrage oder anderer Fragen, die von einer Veränderung ausgehen, die Wirkung zu haben, die Lösung realer erscheinen zu lassen. Ist die Beschreibung erst einmal abgeschlossen, kann man die betreffende Person bitten, „so zu tun, als ob" der Fall eingetreten sei. Überraschenderweise lassen sich Menschen oft sehr bereitwillig auf diese „als ob"- Aufgabe ein, auch wenn sie nicht gewillt oder nicht in der Lage sind, die Schritte in Richtung der gewünschten Lösung zu üben.

> Ich arbeitete einmal mit einem neunjährigen Mädchen, das nach einer langen Geschichte „unkontrollierbarer" Verhaltensweisen einer stationären Einrichtung zugewiesen worden war. In einer Therapiesitzung mit ihren Eltern verwandten wir viel Zeit darauf, all die Dinge zu beschreiben, die anders sein würden, wenn das Wunder geschähe. Hierbei verweilten wir so lange, bis sie in spezifischen Verhaltensbegriffen ausgedrückt worden waren. Ich schlug vor, sie solle in der folgenden Woche zwei Tage während ihres Aufenthaltes in der stationären Einrichtung auswählen, an denen sie so täte, als sei das Wunder eingetreten. Das heißt, sie solle so tun, als habe sie keine Lust auf Wutanfälle, habe viel Spaß und mache sich keine Sorgen um ihre Mutter. Wir hatten darüber diskutiert, was sie tun würde, wenn dies geschähe. Der andere Teil der Aufgabe bestand darin, daß die MitarbeiterInnen versuchen mußten zu raten, welche Tage sie als die „so tun, als ob-Tage" ausgewählt hatte.

Diese Aufgabe hat eine Reihe positiver Aspekte. Das Mädchen mußte nicht wirklich *versuchen*, anders zu sein, sie mußte nur so tun, *als ob* sie anders sei – eine viel weniger entmutigende Aufgabe. Die Tatsache, daß diese Tage geheim waren und die MitarbeiterInnen versuchen mußten zu raten, um welche Tage es sich handelte, gaben dem Ganzen den Anstrich eines Spaßes, auf den sie sich gern einließ. Und schließlich, selbst wenn sie die Aufgabe nicht zu Ende brachte, würden die MitarbeiterInnen doch auf veränderte Verhaltensweisen achten und vermutlich eher auf die Beispiele ihres anderen Verhaltens eingehen, und seien sie noch so geringfügig.

Nach ein paar Wochen mit diesen „als ob"- Aufgaben, die sie begeistert übernahm (da ihr der Gedanke gefiel, die anderen auszutricksen), konnten wir mit derselben Aufgabe während ihres Besuchs zu Hause bei den Eltern beginnen.

Auch hier waren ihre Eltern darauf „ausgerichtet", nach verändertem Verhalten auszuschauen, selbst wenn sie sich nicht absichtlich anders verhielt. Ganz gleich, wie schrecklich ihr Verhalten sein würde, konnten wir davon ausgehen, daß es wenigstens ein oder zwei kleine Beispiele neuer Verhaltensweisen geben würde. Da ihre Eltern Ausschau danach hielten, würden sie diese vermutlich auch schneller bemerken und darauf reagieren, und so würde sich eher eine andere Art Interaktionsmuster entwickeln können.

# Kapitel 6
# Das Programm ist nur ein Übergang

Ich erinnere mich an das Interview mit einer Familie, die „mit ihrem Latein am Ende war". Sie hatten sich immer wieder bemüht, eine Bera-terIn zu finden, die ihre Probleme mit ihrem Sohn lösen könnte, und hatten sich nun an mich gewandt, damit ich ihnen half, eine Aufnahme in einer stationären Einrichtung zu erwirken.

„Ich muß Ihnen sagen, daß die ErzieherInnen in dieser Einrichtung wirklich miserabel darin sind, das Verhalten der Kinder unter Kontrolle zu haben. Sie sind nicht sehr gut darin, Familienprobleme zu lösen", warnte ich sie.

„Sie sind aber sehr gut darin, Kindern und Eltern zu helfen zu üben, wie sie ihr eigenes Verhalten unter Kontrolle bekommen können", sagte ich. „Uns ist klar, daß Sie mehr über Ihre eigene Situation wissen als wir; wir können Ihnen also unmöglich sagen, wie die Dinge in Ihrer Familie laufen sollten. Diese Unterbringung gibt Ihnen vielleicht etwas Zeit mit weniger Druck, damit Sie üben können, alles wieder in Reih' und Glied zu bekommen und damit Sie erkennen, was Sie brauchen, um zu Hau-se diese Probleme zu lösen."

Die Eltern waren natürlich etwas erstaunt darüber. Sie waren in der Hoffnung gekommen, ich und diese bestimmte stationäre Einrichtung würden in der Lage sein, ihre Situation „in Ordnung zu bringen". Aus ihrer Sichtweise der Situation wäre es bequemer gewesen, wenn ich ihnen angeboten hätte, „ihnen das Problem aus der Hand zu nehmen". Dies hätte aber auch mich, sie und die Einrichtung auf den Weg des Mißerfolges geführt.

Was wir brauchten, war eine neue Denkweise über ihre Situation und die stationäre Behandlung, und wir nahmen es in Angriff, ein Thema für die Aufnahme zu erstellen, das sich aus einigen Hinweisen herleitete, daß sie und ihr Sohn zu gewissen Gelegenheiten gut miteinander aus-kamen. Es ging nicht darum, ihnen die Idee „zu verkaufen", sie würden das Problem selbst lösen. Als wir uns erst einmal auf die Phasen kon-zentrierten, in denen sie *Erfolg hatten*, statt auf die, in denen das Pro-blem in den Vordergrund trat, waren sie bald in der Lage, die stationäre Aufnahme optimistischer zu sehen.

Der genaue Inhalt dieses bestimmten Themas ist hier nicht wichtig. Wichtig ist zu erkennen, daß ein neues Thema (oder die Umdeutung der Unterbringung) und die Zielsetzung allein noch nicht ausreichend sind. Wir müssen immmer wieder den Gedanken betonen, daß die Zeit der stationären Unterbringung eine Zeit des Übergangs oder der Übung ist. Die Familie, mit der wir zu tun haben, sollte sich auf viel harte Arbeit einstellen, die zu Hause zu erledigen ist, wenn die stationäre Unterbringung abgeschlossen ist. Wenn natürlich die Sichtweise ihrer Situation, mit der sie zu uns kamen, bestehen bleibt, dann ist der Gedanke, das Problem könne vielleicht nicht gelöst werden, ein weiterer Beweis ihres Versagens. Erst wenn ein Thema erstellt worden ist, das die Situation umdeutet, auf ihren vorhandenen Kräften aufbaut und ihnen erlaubt, die Zukunft anders zu sehen, erhält die Idee, „zu Hause weiter zu üben", Bedeutung.

Die Analogie mit den „Übergangsriten" soll uns daran erinnern, welche Ziele wir für die stationäre Unterbringung haben sollten. Im Wesentlichen geht es hier um einen Prozeß, bei dem eine Statusveränderung sowie eine Veränderung der Sichtweise, wie die Betroffenen sich selbst einschätzen, erreicht werden soll. In der Realität werden immer einige Probleme bestehen bleiben, denn das ist Teil unseres Lebens. Wir hoffen nur, die neue Einschätzung ihrer selbst wird den Menschen dazu verhelfen, diesen Schwierigkeiten mit mehr Selbstvertrauen zu begegnen.

Eines der grundlegenden Prinzipien meiner Arbeit lautet, meine KlientInnen können selbst am besten beurteilen, was ihnen hilft. Eine Kollegin und ich haben die Vorstellung vertreten, selbst sexuell mißbrauchte junge Leute seien sehr wohl in der Lage zu entscheiden, was ihnen am besten in der Therapie helfen könnte (DURRANT & KOWALSKI, 1990). Dasselbe trifft auf die stationäre Situation zu. Wenn wir uns darauf konzentrieren, ein Ergebnis zu erreichen, das wir als Fachleute formuliert haben, dann wird der Ablauf unausweichlich nach diesem Ziel beurteilt und die KlientInnen werden sich unter Erfolgsdruck gesetzt fühlen. Wenn hingegen die Betonung auf Zielen liegt, die von den KlientInnen im Lichte ihrer Erfahrung gesetzt wurden, und auf einem Thema, das sich aus diesen Erfahrungen entwickelt hat, dann ist es leichter, den Ablauf als eine Übung darzustellen, bei der alles, was geschieht, dem Ziel dienen kann, den KlientInnen ein Gefühl der Selbstbestimmung und Kompetenz zu vermitteln.

Dementsprechend gehört zu dieser Konzentration auf das Einüben neuer Fähigkeiten und Verhaltensweisen für die „wirkliche Arbeit", die in der Zukunft liegt, zu jedem Zeitpunkt das Hervorheben der Expertise, Kompetenz und des Erfolges unserer KlientInnen.

Kommen wir noch einmal auf das Beispiel von Jeffrey in Kapitel 4 zurücken das Thema „Üben, sich mehr gute Tage zu verschaffen" festgehalten worden war. Dieses Thema schien Jeffrey und seiner Mutter sinnvoll zu sein. Wir sollten jedoch nicht erwarten, daß Ideen, die schon seit einiger Zeit Bestand haben, sich wie durch ein Wunder nach nur einem Interview wandeln. Der Therapeut bemühte sich, das Interview in einer Weise zu beenden, die den Weg für das, was folgen würde, ebnete. Er wollte sowohl den Übungscharakter der Aufnahme unterstreichen wie auch die Rolle, die Jeffrey und seine Mutter bei den Entscheidungen über die Behandlung übernehmen könnten.

Therapeut:    Die MitarbeiterInnen haben im Moment die Idee, an den Tagen, die deiner Meinung nach „gute Tage" werden, dir zu erlauben, mehr Entscheidungen darüber zu fällen, was du hier machst.

Mitarbeiter:    Glaubst du, du wirst uns das sagen können? Wenn du also deine eigenen Entscheidungen treffen möchtest und wir dir im Wege stehen?

Therapeut:    Ich vermute 'mal, ihr müßt das üben. Und du mußt herausfinden, was deiner Meinung nach am besten hilft. Denn ich vermute, du weißt am besten, was dir hilft, herauszufinden, wie du dir bessere Tage verschaffen kannst. Ich schätze, die MitarbeiterInnen hier haben viel Erfahrung in der Arbeit mit Kindern, aber sie haben noch nie vorher mit dir gearbeitet. Daher bist du also die Person, die am besten weiß, was dir hilft. Glaubst du, du kannst darüber 'mal nachdenken?

Jeffrey:    Ja.

Therapeut:    Und ihr müßt vielleicht ein bißchen üben. An manchen Tagen hast du vielleicht das Gefühl: „Ich weiß, ich kann es schaffen. Ich weiß, ich kann mir selbst einen guten Tag machen und mich aus allem Ärger 'raushalten." An anderen Tagen hast du vielleicht das Gefühl: „Nein, heute fühl ich mich nicht stark genug. Ich brauche euch, damit ihr mich vom Ärger fernhaltet." Und das ist in Ordnung, das ist Teil des Übens. So als ob du Basketball übst: An manchen Tagen, vermute ich, hast du das Gefühl, du kriegst jeden Ball 'rein, und an anderen Tagen wirfst du immer daneben. Das passiert doch, nicht?

Jeffrey:    Ja.

Therapeut:    Genauso ist das, wenn man übt, häufiger gute Tage zu haben. An manchen Tagen hast du das Gefühl, du kannst es wirklich schaffen, und an anderen Tagen scheint es einfach zu schwer zu sein. Und das ist in Ordnung. Du lernst vielleicht etwas von den Tagen, die so schwer zu sein scheinen. Und du kannst das am besten beurteilen.

106

Der Therapeut hoffte, Jeffrey und die Mutter würden sein Interview etwas anders erleben als einige ihrer früheren Therapiegespräche. Wahrscheinlich waren sie ja an therapeutische Sitzungen gewöhnt, in denen es um die schlecht gelaufenen Dinge ging, und schon die Konzentration in diesem Interview auf Jeffreys Stärke und die Kompetenz seiner Mutter war etwas Neues. Da der Therapeut gern sicherstellen wollte, daß dieses Interview ganz „natürlich" auf die praktischen Aspekte des stationären Programms überging, versuchte er, Jeffreys Expertenwissen über das, was für ihn am besten war, zu verstärken und ihn mit dem Gedanken vertraut zu machen, in einer Übungsphase seien sowohl Fehler wie auch Fortschritte statthaft.

## Den „Neuanfang" markieren

Bei Übergangsriten gibt es eine Trennung oder ein „Zurücklassen" von der Vergangenheit. Wir möchten die Aufnahme in die Einrichtung als einen Schritt „markieren", mit dem die Vergangenheit zurückgelassen wird. Das Interview oder die Diskussion, in denen das Thema entwickelt wurde, sind ein wichtiger Bestandteil dieses Prozesses, aber für sich allein genommen nicht ausreichend. Es ist sehr wohl möglich, daß die praktischen Aspekte der Aufnahme die neuen Ideen, die im Thema zum Ausdruck kommen, überschatten oder gegen sie arbeiten.

In einigen Einrichtungen gewährt man den Aufgenommenen eine „Eingewöhnungszeit", bevor die therapeutische Arbeit beginnt. Diese Zeit wird oft als „Beobachtungsphase" betrachtet, in der die MitarbeiterInnen sich ein Urteil über den jungen Menschen bilden. Für das Kind oder den Jugendlichen kann solch eine Phase leicht eine Zeit sein, in der er oder sie sich schmerzlich bewußt wird, „an diesem Ort zurückgelassen worden zu sein", und das Gefühl, verlassen oder als Problem identifiziert worden zu sein, kann schnell die neuen Ideen verschwimmen lassen, die im Interviewthema enthalten waren. Wenn der junge Mensch schon andere stationäre Unterbringungen kennengelernt hat, wird das um so eher der Fall sein. Unausweichlich wird der junge Mensch auf diese beunruhigende Zeit mit „gestörtem" oder „störendem" Verhalten reagieren, was in die Beurteilung mit einfließt, und alle Beteiligten sind schließlich wegen der Probleme verzagt, die es zu bewältigen gilt.

Das Unterzeichnen von Einverständniserklärungen, das Verlesen der „Regeln der Einrichtung" und selbst das Kennenlernen der Räumlichkeiten kann sowohl in der aufgenommenen Person wie auch in ihren Eltern Gefühle nähren, sie beträten hier eine Welt, in der sie nichts zu sagen haben (und daher auch keinen Wert und keine Kompetenz besitzen).

Statt sich zurückzuhalten und zu beobachten, sollten die MitarbeiterInnen die Zeit des Einzugs in die Einrichtung dazu nutzen, den neuen Bedeutungsrahmen eingehender zu beleuchten. Dies kann durch Kleinigkeiten erreicht werden. Die meisten Einrichtungen haben aus gutem Grunde eine Reihe von Vorschriften oder Erwartungen, die sich an die BewohnerInnen richten. Man kann diese so einführen, daß die Botschaft vermittelt wird: „Du *mußt* dich an diese Vorschriften und Erwartungen halten", was leicht einen überwältigenden Eindruck hinterläßt. Auf der anderen Seite kann man in einer Weise darüber sprechen, die sich dem jeweiligen Thema der betreffenden KlientInnen anpaßt. Man kann zum Beispiel ganz einfach sagen: „Du hast gesagt, hierherzukommen ist eine Chance für dich zu üben, dir selbst häufiger gute Tage zu verschaffen. Da eine ganze Reihe von Leuten hier ist, brauchen wir Regeln und Richtlinien für das, was man hier machen kann. Wir wollen uns die `mal ansehen, und du kannst uns sagen, ob du meinst, daß dies die Dinge sind, die dir helfen, häufiger gute Tage zu haben." Man kann auch Fragen in die Diskussion mit einbeziehen wie: „Meinst du, du wirst dich an diese Regel halten können? Wie kommt das? Konntest du das in der Vergangenheit?"

Wenn ich an diese Regeln denke, habe ich oft den Eindruck, viele Institutionen haben mehr davon, als eigentlich notwendig wäre. Ganz gleich, in welchen Rahmen man sie stellt, Regeln werden immer ein Kriterium für Kontrolle von außen darstellen. Ich habe meine Vorstellung erläutert, daß die grundlegende Sache, mit der wir zu tun haben, das jeweilige *Erleben* dieses Kindes oder Jugendlichen oder seiner Familie ist. Eine entmutigende Liste mit Regeln stellt sich unter Umständen unserer Fähigkeit in den Weg, die spezielle Art, wie der junge Mensch seine Situation versteht, mit in Rechnung zu stellen. Ich ziehe einen kleineren Satz von Regeln vor, wobei andere Maßstäbe für akzeptables und nicht akzeptables Verhalten auf die jeweilige Person bezogen werden. Das ist keine Entschuldigung für ein „alles ist erlaubt"-Regime. In Kapitel 8 zähle ich eine Reihe von Möglichkeiten auf, wie man mit dem Thema Disziplin und mit nicht akteptablen Verhaltensweisen umgehen kann, wobei die Möglichkeiten auf bestimmte Themen anwendbar sind und nicht wie das Aufzwingen willkürlicher, externer Kriterien aussehen.

Es gibt noch andere Wege, mit der eigentlichen Aufnahme so umzugehen, daß der Prozeß der Themenfindung ergänzt wird. Einige Einrichtungen benutzen ein „Ritual", um die Aufnahme zu kennzeichnen und in einen neuen Rahmen zu stellen. Dabei kann es sich einfach darum handeln, die neuen MitbewohnerInnen mit ihren Eltern am ersten Abend zu einem Essen in der stationären Einrichtung einzuladen und sie ganz formell willkommen zu heißen. Bei solch einem Willkommensgruß würde man das Thema noch einmal nennen und zum Beispiel sagen: „Dies ist Jeffrey, der einige Zeit hier verbringen und üben wird, wie er sich selbst gute Tage verschaffen kann, und seine Mutter, die geübt hat, Jeffrey selbst herausfinden zu lassen, wie er sich aus Ärger heraushalten kann und dies noch weiter üben möchte." In einer Einrichtung, in der es üblich ist, Themen zu haben, kann man die anderen MitbewohnerInnen dem/der Neuen vorstellen und ihnen die Gelegenheit geben, ihre eigenen Themen noch einmal darzulegen und auch von den Erfolgen zu sprechen, die sie gehabt haben.

## Üben ... oder höhere Ebenen erreichen?

Betrachtet man die Unterbringung als eine Phase des Experimentierens und Übens von neuen Verhaltensweisen und von Formen der Beziehung, wirkt sich dies nicht nur darauf aus, wie wir auf KlientInnen reagieren, sondern auch auf die Struktur des Programms.

Einige Einrichtungen, die oft Ideen aus der Verhaltenstheorie anwenden, funktionieren mit einem System von „Ebenen". In solch einem System beginnen die BewohnerInnen ihren Aufenthalt auf einer bestimmten Ebene und erreichen eine „Beförderung" auf die jeweils nächste Ebene, wenn ihr Verhalten sich verbessert. Die Aufgabe während der Unterbringung besteht darin, von „Ebene 1" zu „Ebene 2" fortzuschreiten, sich dann gut genug zu betragen, um zur „Ebene 3" befördert zu werden und so weiter. Die Entlassung aus der Einrichtung wird oft dadurch verdient, daß man die höchste Ebene erreicht, nämlich das „Abschlußstadium" oder die „Entlassungsebene". In manchen Einrichtungen, die mit diesem Ansatz arbeiten, führen Verstöße gegen akzeptable Verhaltensstandards unter Umständen zu Degradierung auf eine niedrigere Ebene.

Innerhalb dieses Rahmens geht man von der Voraussetzung aus, Veränderung vollziehe sich als eine progressive Verbesserung. Diese Voraussetzung ist möglicherweise nicht mit Ideen von Übergängen und Üben vereinbar, da diese auf der Voraussetzung basieren, Veränderung sei eine Aktivität, bei der es „hoch und runter" geht. Meine Sorge bei Systemen mit „Ebenen" ist die, daß sie schnell Vorstellungen von

Fehlschlägen hervorrufen, selbst wenn sie darauf basieren, erfolgreiches Verhalten zu belohnen. Wenn die jungen Menschen, mit denen wir arbeiten, eine Geschichte von Problemen und Mißerfolgen haben, beginnen sie das Programm oft mit recht negativen Meinungen von sich selbst. Sie haben häufig erfahren, wie Leute externe Kriterien für akzeptables Verhalten bei ihnen anwenden. Wenn sie sich nun einer Reihe von „Hürden" auf dem Weg zu höheren Ebenen gegenübersehen, kann dies leicht die Reaktion in ihnen hervorrufen: „Was soll's? Ich kann das doch nicht." Da die Aussicht auf Beförderung impliziert, die höheren Ebenen seien die „besseren", ist es viel schwerer, einen zeitweiligen Mißerfolg als wichtigen Teil des Übens zu deuten.

*Robert, 16 Jahre alt, war seit vier Monaten in der stationären Einrichtung. Er war von einem psychiatrischen Krankenhaus für akute Fälle mit der Diagnose „bipolare" Störungen überwiesen worden und hatte eine ganze Fallgeschichte von wiederholten Fremdunterbringungen hinter sich, die immer dann ihr Ende fanden, wenn die MitarbeiterInnen nicht mehr in der Lage waren, mit seinem unkooperativen und manchmal zerstörerischen Verhalten fertig zu werden. Nach den Berichten der MitarbeiterInnen der Einrichtung kam Robert „sehr widerwillig und widerstrebend" zu ihnen. „Anfangs wollte er nicht hier sein und hatte kein Problem, aber seitdem hat er sich ja geändert."*

*Man hat den Eindruck, Robert käme gut zurecht und glaube, er sei reif für eine Entlassung; er ist jedoch noch nicht auf die „Entlassungsebene" befördert worden. Die MitarbeiterInnen gaben zu, daß Robert sich zwar gut betrug, sie sich aber Sorgen machten, seine Veränderung könne ohne „Internalisierung" oberflächlich sein. Die Erwartungen, die Robert an sich selbst und seine Mutter an ihn stellten, beunruhigten sie und sie fürchteten, sowohl Robert wie auch seine Mutter seien unrealistisch, was die Zukunft betraf. Das folgende Interview fand kurz vor seiner erwarteten Entlassung statt.\**

Therapeut: Kannst du mir kurz erzählen, wie du hierher kamst? Ich weiß, das sind jetzt alles uralte Geschichten, aber es hilft mir vielleicht, wenn ich Bescheid weiß.

Robert: Also eigentlich ging es um das Stehlen von Autos. Und von anderen Sachen. Und ich habe angefangen in einem Gruppenheim. Dann habe ich Sachen zerschlagen im Gruppenheim, und sie haben mich in ein anderes Gruppenheim gesteckt. Dann bin ich

---

\* Die TherapeutInnen waren Michael DURRANT zusammen mit Kate KOWALSKI und Dr. Dana CHRISTENSEN, die das „Team" für dieses Konsultationsinterview darstellten.

von dem Gruppenheim weggelaufen, habe ein Auto gestohlen, und dann haben sie mich ins Krankenhaus gesteckt. Da bin ich 'rausgekommen und für einen Monat wieder ins Gruppenheim gekommen. Dann bin ich wieder drei Monate ins Krankenhaus gegangen, dann kam ich hierher. Ich habe das Programm im Gruppenheim nicht zu Ende gemacht, und sie mußten einen anderen Platz für mich finden.

Therapeut: Dann hast du vermutlich mehr von diesen Einrichtungen gesehen als ich.

Robert: Ja.

Therapeut: Und es klingt so, bei diesen anderen Einrichtungen, als ob du nicht sehr kooperativ warst.

Robert: War ich auch nicht.

Therapeut: Das war also vor vier Monaten und drei Tagen. Ist die Lage jetzt anders?

Robert: Ziemlich.

Therapeut: Wie warst du, als du zuerst hierher kamst? Warst du froh, hier zu sein?

Robert: Nein, ich war wütend. Ich wollte nicht hier sein, und es war schwer. Dann fing es an, langsam besser zu werden.

Therapeut (zur Mutter): Meinen Sie, die Situation ist jetzt besser verglichen mit damals, als Robert zuerst hierher kam?

Mutter: Ja. Ich sehe, daß er dahin zurückkehrt, wo er war, bevor der ganze Ärger anfing. Denn vor dem ganzen Ärger war er ein guter Junge. Er war etwas Besonderes, machte sich Sorgen, wie es mir ging und anderen in der Familie. Aber am Ende seines Lebens als Krimineller waren ihm alle und alles gleichgültig. Jetzt taucht der gute Junge wieder auf. Ich glaube, wenn er das nicht erreicht hätte, glaube ich, wäre er jetzt schon im Gefängnis. Und er ist nicht mehr wütend auf mich.

Therapeut: Das ist interessant. Sie meinen also ganz eindeutig, daß er vor diesem Ärger ein guter Junge war. Da war alles in Ordnung. Und jetzt war es so, als habe es dazwischen eine Unterbrechung gegeben, und alles wird jetzt wieder so, wie es vorher war.

Mutter: Ja. Er ist immer noch ein bißchen von oben herab, aber nicht mehr so schlimm wie früher. Er benimmt sich recht gut.

Therapeut: Also, Robert, wie hast du das geschafft?

Robert: Ich habe herausgefunden, daß es sich nicht mehr lohnt, immer Ärger zu haben, wenn man nicht für den Rest des Lebens eingesperrt sein will. Die Leute hier haben mir geholfen, mich so zu entscheiden.

Robert hatte Arbeit in einem Laden gefunden, wo er offensichtlich ein geschätzter Angestellter war. Der Therapeut war daran interessiert herauszufinden, wie er es geschafft hatte, die Anstellung zu bekommen, und welche seiner Eigenschaften den Manager beim Vorstellungsgespräch beeindruckt hatten. Das geschah im Bemühen, sich den Unterschied zwischen „einem Jungen, der stiehlt" und „einem Jungen, dem der Arbeitgeber vertraut" zunutze zu machen. Robert schien das für selbstverständlich zu halten und sagte Dinge wie: „Es war wegen meines Behandlungsplans. Da steht, wenn ich eine bestimmte Phase erreicht hab', soll ich losgehen und einen Job finden." Es war nicht klar, ob dies bedeutete, daß er sich selbst als jemanden sah, der die Dinge unter Kontrolle hatte und verantwortungsbewußter war, und daher den Arbeitsplatz als eine logische Entwicklung betrachtete, oder ob dies bedeutete, daß er sich seinen eigenen Teil an diesem Erfolg nicht anrechnete. Der Therapeut befürchtete, Robert sähe den Job lediglich als Teil des Fortschreitens zur nächsten Ebene und nicht als einen Erfolg, der in sich selbst gewürdigt werden konnte.

Die Mutter nahm den Job als Zeichen, daß Robert „wieder auf dem rechten Pfad war" und wieder in der Lage sein würde, Teil der Familie zu sein.

Therapeut:    Meinen Sie, er hat wieder angefangen, seine Gleichgültigkeit aufzugeben?

Mutter:    Ich glaube ja.

Therapeut:    Was glaubst du also, Robert, was du aus all diesem über dich gelernt hast?

Robert:    Na ja, ich habe gelernt, daß all die Sachen, die ich gemacht habe, falsch waren.

Therapeut:    Aber all diese Dinge, einen Job bekommen und deine Sache hier gut machen; was sagt dir das darüber, was für ein Typ du bist?

Robert:    Ich habe zu viel zu verlieren. Wenn ich noch 'mal wieder eingesperrt werde, verliere ich alles und muß wieder von vorne anfangen. Das will ich nicht.

Therapeut:    Mir sind Typen begegnet, denen das egal ist.

Robert:    Also die, denen das egal ist, die werden immer wieder eingesperrt. Ich glaube, ich habe genug davon. Ich warte schon seit letztem Jahr darauf, hier 'rauszukommen.

Therapeut    (zur Mutter): Wie wird das, wenn er zurückkommt ... vermutlich wird er ja wie alle in seinem Alter nicht immer tun, was man ihm sagt.

112

| | |
|---|---|
| Mutter: | Nein, damit rechne ich auch gar nicht. Und eigentlich ist er ja auch wahnsinnig schnell groß geworden. Und ich weiß, daß er sich kein Bein ausreißen wird, um alles zu tun, was ich sage. |
| Therapeut | (zu Robert): Warum meinst du, sollte dir deine Mutter vertrauen? |
| Robert: | Weil ich jetzt weiß, was richtig ist. |
| Therapeut: | Und du bist ziemlich sicher, daß man dir trauen kann? Was meinst du, wie du das hinkriegen wirst? |
| Robert: | Ich bau' keinen Scheiß mehr. |
| Therapeut: | Ich vermute, das ist leicht gesagt, solange du hier bist. Was meinst du: wie schwer wird es dir werden, wenn du dich mit der Wirklichkeit da draußen auseinandersetzen mußt? |
| Robert: | Das kommt darauf an, wie sehr ich es will. Ich glaube, wenn ich nach Hause komme, werde ich eine Weile für mich bleiben. Mich von meinen Freunden fernhalten. |
| Therapeut: | Aber keinen Ärger machen und tun, was deine Mutter sagt, dich von den Freunden fernhalten – das wird doch ziemlich hart, nicht? |
| Robert: | Das wird hart. Sehr hart. Aber ich möchte nicht noch 'mal in so 'was wie das hier zurückkommen. |
| Therapeut: | Darauf muß ich dir die Hand geben. Ich fing an, mir Sorgen zu machen, du würdest sagen: „Ach, das wird ganz leicht", aber was du jetzt sagst, klingt in dieser Hinsicht richtig vernünftig. Ich war froh, als du sagtest: „Ja, das wird hart, aber besser, als zu so 'was wie hier zurückkommen". Da war ich richtig froh. Ich dachte bei mir: „Robert hat wirklich darüber nachgedacht." Aber, um es noch mal zu sagen, du bist ziemlich sicher, du kannst es schaffen? |
| Robert: | Ich schaffe es. |
| Therapeut | (zur Mutter): An welchen Dingen, meinen Sie, werden Sie erkennen, daß Sie ihm trauen können? |
| Mutter: | Wenn er mir sagt, er ist da und da, und er ist dann auch wirklich dort und nicht woanders. Wir haben das am Wochenende gemacht. Ich will einfach nur wissen, wo er ist, und daß er da wirklich ist. Das ist doch wohl nicht zuviel verlangt. |
| Therapeut: | Das haben Sie also etwas geübt? |
| Mutter: | Ja. |
| Therapeut: | Sie haben also geübt, ihm zu vertrauen, und du hast geübt, dich aus Schwierigkeiten 'rauszuhalten. |
| Mutter: | Er ist zu Nachbarn über die Straße gegangen, um einen Film anzusehen, und ich habe gesagt: „Sei um 11 zu Hause." Da hat er um fünf nach 11 angerufen und gesagt: „Der Film läuft noch, |

|            | kann ich mir den noch zu Ende ansehen?" Ich habe gesagt: „Klar", einfach weil er angerufen hat. Wenn er jetzt nicht angerufen hätte, wäre ich losgegangen und hätte nach ihm gesucht. |
|------------|---|
| Therapeut  | (zu Robert): Was hättest du letztes Jahr oder so gemacht? |
| Robert:    | Ich wäre nicht nach Hause gekommen. |
| Therapeut: | Du wärst nicht nach Hause gekommen? Du wärst wahrscheinlich nicht einmal bei den Leuten von gegenüber gewesen, oder? |
| Robert:    | Nein. |
| Therapeut: | Du konntest dich also daran halten, was deine Mutter gesagt hatte. Und obwohl du dich amüsiert hast, konntest du dich auf das konzentrieren, was deine Mutter gesagt hatte? |
| Robert:    | Ja. |
| Therapeut: | Und früher hast du gesagt, es fällt dir schwer, dich zu beherrschen, wenn du mit Freunden zusammen bist. |
| Robert:    | Ja, manchmal habe ich ihr zum Beispiel gesagt, ich gehe einen Freund besuchen, aber ich ging los, um was auszufressen, und dann saß ich zwei oder drei Stunden später im Gefängnis. |
| Therapeut: | Ihr habt also beide geübt. Robert, du hast geübt, dich aus Schwierigkeiten 'rauszuhalten, und Sie haben geübt, ihm zu vertrauen, daß er sich da wirklich heraushält. Und wie gesagt, für Robert wird das ganz bestimmt schwer werden, und für Sie wird es schwer werden zu lernen, ihm zu vertrauen. Für Eltern besteht das Problem meiner Meinung nach darin, daß sie sich nur allzu leicht in das Gefühl verstricken, Sie müßten Schwierigkeiten von ihrem Sohn fernhalten. Aber du, Robert, hast gesagt, du hättest einen Weg gefunden, wie du dich selbst da raushalten kannst. |

*Der Therapeut war beeindruckt, weil sie ihre Zeit am Wochenende dazu benutzt hatten zu „üben", wie man es anders machen könnte. Der Zeitplan der Mutter hatte häufige Familiensitzungen ausgeschlossen; sie war jedoch ausreichend über Roberts Fortschritte informiert worden und zwar in einer Weise, die ihr ermöglichte, die Zeit auch als Übungs- oder Experimentierzeit zu nutzen. Dies war ein guter Hinweis darauf, daß sie nicht damit rechnete, nach Roberts Heimkehr würde alles wieder „in Ordnung" sein.*

*Sowohl die Mutter wie auch Robert schienen sicher, er könne nun den nächsten Schritt tun und nach Hause zurückkehren. Sie waren beide recht realistisch und sahen ihn nicht als „geheilt" an, sondern erkannten die weiteren Schwierigkeiten und auch die Übungen, die notwendig sein würden, um zu Hause all das anzuwenden, was sie während des Programms gelernt hatten. Auch die MitarbeiterInnen schienen der Überzeugung zu sein, Robert sei nun bereit, einen weiteren Schritt zu tun.*

*Leider war Robert auf der Ebene direkt unterhalb der „Entlassungsebene" und konnte daher noch nicht nach Hause zurückkehren. Da er überzeugt war, er sei jetzt bereit, nach Hause zu gehen, wurde er zornig über den Aufschub, sein Verhalten verschlechterte sich – und er wurde infolgedessen zur nächst niedrigeren Ebene hinuntergestuft.*

Dies ist ein gutes Beispiel für meine Befürchtungen bei Systemen mit solchen „Ebenen". Wenn es uns um die Sichtweise geht, die Robert von sich selbst hat, ist klar, daß er sich als kompetent und reif für den nächsten Schritt sieht. Ebenso sieht seine Mutter sich und ihre Interaktionen optimistischer. Ich behaupte, diese eigene Einschätzung wird für den weiteren Erfolg das meiste beisteuern, und seine Ansicht und die seiner Mutter, daß er auf die Heimkehr ausreichend vorbereitet ist, wird ihn vermutlich erfolgreich sein lassen. Der durch die verschiedenen Ebenen vorgegebene Rahmen wirkt sich unmittelbar gegen das Entstehen dieses Kompetenzgefühls aus. Die tägliche „Realität" der Ebenen kann es sogar mit sich bringen, daß die Beförderung zur höheren Ebene ein eigenständiges Ziel wird statt Teil einer erfolgreicheren Zukunft. Da zudem die für eine Beförderung vorausgesetzten Stufen und Normen extern festgelegt werden, ist es Robert und seiner Mutter innerhalb dieses Rahmens nicht möglich, sich selbst als diejenigen zu erleben, die ihre eigenen Errungenschaften wirklich unter Kontrolle haben. Dieser Rahmen unterstreicht nicht nur die Mißerfolge, er beinhaltet auch das Risiko, daß ein Erfolg dem Rahmen zugeschrieben wird und nicht der individuellen Leistung. Dies wird deutlich, wenn Robert seinen Erfolg bei der Arbeitssuche anscheinend den Anforderungen des Programms und nicht seinen eigenen Bemühungen zuschreibt.

Ein System von Ebenen ist abhängig von standardisierten Kriterien für eine Beförderung. So gesehen kann es die individuellen Werte und Erfahrungen der jeweiligen KlientInnen nicht mit in Betracht ziehen. In Kapitel 8 werde ich darlegen, daß bei der Disziplin auch bedacht werden muß, welche besonderen Erfahrungen das betreffende Kind oder der Jugendliche gemacht haben, und warum sich in ihr nicht einfach die Auferlegung externer Normen widerspiegeln darf. „Regeln" über Beförderung und Degradierung machen dies zu einer viel schwierigeren Aufgabe. Außerdem war die stationäre Unterbringung für Robert und auch für seine Mutter ganz offensichtlich eine Zeit, in der sie andere Verhaltensweisen üben konnten. Wenn es in der Diskussion um das Finden eines Themas für die Unterbringung geht, schlage ich vor, die Situation in einer Weise zu deuten, die sowohl dem jungen Menschen wie auch seinen Eltern sinnvoll erscheint für ihr Nachdenken über neue Fähigkeiten, Verhaltensweisen und Beziehungen, die eingeübt werden müssen. Roberts Fall zeigt, wie unvermeidbar das System der Ebenen den Blick auf das Verhalten der KlientInnen lenkt und nur schwer die Möglichkeit öffnet, Eltern in den Prozeß noch enger einzubeziehen als nur in der Rolle geduldiger BeobachterInnen.

Ich würde so weit gehen zu behaupten, der einzige Vorteil solcher Systeme wie dem der „Ebenen" liegt vermutlich darin, den MitarbeiterInnen das Leben leichter zu machen, da sie alle BewohnerInnen in gleicher Weise behandeln können (obwohl wir zugeben müssen, daß es bei der schwierigen Aufgabe der stationären Behandlung ein wichtiger und legitimer Gesichtspunkt ist, den MitarbeiterInnen das Leben erleichtern zu wollen, der bei der Organisation stationärer Einrichtungen immer im Blickfeld bleiben muß). Jedoch sind die Erfahrungen jedes jungen Menschen und seiner Familie unterschiedlich, was in der Art unserer Reaktion auf die Verhaltensweisen erkennbar sein muß. Was als ein für den jeweiligen Klienten bedeutsamer Erfolg zu bezeichnen ist, kann nicht in einem Code ausgedrückt werden, sondern entscheidet sich nach dem Kontext. In einem System mit Ebenen kann das Streben nach der höchsten Stufe alles andere überschatten und so z.B. verdecken, wie Veränderungen ihrem Wesen nach Bereicherungen darstellen, und welche Fähigkeiten vorhanden sind, sinnvoll auf kleine Schritte in die richtige Richtung zu reagieren.

## Verträge – Besserung versprechen?

Ähnliche Befürchtungen hege ich, wenn in der Therapie und bei stationärer Behandlung Verträge geschlossen werden. Viele junge Menschen beginnen das stationäre Programm mit einer Meinung von sich selbst, in der das Versagen schon erwartet wird. Wenn man von ihnen verlangt, einem Vertrag zuzustimmen, verstärkt dies nur ihre Vorstellungen davon, wie überwältigend die Aufgabe ist, die vor ihnen liegt. Es kann fast so aussehen, als verlangten wir von ihnen, „Besserung" zu versprechen, bevor sie sich selbst in einer Weise erleben konnten, die dies zu einer realen Möglichkeit macht.

Im vorigen Kapitel haben wir angeregt, Themen sollten „zielgerichtet" sein. Wenn wir uns darauf konzentrieren, wie es sein wird, wenn die Dinge besser sind, können wir auf etwas Positives hinarbeiten, statt uns nur von irgendeinem Problem fortzubewegen. Verträge stellen jedoch leicht eine Verdinglichung des Zielzustands dar* und lassen ihn so vielleicht als unerreichbar erscheinen.

Ich habe MitarbeiterInnen in Einrichtungen sagen hören, eine bestimmte junge Person sei nicht wirklich von ganzem Herzen daran interessiert, sich zu verändern. Das wird oft gesagt, wenn die Betreffenden sich nicht an ihren Vertrag halten. Trotz aller guter Absichten wird der Vertrag manchmal zu einem ständigen Mahner für das, was noch nicht erreicht worden ist.

Wenn ein junger Mensch wirklich in der Lage wäre, zu Beginn der stationären Unterbringung einen Vertrag zu unterzeichnen, in dem er sich zu einer Verhaltensänderung verpflichtet, müßte er sich dazu bereits in der Lage sehen. Wenn er sich aber so einschätzte, wäre eine stationäre Unterbringung vermutlich nicht notwendig!

Trotz allem bisher Gesagten *könnte* es möglich sein, Ebenen oder Verträge auf verschiedene Weisen einzusetzen. Wenn dies möglich ist, müßte aber zumindest bei den Forderungen der Ebenen oder Verträge der allgemeine Kontext der Erfahrungen dieses jungen Menschen in Betracht gezogen werden.

## Das Üben bedeutungsvoll gestalten

Im Gegensatz zu den impliziten Botschaften, die in den Vorstellungen von Ebenen oder Verträgen enthalten sein mögen, kann eine Einrichtung sich die Idee der Unterbringung als einer Übungsphase zu eigen machen; hierbei wird erwartet, daß der betreffende Mensch dazu beiträgt, die Kriterien dieser Übungszeit festzulegen, und daß sowohl Erfolg wie auch Versagen wichtige Schritte in der Bewegung nach vorn sind. Dies wirkt sich nicht nur auf das aus, was wir während der Therapiesitzung tun oder wie wir auf bestimmte Verhaltensweisen reagieren, sondern auch darauf, in welchen Rahmen wir sämtliche Aspekte des Programms von einem Tag zum nächsten stellen.

*Im Rahmen der stationären Behandlung erhalten unsere KlientInnen für kurze Zeit Ausgangserlaubnis. Statt hier aber von „Ausgangserlaubnis" zu sprechen, nennen wir es im allgemeinen „eine Übungsexkursion". Wir bitten unsere BewohnerInnen, eine „Übungsexkur-*

---

*) **Anm.d.Hrsg.**: In diesem Sinne sprechen beispielsweise WALTER und PELLER ausdrücklich vom Prozeß, Ziele zu erarbeiten, den sie im englischen in der „-ing"-Form ausdrücken: „goaling" (1994, S. 168)

sions-Karte" auszufüllen – ein Formular, in dem sie aufgefordert werden zu entscheiden, was sie während des Ausgangs üben werden, und in dem sie gebeten werden, aufzuzählen, was sie ihrer Meinung nach in diesem Zeitraum für sich erkennbar anders machen werden. Die MitarbeiterInnen ermuntern die BewohnerInnen darüber nachzudenken, wie sie diese Übungsexkursionen dazu nutzen können, sich selbst und ihren Familien zu zeigen, daß sie sich verändern, und sie ermuntern sie, an sich selbst klare (und begrenzte) Erwartungen zu stellen. Wir betonen den Unterschied zwischen ihren Erfahrungen, wenn sie neue Verhaltensweisen in der stützenden Umgebung der Einrichtung üben, und der großen Herausforderung, sich selbst während einer Übungsexkursion in der „realen Welt" zu testen.

*– Prince William County Mental Health Services*

*Crisis/Detox Program, Manassas, Virginia*

Eine Ausgangserlaubnis wird oft als Belohnung für gutes Betragen erhalten. In diesem Programm ist sie jedoch Teil des Übungsablaufes. Wenn eine Veränderung eher außerhalb als innerhalb der Einrichtung auftritt, sind Zeiten des Ausgangs hierfür ein wichtiger Aspekt. Zu dieser Art Deutung gehört auch die Vorstellung, daß „da draußen" vielleicht nicht alles so gut klappt. Das ist aber in Ordnung – denn es ist ja Teil des Übens.

Dies ist ein Beispiel für nur einen Abschnitt des Programms, und doch zeigt es, welchen Unterschied die Vorstellung über das Üben machen kann. Zu jedem Zeitpunkt können sowohl Erfolg wie auch Versagen in Hinblick auf diese Übungszeit gedeutet und angenommen werden, und beide können so einen Beitrag zur Arbeit auf das Ziel hin leisten.

Das Thema bietet uns eine Möglichkeit, über den Vorgang der stationären Aufnahme sprechen und nachdenken zu können. Es ist in den jeweiligen Ansichten und Erfahrungen des jungen Menschen und seiner Familie verankert und stellt den umfassenden Rahmen dar, mit dessen Hilfe die stationäre Unterbringung als Übergangszeit erfahren werden kann. Wenn wir uns auf diese Erfahrung zu konzentrieren versuchen, so werden wir einräumen müssen, daß viele Aspekte des Programms und die Rolle der MitarbeiterInnen weniger vorhersagbar und strukturiert sein mögen, als uns das vielleicht lieb ist. In den folgenden Kapiteln versuchen wir, Richtlinien und Beispiele dafür aufzuzeigen, wie man auf erfolgreiches und auch auf unakzeptables Verhalten in sinnvoller Weise reagieren kann.

# Kapitel 7

# Das Gras wachsen hören:
# Kleine Schritte und kleine Erfolge erkennen

Die Zeit des „Übergangs", die eine stationäre Unterbringung darstellt, ist durch Höhen und Tiefen gekennzeichnet. Bei den meisten Jugendlichen in solch einem Programm läuft nicht immmer alles reibungslos, und so bilden die täglich anfallenden Vorkommnisse das grundlegende Rohmaterial für die Behandlung. Die am wirkungsvollsten arbeitenden Einrichtungen beziehen diese täglichen Ereignisse in den Behandlungsprozeß mit ein, da sie unmittelbarer und „realer" sind als jene Dinge, die vielleicht in einer stärker formalen Therapiesitzung auftauchen.

Und dann stellt sich die Frage, wie man am besten auf die anfallenden Ereignisse reagiert. Die Jugendlichen, mit denen wir arbeiten, sind es gewohnt, daß Leute sich auf die Dinge konzentrieren, die sie falsch machen. Eine neue Sichtweise kann einen wichtigen Unterschied für die Art und Weise bedeuten, in der sie die Einrichtung erleben.

## Ausschau halten nach Ausnahmen vom Problemverhalten

Beim lösungsorientierten Ansatz handelt es sich um ein Therapiemodell, dessen Voraussetzungen sich völlig von denen unterscheiden, die den traditionelleren Methoden zugrundeliegen. In vieler Hinsicht ähneln die wesentlichen Ideen bzw. Voraussetzungen dieses lösungsorientierten Ansatzes den Grundprinzipien, die ich in Kapitel 1 und 2 umrissen habe und die eine mögliche Art des Denkens über die Familien darstellen, die sich in die Arena der stationären Behandlung begeben.

Die von DE SHAZER und seinen KollegInnen (DE SHAZER, 1988, 1991 etc.) entwickelte Methode geht von dem Standpunkt aus, daß es besser ist, sich auf Lösungen statt auf Probleme zu konzentrieren. Schließlich sind es die Probleme, in denen die Leute sich festfahren, und wenn man sich auf diese konzentriert, steckt man irgendwann vielleicht noch tiefer im Schlamm. Lösungen sind es, nach denen die Menschen streben, und wenn wir uns auf diese konzentrieren, sind wir eher auf die Zukunft ausgerichtet. Diese Ausrichtung auf Lösungen reflektiert die Annahme (von Milton Erickson), daß die Menschen einen großen Reichtum an Ressourcen und Kräften besitzen, die von größerem Interesse und größerem Nutzen sind als die Gedanken über Pathologie und Mängel.

Ich habe verschiedene Möglichkeiten diskutiert, mit welchen Deutungen man die Zuweisung des Jugendlichen in die Einrichtung belegen kann und welche Themen für die Zeit seiner Unterbringung dort zu erstellen sind. Dies soll dazu dienen, unser Denken und unsere Reaktionen um das gemeinsame Ziel herum zu ordnen, den jungen Menschen (und der Familie, falls sie hinzugezogen wird) zu helfen, sich als kompetent und erfolgreich erleben zu können. Wir hoffen darauf, daß sie bei der Entlassung die Möglichkeit für sich sehen, mit Erfolg leben und Beziehungen aufbauen zu können. Da die lösungsorientierte Therapie ein Ansatz ist, der sich explizit auf diesen Erfolg konzentriert, bietet sie uns eine nützliche Denkweise über die tägliche Gestaltung des stationären Programms.

Wir können aus unseren Fehlern lernen (und im nächsten Kapitel diskutieren wir, wie man auf solche Fehler und problematische Verhaltensweisen in einer Weise reagieren kann, die den BewohnerInnen hilft, sich anders zu erleben); noch mehr lernen wir jedoch von den Dingen, die wir gut machen. Es ist viel leichter, darüber nachzudenken, wie wir auf dem aufbauen können, was gut läuft, als darüber nachzudenken, wie wir falsches Verhalten korrigieren oder verändern können.

Die Hauptaufgabe der MitarbeiterInnen besteht darin, aufmerksam zu sein und auf jedes kleine Zeichen von Erfolg oder lösungsorientiertem Verhalten zu reagieren. Das ist vielleicht ein bißchen so, als ob man „zusieht, wie das Gras wächst", da man hierbei wirklich auf das allerkleinste Zeichen achten und auf den geringsten Fortschritt reagieren muß.

*Anita war seit vier Wochen in der stationären Einrichtung, obwohl sie sich oft heimlich davongemacht hatte und häufiger abwesend als anwesend gewesen war. Am Freitagabend, als die Teller vom Tisch abgeräumt wurden, brachte eine Mitarbeiterin einen mit farbigem Zuckerguß verzierten Kuchen herein und stellte ihn auf den Tisch. Die Kinder waren überrascht – es gab normalerweise keinen Kuchen, und es hatte, soweit sie wußten, auch niemand Geburtstag. Die Mitarbeiterin stellte den Kuchen vor Anita und forderte sie auf, ihn anzuschneiden. Sie tat dies mit einem Ausdruck der Verwunderung auf dem Gesicht. Schließlich sagte die Mitarbeiterin: „Anita hat es ge-*

*schafft, sechs Tage hintereinander hier zu bleiben. Das ist das längste, was sie bisher geschafft hat, und wir meinen, da hat sie den Kuchen verdient.“*

*– Alternatives for Families, Inc., Kenora, Ontario*

Anitas ständiges Fortlaufen war frustrierend, und den MitarbeiterInnen war die Gefahr bewußt, sich mit ständig erfolglosen Versuchen, dies zu unterbinden, im Kreise zu bewegen. In ihren Augen fühlte sich Anita durch die Meinung, die sie von sich hatte, nicht in der Lage, dem Wunsch wegzulaufen zu widerstehen, und auf ihre Abwesenheit folgten oft Auseinandersetzungen oder andere Probleme. Ihnen war bewußt, daß sie und Anita (und die anderen Kinder) auf diese Abwesenheiten fixiert waren und dies bei allen die Frustrationen noch erhöhte. Nun war Anita sechs Tage nicht fortgelaufen – das war etwas Besonderes, ein Erfolg, obwohl es vermutlich niemand zur Kenntnis genommen hatte. Diese einfache Art, den Erfolgsbeweis zu unterstreichen, bot die Gelegenheit, den Blick aller Beteiligten auf Anitas Fähigkeit zu lenken, es in der Einrichtung auszuhalten (ein erfolgreiches Verhalten, auf das man aufbauen konnte), statt auf ihr Unvermögen, dort zu bleiben (ein Problemverhalten, das den Menschen nicht viel Hoffnung läßt). Der geheimnisvolle Eindruck, den sie hervorrufen konnten, als sie die anderen mit dem Hereintragen des Kuchens überraschten, trug vermutlich dazu bei, das Ereignis noch bedeutungsvoller zu machen.

Als die MitarbeiterInnen später über diesen Vorfall diskutierten, erkannten sie, warum Anita in dieser Woche nicht fortgelaufen war – für das Wochenende war ein Angelausflug geplant, und Anita wußte, sie würde nicht mitgenommen werden, wäre sie fortgelaufen. Für die MitarbeiterInnen wäre es nun ein Leichtes gewesen, Anitas Erfolg mit dem Gedanken abzutun: „Sie ist nur dageblieben, weil sie etwas wollte!“ Ihrer Meinung nach war der Grund, weswegen sie dageblieben war, jedoch weniger wichtig als die Tatsache an sich. Ihr Erfolg rechtfertigte eine Anerkennung, was auch immer der Grund gewesen sein mochte, da Anita durch die Anerkennung ihres Erfolges die Möglichkeit erhielt, sich selbst in neuem Licht zu sehen (oder zumindest eine andersartige Reaktion der Menschen auf sich zu erleben) und Hoffnung für die Zukunft zu schöpfen.

Es wäre für die MitarbeiterInnen ebenso leicht gewesen, sich auf ihr ständiges Weglaufen zu konzentrieren, statt auf dieses (vielleicht einmalige) Bleiben, und den Standpunkt zu vertreten, wenn sie ihr in dieser Situation einen Kuchen schenkten, würden sie „ihr schlechtes Betragen nur bestätigen". Sie hatten jedoch schon verschiedene Strafen und Konsequenzen ausprobiert, die erfolglos geblieben waren. In dieser Art weiter zu machen, hätte ihre Frustration nur vergrößert und vielleicht bei ihnen die Überzeugung genährt, Anita versuche, ihre Behandlung zu sabotieren. Es hätte bei Anita vermutlich auch zu der Überlegung geführt: „Was soll's?" und ihr Gefühl, keinen Einfluß zu haben, bestärkt. Ihre Reaktion, mit der sie versuchten, auf dem aufzubauen, was an diesem Vorfall neu war, gab allen die Möglichkeit, optimistischer zu sein. Wenn es Anita gelang, die Tatsache zu würdigen, daß sie eine gewisse Beherrschung gezeigt hatte, indem sie sechs Tage lang anwesend blieb, dann würde sie vielleicht auch für sich die Möglichkeit sehen, sieben, acht oder zehn Tage zu bleiben. Unter Umständen würde sie sogar auf das Hervorheben ihres Erfolges reagieren, indem sie das Weglaufen ganz aufgab.

Dies ist ein gutes Beispiel für die Wichtigkeit, wie wir über das Verhalten der Jugendlichen und Kinder in unserer Einrichtung *denken*. Wenn wir wirklich glauben, sie seien fähig zu erfolgreichem Verhalten, werden wir viel eher solche Ereignisse bemerken und auf sie reagieren.

Der wesentliche Gedanke bei den Ausnahmen ist, daß *nichts ständig geschieht,* ganz gleich wie umfassend das Problem zu sein scheint. Wenn es den Betreffenden gelingt, die Gelegenheiten zu „bemerken", wo etwas Neues – Erfolgreicheres – eintritt, dann haben sie etwas, worauf man aufbauen kann.

*Probleme scheinen sich einfach deshalb zu erhalten, weil sie sich erhalten und weil die KlientInnen die Probleme als etwas schildern, was ständig geschieht. Daher werden die Momente, wo sie nicht auftauchen, von ihnen als belanglos abgetan oder nicht einmal gesehen und bleiben dem Blick der KlientInnen verborgen. Nichts ist wirklich verborgen, aber obwohl diese Ausnahmen offen zutage liegen, werden sie von den KlientInnen nicht als Unterschiede wahrgenommen, die einen Unterschied machen. Die KlientInnen sehen das Problem als das Primäre an (und Ausnahmen sind, wenn sie überhaupt wahrgenommen werden, sekundär), während für die TherapeutInnen die Ausnahmen das Primäre sind; Interventionen sollen den KlientInnen helfen, eine Umkehrung in diesem Sinne vorzunehmen, die zur Entwicklung einer Lösung führen wird.* (DE SHAZER, *1991, S.58*)

Ausnahmen sind wichtig, weil sie Dinge sind, die die KlientIn bereits macht, und nicht Dinge, die von der TherapeutIn auferlegt sind. Im großen und ganzen finden die meisten Menschen es leichter, auf etwas aufzubauen, was sie bereits tun, als etwas Neues anzufangen – wir müssen den jungen Menschen und den Eltern nur helfen zu erkennen, was sie bereits tun. DE SHAZER meint, die Konzentration auf Ausnahmen passe zu Milton ERICKSONS Idee der Utilisation und er definiert sie als „das nutzen, was die KlientIn tut, was irgendwie 'richtig', 'nützlich', 'effektiv', 'gut' oder 'lustig' zum Zwecke der Entwicklung einer Lösung ist" (DE SHAZER, 1988, S.140). Dieser Liste können wir noch hinzufügen, daß das, was immer die KlientIn tut, etwas „ander(e)s" ist.

Innerhalb des stationären Programms bedeutet dies, die MitarbeiterInnen sollen auf alle Beispiele – ganz gleich wie geringfügig und bedeutungslos sie erscheinen mögen – für erfolgreiches, kompetentes oder nicht-problematisches Verhalten achten und die Aufmerksamkeit darauf lenken.

Dies kann ein guter Test dafür sein, wie die MitarbeiterInnen über die Dinge denken. Zum Beispiel hat ein Jugendlicher mit einer Vorgeschichte von gewalttätigen Angriffen auf Menschen vielleicht eines Tages einen Wutausbruch in der stationären Einrichtung und zerbricht eine Reihe von Fenstern. Mit diesem Verhalten muß man sich irgendwie auseinandersetzen (und darüber wird im nächsten Kapitel geschrieben); die Tatsache jedoch, daß der Jugendliche bei dieser Gelegenheit Fenster zerbrochen hat und nicht die Köpfe anderer Leute, kann eine wichtige Ausnahme sein, die hervorgehoben zu werden verdient. Natürlich ist es vielleicht nicht angemessen, dies in dem Moment zu erwähnen, wo das Glas in die Brüche geht, aber es kann nützlich sein, später darüber zu diskutieren, wenn die Lage sich etwas beruhigt hat. Hier wird von den MitarbeiterInnen verlangt, sogar mitten in einer schwierigen Krisensituation in bestimmten Bahnen zu denken und nach solchen Ausnahmen Ausschau zu halten. Für einen jungen Menschen, der von sich meint, er habe keinen Einfluß, kann es ein gewaltiger Anstoß sein, sich selbst in einem anderen Licht zu sehen, wenn jemand bemerkt, daß seine Gewalttätigkeit in diesem Fall gegen Objekte gerichtet war und nicht gegen Menschen (was also einen gewissen Fortschritt darstellt). Solch eine neue Blickrichtung ermöglicht es oft, sich mit dem Jugendlichen voranzubewegen, statt sich immer stärker in ein eskalierendes Muster zu verstricken, und ihn schließlich unter Umständen auffordern zu müssen, die Einrichtung zu verlassen.

Die Suche nach Ausnahmen ist mehr als nur „das Unterstreichen des Positiven". Obwohl dies wichtig ist, besteht ein gewisses Risiko, dies zu einer formelhaften Technik werden zu lassen, die gedankenlos angewendet wird – und so angewendete Techniken funktionieren meistens nicht. Bei diesem Ansatz der stationären Behandlung geht es um *Bedeutung*, und alles ist danach zu beurteilen, ob es den jungen Menschen darin unterstützt, sich ein neues Bild von sich zu schaffen. „Positives Verhalten verstärken" ist ein Gedanke aus der Lerntheorie, und „die Macht des positiven Denkens" ist in vielen Kreisen eine beliebte Vorstellung; eine „lösungsorientierte" Haltung ist jedoch mehr als diese beiden Ideen. Wir laufen vielleicht Gefahr, uns zu wiederholen, wenn wir sagen, es komme auf die allgemeine „Haltung" an, die wir einnehmen – die Voraussetzungen, mit denen wir uns der therapeutischen Aufgabe nähern –, aber dies ist ein ganz zentraler Punkt, der immer wieder zu erwähnen ist. Es ist sehr wohl möglich, positives Verhalten in einer Weise zu unterstreichen, die keinen Unterschied bewirkt. Wenn es nur eine Technik ist, durchschauen KlientInnen sie sehr rasch. Wenn wir positives Verhalten verstärken, ohne zu bedenken, wie das Kind oder der Heranwachsende unsere Reaktion deutet, wird kein Unterschied bewirkt, und es wird möglicherweise ein noch größeres Gefühl der Hoffnungslosigkeit entstehen. Ich hatte eine Reihe von Fällen, wo ich meinen KlientInnen gegenüber die Ausnahmen hervorhob und ihre Reaktion etwa so aussah: „Ja, da habe ich es `mal geschafft, und ich fühle mich umso mehr als Versager, wenn ich es nicht schaffe."

Im Falle des gewalttätigen Jugendlichen könnte ein Mitarbeiter (möglichst jemand, den der Jugendliche kennt und dem er vertraut) ihn am folgenden Tag beiseite nehmen und ihm sagen: „Du, ich habe gehört, was gestern passiert ist. Du bist anscheinend ziemlich wütend gewesen, und ich habe gehört, du hast am Ende sechs Fenster eingeschlagen. Das war ja ein ganz schönes Spektakel! John sagte mir, er will mit dir darüber reden, wie du helfen kannst, die Fenster wieder in Ordnung zu bringen, er hat mir aber auch erzählt, daß du nur Fenster und keine Köpfe eingeschlagen hast. Wie hast du das geschafft?" Der Jugendliche wird vermutlich nicht in der Lage sein, das zu beantworten, da er sich zu dem Zeitpunkt nicht als jemanden erlebt hat, der seinen Zorn unter Kontrolle hat. „Ich erinnere mich, gehört zu haben, wie du früher den Leuten den Kopf eingeschlagen hast, wenn du wütend wurdest, und so etwas haben wir hier auch schon erlebt; mich interessiert wirklich, was du gestern anders gemacht hast. Wie hast du es geschafft, dich einigermaßen in der Gewalt zu haben, wo du doch so wütend warst?"

Der Jugendliche ist es wahrscheinlich nicht gewohnt, seine Ausbrüche als etwas zu betrachten, wo er einiges unter Kontrolle *hat*, und wird vermutlich immer noch nicht in der Lage sein, solche Fragen zu beantworten. Das ist in Ordnung, und es hilft nicht, wenn man ihn jetzt bedrängt, bis er antwortet. Vielmehr können schon allein die Fragen ihn ermutigen, anders zu denken.

Das Gespräch könnte folgendermaßen fortgeführt werden: „Kannst du dich an das letzte Mal erinnern, wo du diese Art Selbstbeherrschung gezeigt hast? Vielleicht nicht eine Gelegenheit, bei der du genau so wütend warst, aber einen Zeitpunkt, zu dem du die Beherrschung hättest verlieren können und es geschafft hast, sie zu bewahren?" Oder: „Also, wenn du diese Selbstbeherrschung ein bißchen ausbauen könntest, wie wird sich das deiner Meinung nach hier auswirken?" Solche Fragen kann man direkt danach stellen oder sie zu einem späteren Zeitpunkt wieder aufgreifen; auf jeden Fall liegt das Ziel darin, den Heranwachsenden zu ermutigen, sich und seinen Zorn allmählich in einem anderen Licht zu sehen.

Der Heranwachsende wird diese offensichtliche Episode der Selbstbeherrschung vielleicht „wegerklären". „Na ja, da war keiner zum Prügeln da, da mußte ich die Fenster einschlagen." Oder: „Ich weiß nicht, ich habe nicht darüber nachgedacht, was ich tue." Wichtig ist, nicht zu versuchen, ihn davon zu überzeugen, daß er tatsächlich Selbstbeherrschung gezeigt hat. Wir können uns einfach weiter darüber verwundert zeigen, wie es zu diesem anderen Verlauf gekommen war, und diesen Gedanken dann in ihm nachwirken lassen. Dieser eine Ausnahmefall, auf den wir hinweisen, macht vielleicht noch keinen großen Unterschied, aber ein Klima, in dem die MitarbeiterInnen darauf eingestimmt sind, solche Beispiele zu bemerken oder Verhalten als erfolgreich zu deuten, kann über einen gewissen Zeitraum hinweg eine durchgreifende Wirkung haben.

Wichtig ist hierbei nicht, ob das betreffende Verhalten ein Beispiel für größere Kompetenz oder Erfolg war, sondern ob es als solches gedeutet bzw. hervorgehoben und ihm daher eine positivere Bedeutung beigemessen werden kann. Jeder kleine Schritt kann in dieser Weise unterstrichen werden, wobei er freilich auch genügend einleuchtend sein muß, um zu weiterführenden Gedanken anzuregen.

*Der 14jährige Jason hatte sich immer wieder als unfähig gezeigt, für sein Verhalten die Verantwortung zu übernehmen. Er lastete sein Fortlaufen und sein risikoreiches Verhalten der Freundin seines Vaters an, die er nicht mochte; sein Geldverdienen durch Prostitution lastete er seinem Vater an, der ihm nicht das Geld geben wollte, das er für den Kauf von Drogen brauchte; und sein Drogen- und Alkohol-*

konsum war in seinen Augen eine Reaktion auf die Schwierigkeiten, mit denen er fertig werden mußte. Sein Vater hatte sich mehr und mehr bemüht, ihn von Problemen fernzuhalten. Eine Sichtweise der Situation war die, daß sie in einem eskalierenden Muster gefangen waren: Jason übernahm immer weniger Verantwortung für sich und sein Vater immer mehr. Jasons stationäre Aufnahme wurde als eine Übungszeit gedeutet, in der Jason das Gefühl bekommen sollte, selbst die Verantwortung für sein Leben übernehmen zu können, und in der sein Vater Verhaltensweisen üben sollte, die Jason dazu aufforderten, diese Verantwortung zu akzeptieren.

Innerhalb der stationären Einrichtung zeigte sich sehr deutlich dasselbe Muster. Einmal, als er beim Rauchen von Marihuana erwischt wurde, behauptete er, er brauche das, weil es ihm helfe, mit anderen Leuten auszukommen. Er kam oft mit Beschwerden über andere Bewohner zu den MitarbeiterInnen und verlangte von ihnen, etwas wegen geringfügiger Dinge zu unternehmen, die andere machten, um ihn zu ärgern. Die MitarbeiterInnen erwähnten manchmal, wie leicht es sei, in ein Muster zu verfallen, wo Drogen oder BetreuerInnen verantwortlich gemacht würden. Sie versuchten, mit ihm darüber zu reden, wie anders es sein könnte, wenn er den Eindruck hätte, er könnte selbst Verantwortung tragen.

Nach einiger Zeit ging Jason durch eine Phase, in der er mit anderen Bewohnern, die ihn aufregten oder ärgerten, Kämpfe austrug. Anfangs versuchten die MitarbeiterInnen mit diesen Vorfällen fertigzuwerden, indem sie ihn bestraften oder mit ihm darüber sprachen, wie man solche Gegensätze auf nicht gewalttätige Weise lösen könnte, aber sie waren nicht sehr erfolgreich. Nachdem sie untereinander darüber diskutiert hatten, kamen sie zu dem Schluß, ihre Reaktionen trügen nur zum vorhandenen Muster bei, da sie versuchten, die Verantwortung für eine Verhaltensänderung bei Jason zu übernehmen. Gleichzeitig konnten sie nicht einfach zusehen, wie er andere Bewohner angriff.

Bei ihren Überlegungen darüber, wie sie Jasons Verhalten anders deuten könnten, wurde ihnen klar, daß Jason eigentlich versuchte, seine Schwierigkeiten mit den anderen Bewohnern selbst zu lösen. Zwar waren diese Versuche eindeutig unangemessen, aber sie unterschieden sich doch von dem bisherigen Muster, sich bei den BetreuerInnen zu beklagen und von ihnen Hilfe in seiner Situation zu erwarten. Einer von ihnen sprach mit Jason und bemerkte, ihnen sei gerade deutlich geworden, daß er jetzt selbst die Verantwortung für seine Streitereien mit den anderen Kindern übernommen hatte. „Du weißt, kämpfen geht hier nicht, und wir waren etwas von der Tatsache überrumpelt, daß du gekämpft hast, und haben nicht gemerkt, daß dies eigentlich deine Art war zu versuchen, in eigener Verantwortung die Probleme in Ordnung zu bringen. Verglichen mit der Zeit, wo du immer von uns verlangt hast, wir sollten alles für dich erledigen, ist das eine große Veränderung." Es wurde darüber gesprochen, was daran anders war, und der Jugendbetreuer fragte sich, was Jason zu der Entscheidung bewegt hatte, jetzt zu dem Versuch bereit zu sein, diese Verantwortung selbst zu übernehmen (worüber sich Jason natürlich nicht im klaren war – er selbst dachte immer nur an den Ärger mit den anderen Kindern, gegen den er etwas unternehmen wollte). Nachdem der Betreuer bestätigt hatte, daß es etwas Neues für Jason war, Verantwortung zu übernehmen, stellte er die Frage, ob Jason sich gern dabei helfen lassen würde, herauszufinden, in welcher anderen Form man mit diesen Situationen fertigwerden könnte.

Frühere Bemühungen, Jason zu „erziehen" und ihm zu zeigen, wie man mit Konflikten umging, hatten nicht funktioniert; sie hatten allzusehr wie Versuche ausgesehen, ihn zu dem Zugeständnis zu bewegen, sein Verhalten sei falsch, und hatten das Muster bezüglich der Verantwortlichkeit, das alles durchzog, verstärkt. Das neue Verhalten als Ausnahme der bisherigen Muster darzustellen, rückte es in ein völlig neues Licht. Ein früher als negativ betrachtetes Verhalten wurde jetzt als erster Schritt gedeutet, etwas anders zu machen, was daher auch ein neues Licht auf Jason warf. Die MitarbeiterInnen waren nun in einer Position, in der sie mit Jason daran arbeiten konnten, ihm zu helfen, sein neues Verhalten zu „verfeinern", statt es zu ändern, und er konnte auf diese Vorschläge reagieren.

– Robinson House, Care Force Youth Services, Sidney

# Verschiedene Möglichkeiten, Ausnahmen und Erfolge hervorzuheben

Ich erinnere mich gut an einen jungen Mann in einer stationären Einrichtung, dem es gelungen war, sich anders und positiver zu verhalten (ich weiß nicht mehr, was es war, aber das ist hier nicht wichtig). Ein Mitarbeiter hatte sich zu diesem Verhalten geäußert, und als ein anderer in den Raum kam, sagte der junge Mann: „Du wirst mir jetzt bestimmt sagen, wie beeindruckt du bist!" Er hatte sich daran gewöhnt, daß die MitarbeiterInnen außergewöhnliches Verhalten hervorhoben, und weitere Gratulationen machten daher keinen Unterschied für ihn. (Andererseits könnte dies auch ein Zeichen, dafür sein, daß *er* sein Verhalten als etwas Besonderes anerkannte, was solche Komplimente verdiente, und daher war es vielleicht ein Beweis dafür, daß ihm solche Dinge an ihm selbst auffielen.)

Wie Eltern können BetreuerInnen vorhersagbar werden, und vorhersagbares Verhalten kann leichter abgetan werden. Es gibt unzählige Möglichkeiten, auf kleine Erfolge zu reagieren, und man ermutigt die Verantwortlichen, so viele verschiedene Arten wie möglich auszuprobieren. Manchmal ergibt sich eine Reaktion ganz natürlich aus dem „Thema", das für die Unterbringungszeit erstellt wurde, manchmal ergibt sie sich aus der Beziehung der jeweiligen BetreuerIn zur BewohnerIn und manchmal geht es nur darum, eine kurze Bemerkung zu machen, die für die Betreffende von Bedeutung ist.

Wie bei den meisten Aspekten von Therapie und stationärer Unterbringung gibt es keine festen Regeln, wie man es machen muß – obwohl wir einige Gedanken anbringen können, wie man es *nicht* macht.

Manchmal ist es angemessen und sinnvoll, dem Bewohner zu einem konkreten Beispiel einer neuen Verhaltensweise zu gratulieren; wenn man solch eine Gratulation aber übertreibt, bewirkt sie meist das Gegenteil, da sie dem jungen Menschen geheuchelt erscheint. Zudem kann die Botschaft: „Das war phantastisch!" die Antwort nach sich ziehen: „Nein, eigentlich gar nicht". Wenn ein junger Mensch sich immer als inkompetent, machtlos und als Versager sieht, interpretiert er Ereignisse meist in einer Weise, die zu diesem Bild paßt. Eine positive Reaktion der MitarbeiterInnen, die in einem zu großen Widerspruch zur Sichtweise und Erfahrung des jungen Menschen steht, wird von ihm wahrscheinlich abgetan, und er wird den Erfolg externen Faktoren und nicht seinem eigenen neuen Verhalten zuschreiben. Natürlich können die Gratulationen der BetreuerInnen sinnvoll sein und dem Bewohner helfen, wegen eines kleinen Schrittes vorwärts ein gutes Gefühl zu haben, aber letztlich ist es wichtiger, daß der junge Mensch selbst sein Verhalten als erfolgreich beurteilt und nicht die MitarbeiterInnen.[*]

---

[*] **Anm.d.Hrsg.**: Tom ANDERSEN spricht davon, daß es wichtig ist, „angemessen ungewöhnlich" vorzugehen, denn nur dann gibt es Unterschiede, die einen Unterschied machen („Das Reflektierende Team", 1990, S. 49)

Ebenso können BetreuerInnen und TherapeutInnen denselben Fehler machen, wenn sie Eltern über das Verhalten ihres Kindes berichten. Wenn man allzu enthusiastisch von einem erfolgreichen Schritt erzählt, besonders einem kleinen, provoziert man eine „Ja, aber ..."-Antwort, da das Erzählte zu weit von den eigenen Erfahrungen der Eltern mit ihrem Kind entfernt ist. Erzählt man den Eltern, wie wundervoll ihr Kind ist, haben sie zu leicht das Gefühl, ihre Erlebnisse von Frustration und Versagen würden abgetan werden. Fordert man sie auf, über den Erfolg Vermutungen anzustellen, regt man sie eher dazu an, allmählich die Dinge anders zu sehen.

Es hilft normalerweise auch nicht zu versuchen, BewohnerInnen oder Eltern davon zu überzeugen, etwas sei eine Ausnahme gewesen. Wir müssen an die Macht des Unterschiedes glauben. Im Titel seines neusten Buches bringt DE SHAZER (1991) dies mit den Worten zum Ausdruck: „Putting Difference to Work" (also etwa: „Den Unterschied arbeiten lassen"). Der Unterschied kann für uns arbeiten, und wir können ihm einen großen Teil der Arbeit überlassen. Wenn wir ein unterschiedliches Verhalten herausstellen und es unterstreichen, indem wir Fragen dazu stellen, dann wird es einen Effekt haben. Statt selbst die Wichtigkeit einer Ausnahme zum Ausdruck zu bringen, ist es oft besser, nur neugierig zu sein. Wir können es neben frühere Verhaltensweisen stellen, können die betreffende Person fragen, wie sie sich das Verhalten erklärt, uns wundern, wie sie es geschafft hat, und spekulieren, welchen Unterschied es machen könnte. Auf diese Weise regen wir die betreffende Person an, über das Ereignis und seine Bedeutung nachzudenken. Eine großartige Verkündung zum Erfolg ist leichter und vermittelt uns vielleicht ein besseres Gefühl; auf lange Sicht gesehen kann es jedoch nützlicher sein, dem jungen Menschen und/oder seinen Eltern gegenüber Fragen aufzuwerfen, die das Ausnahmeverhalten und seine Bedeutung hervorheben. Meine Kollegin, Kate KOWALSKI, nennt dies die „Columbo-Methode". Wer den Fernsehdetektiv kennt, wird sich an seine ständigen bohrenden Fragen darüber erinnern, was bestimmte Verhaltensweisen oder Fakten bedeuten mögen, mit der entwaffnenden Wirkung, daß die Leute schließlich selbst versuchen müssen, es herauszufinden.

Die Rolle der MitarbeiterInnen liegt darin, einen Rahmen bereitzustellen, innerhalb dessen es leichter ist, Ausnahmen zu bemerken.

*Jill, 12 Jahre alt, wohnte mit ihrer Mutter und ihrem Bruder zusammen, der Vater lebte in einem anderen Bundesstaat. Obwohl die*

*Eltern vor sechs Jahren geschieden wurden, lief der Schei-*
*dungsprozeß immer weiter mit ständigen Spannungen und Konflikten.*
*Jill sah sich einem Leben voll Krankheit, Traurigkeit und Hilflosigkeit*
*gegenüber, in dem sie versuchte, sich eine Zukunft zu schaffen. Ihre*
*Mutter fand es infolgedessen immer schwieriger, in ihrer Nähe zu*
*sein, und so bemühte man sich um stationäre Unterbringung.*

*Nach unserer Deutung befand sie sich in einer Situation, in der Streß*
*und Gefühle der Hoffnungslosigkeit sich ihrem Erwachsenwerden in*
*den Weg stellten. Während sie sich in einem Alter befand, in dem sie*
*normalerweise mit dem Größerwerden experimentieren würde, hatten*
*ihre Lebensumstände stattdessen zu einem Kleinerwerden geführt. Wir*
*wollten auf der einen Seite der Tatsache Rechnung tragen, daß exter-*
*ne und familiäre Schwierigkeiten Jills Probleme auszulösen schienen,*
*wollten dies aber andererseits auf eine Weise tun, die ihr die Möglich-*
*keit offen ließ, sich selbst in einer Position mit einem gewissen Grad*
*von Macht und Einfluß zu sehen, in der sie etwas anders machen*
*konnte. Der Gedanke, „größer oder kleiner zu werden", schien Jill sinn-*
*voll zu sein (und ihrer Mutter), und sie sagte, sie sei daran interessiert,*
*Möglichkeiten des Größerwerdens zu erkunden.*

*Im Rahmen des Programms baten wir Jill, eine Scheibe in Form*
*eines Halbkreises anzufertigen mit einer 0 an der einen Seite und*
*einer 10 an der anderen; daran wurde ein Zeiger befestigt, der ihren*
*Platz auf der Scheibe anzeigte. Der Bereich bis zur 5 war schattiert*
*und erhielt die Aufschrift „kleiner werden", und der Bereich zwischen*
*5 und 10 war schattiert und trug die Aufschrift „größer werden". Eine*
*Mitarbeiterin sprach mit Jill und ihrer Mutter darüber, was sie für die*
*beiden Bereiche tun müßte. Es war wichtig, sie spezifische Verhal-*
*tensweisen benennen zu lassen (damit sie bedeutungsvoll und nicht*
*ungenau waren) und die Zeichen für größer und kleiner werden nicht*
*nur im Rahmen „gesellschaftlich akzeptablen" Verhaltens definiert,*
*sondern umfassender (wie würde Jill sich fühlen, was würde den*
*Leuten an ihr auffallen usw.). Diese Liste wurde unter der Scheibe*
*befestigt.*

*Jill sollte jeden Morgen den Zeiger entsprechend der Richtung, in die*
*sie arbeiten wollte, stellen, und MitarbeiterInnen und Mutter sollten*
*dann entsprechend reagieren. Wenn sie in Richtung kleiner werden*
*arbeitete, müßten sie ihr nach unserer Absprache mehr Aufmerksam-*
*keit schenken, da sie mehr Fürsorge brauchte. Wenn sie in Richtung*
*größer werden arbeitete, dann würden Mutter und MitarbeiterInnen*

sich wohlweislich zurückziehen und ihr mehr Raum geben, ihre Aufgaben allein zu erfüllen. Wenn das, was sie tat, nicht mit der Anzeige übereinstimmte, würden wir sie um eine Erklärung bitten.

In der Vergangenheit war es leicht gewesen, Jills Verhalten allumfassend und im Rahmen ihrer Schwierigkeiten zu sehen. Die Scheibe, besonders die Seite des Größerwerdens, ermutigte Jill, die Dinge zu planen und zu überdenken, die sie anders machte, und die MitarbeiterInnen wurden herausgefordert, diese zu sehen und darauf zu reagieren. In diesem Fall bezogen wir das „Problemverhalten" in die Scheibe mit ein (die Seite des Kleinerwerdens), da es uns ermöglichte, das Verhalten auf der anderen Seite dagegen abzusetzen, und da es auch den Gedanken unterstützte, daß es sich hier um eine Übungszeit handelte und alles nicht immer reibungslos verlaufen würde. Wichtig war jedoch, auf die Tage des Kleinerwerdens nicht mit Bestrafung zu reagieren sondern mit „größerer Aufmerksamkeit", die in den Rahmen paßte. Wenn Jill einen Tag auf der Scheibe dem Kleinerwerden zuordnete, gab es überdies immer noch Ausnahmen, auf die von den MitarbeiterInnen reagiert werden konnte. Schon die Tatsache, daß sie ein Verhalten genau vorhersagen und registrieren konnte, war es wert, hervorgehoben zu werden. Außerdem warnte uns ein Tag des Kleinerwerdens, wir sollten auf jeden noch so geringen Hinweis achten, daß Jill ihrem Tag vielleicht eine andere Richtung gibt und einen Versuch mit dem Üben des Größerwerdens unternimmt.

Während sie das Größerwerden übte, war die Scheibe eine auffällige und beständige Gedächtnisstütze für sie, die Mutter und die MitarbeiterInnen, und der Zeiger war immer häufiger im oberen Bereich der Scheibe. Mit dieser Gedächtnisstütze waren MitarbeiterInnen und Jill „motiviert", nach Zeichen Ausschau zu halten, die den Zeiger höher schieben würden. Im Laufe der Zeit gelang es Jill, Alternativen zu Krankheit, Traurigkeit und Hilflosigkeit zu finden, und zur Entlassungsfeier erhielt sie einen „Schlüssel für die Zukunft", womit gezeigt werden sollte, daß sie bestimmen konnte, in welche Richtung sie gehen würde.

– Shadow Mountain Institute, Tulsa, Oklahoma

In diesem Fall zeigt die Scheibe greifbar das Verhalten an. Da das Ziel war, den Zeiger auf dem oberen Ende der Skala zu haben, war die ständige Gegenwart der Scheibe eine ständige Ermutigung, nach erwachsenem Verhalten zu suchen.

Den verschiedenen Möglichkeiten, wie man Ausnahmen und Erfolge hervorheben kann, damit der junge Mensch sie bemerkt und versteht, werden nur durch die Kreativität der MitarbeiterInnen Grenzen gesetzt (und vielleicht, wie im nächsten Beispiel deutlich wird, durch ihre Bereitschaft, „etwas verrückt" zu erscheinen).

*Cricket ist ein beliebter Sommersport in Australien. Der Schlagmann (batsman), der dem Werfer (bowler) gegenübersteht, versucht den Ball zu schlagen und Läufe (runs) zu erzielen. Ein Schlag, der bis zur Grenze des Feldes geht, zählt automatisch vier Läufe, ohne daß der Schlagmann tatsächlich laufen muß, während ein Schlag über den Zaun sechs Läufe zählt. Diese „Vierer" (fours) und „Sechser" (sixes) gelten als Zeichen großer Schlagkunst. Es ist Aufgabe des Schiedsrichters auf dem Feld zu entscheiden, ob ein Ball den Zaun erreicht oder überflogen hat, und er benutzt verschiedene Handzeichen, um den offiziellen Punktrichtern das Ergebnis des Schlages mitzuteilen. Diese Handzeichen sind sehr deutlich und den Cricketfans wohlbekannt (wenn ein Schlagmann z.B. einen „Sechser" schlägt, was die äußerste Niederlage für den Werfer bedeutet, hebt der Schiedsrichter beide Arme über den Kopf).* \*

*Tim, 11 Jahre, kam mit einer langen Vorgeschichte von Wutausbrüchen in eine stationäre Einrichtung. In den anfänglichen Stadien seiner Unterbringung war folgendes Thema konstruiert worden: Tim schlägt seine Wut und nicht die Wut ihn. Die MitarbeiterInnen entdeckten, daß Tim ein begeisterter Cricketfan war, und fingen an, mit ihm über seine Wut zu reden, die nach ihm warf und die versuchte, ihn auszuschlagen. Immer häufiger benutzten sie verschiedene Ausdrücke aus dem Cricketspiel als Metaphern für Tims Kampf gegen seine Wut – sprachen davon, wie seine Wut ihn ausschlug bzw. wie er Läufe erzielte, indem er seine Wut auf dem Feld hin und her schlug.* \*\*

*Für Besucher der stationären Einrichtung war es manchmal etwas merkwürdig, wenn ein Betreuer mitten in einem Gespräch plötzlich aufsprang und beide Hände in die Luft streckte. Tim sah dann etwas*

---

\*) Daß die Einzelheiten des Spiels und seiner Zeichen LeserInnen aus Ländern wie Amerika oder Deutschland, wo Cricket nicht gespielt wird, nichts bedeuten, ist hier nicht tragisch, denn kreative BetreuerInnen in stationären Einrichtungen können vermutlich vergleichbare Ideen beim Baseball oder Fußball verwenden.

\*\*)Ein detailliertes Beispiel für den Gebrauch von Metaphern aus dem Sportbereich zur Unterstreichung des Sieges eines jungen Mannes über sein Problem findet sich bei DURRANT (1985).

verwirrt aus, und andere MitarbeiterInnen (und manchmal Bewohne-rInnen) applaudierten oder murmelten Zustimmung. Für Tim war dies ein Zeichen, gegen seine Wut einen Sechser geschlagen zu haben – er hatte die Beherrschung zurückgewonnen oder bewahrt, wo man damit hätte rechnen können, daß er sie verlieren würde – und es war eine neue und bedeutungsvolle Art, Aufmerksamkeit auf eine Aus-nahme zu lenken.

Gelegentlich machten MitarbeiterInnen Bemerkungen darüber, in wel-cher Weise die Wut zum Wurf auf Tim angesetzt und versucht hatte, ihn in eine Falle zu locken (wenn zum Beispiel eine andere Bewohne-rin ihn geärgert oder er mit einer Forderung keinen Erfolg gehabt hatte), und sie überlegten, wie Tim so geschickt einen Schlag zu seinen Gunsten daraus hatte machen können. Bei anderen Gelegen-heiten sprachen sie auch mit Tim nach einem speziellen Vorfall und fragten ihn, wie er es geschafft habe, sich so zu beherrschen. Manch-mal reichte es schon, wenn der „Sechser" zur Kenntnis genommen und öffentlich angezeigt wurde. Niemand zählte die Punkte, obwohl MitarbeiterInnen und andere BewohnerInnen bei gewissen Gelegen-heiten Bemerkungen über die Anzahl der von Tim erzielten Punkte machten, und dies schien ihm Freude zu bereiten.

*–Timaru Hostel, Care Force Youth Services, Sydney*

Wichtig bei diesem Beispiel ist, daß die Art, wie die Aufmerksamkeit auf Ausnahmen gelenkt wurde, für Tim bedeutungsvoll war. Den Mitarbeite-rInnen war Tims Leidenschaft für Cricket aufgefallen, und sie hatten mit ihm darüber gescherzt. Anfangs war diese Metapher in Bezug auf sein Problem mit den Wutausbrüchen im Rahmen dieser Scherze benutzt worden. Als aber die MitarbeiterInnen bemerkten, wie enthusiastisch Tim auf ihre Kommentare reagierte, wurde ihnen klar, daß dies eine für Tim angemessene Reaktionsmöglichkeit war. Die Signale stellten eine Art „Kurzschrift" der Reaktionsmöglichkeit dar, die für Tim bedeu-tungsvoll sein konnte. Vermutlich war die Entdeckung dieser Aus-nahmen ebenso wichtig für die MitarbeiterInnen, um Tim in einem an-deren Licht sehen zu können, wie für ihn als Hilfe, seine Erfolge zu erkennen.

Erfolge und Ausnahmen zu erkennen und auf sie zu reagieren, ist wich-tig, wenn man KlientInnen helfen will, sich anders zu sehen. Oft haben aber auch die Angestellten in stationären Einrichtungen berichtet, wie sehr dieser Prozeß ihnen geholfen hat, ein anderes Bild von KlientInnen zu bekommen, was sich dann auf ihre Reaktionen auswirkte.

*Der elfjährige Steve wollte während eines Ausflugs zu den Blue Mountains nicht bei der Gruppe bleiben. Er verschwand ständig, um dann außerhalb des Sicherheitszauns am Rande eines 700 m tiefen Abgrunds beim Klettern entdeckt zu werden. Der Betreuer hatte den Eindruck, überhaupt keinen Einfluß auf Steve zu haben, da all seine Vorhaltungen keinerlei Wirkung zeigten. Auf der Suche nach Möglichkeiten, ihn unter Kontrolle zu bekommen, und da er sich seiner Verantwortung für Steves Sicherheit bewußt war, versuchte er, ihm die Situation zu erklären, bestand darauf, daß er an seiner Seite bleiben müsse usw. Schließlich gab er völlig frustriert auf.*

*In der stationären Einrichtung hatte es zu Steves Programm gehört, regelmäßig auf einer Tabelle einzutragen, wie sehr er meinte, seine Gefühle unter Kontrolle zu haben. Statt sich drakonischere Arten auszudenken, um mit Steves Verhalten auf dem Ausflug fertigzuwerden, nahm der Erzieher ein Stück Papier und ließ Steve frei aus der Hand einige Formen darauf malen. „Diese Formen," sagte er, „sind die unterschiedlichen Teile des heutigen Tages. Eine Form ist die Zeit, bevor wir heute morgen losfuhren, eine die Zeit im Bus auf der Fahrt hierher, eine andere die Zeit bis zum Mittag und so weiter. Kannst du mir sagen, welche Form welcher Teil des Tages ist?" Anfangs etwas mißmutig tat Steve, was verlangt wurde, und war bereit, jede Form so zu schattieren, wie es seiner Meinung nach seiner Selbstbeherrschung über seine Gefühle an dem jeweiligen Teil des Tages entsprach. Das Ergebnis zeigte, daß Steve den Tag mit recht großer Selbstbeherrschung begonnen hatte, dann im Laufe des Tages weniger davon gezeigt hatte, aber doch auch wieder Zeiten gehabt hatte, wo diese größer war. Steve sprach sehr bereitwillig einige Minuten lang mit dem Betreuer darüber, wie es kam, daß er zu verschiedenen Zeiten des Tages soviel Beherrschung gehabt hatte. Für den restlichen Teil des Ausflugs war sein Verhalten wesentlich besser.*

*– Timaru Hostel, Care Force Youth Services, Sydney*

Später bei der Diskussion über diesen Vorfall bemerkte der Erzieher, er sei sich nicht sicher, ob die Übung hauptsächlich für Steve einen Unterschied machte oder ob der Haupteffekt darin lag, ihm, dem Erzieher, zu helfen, Steve anders zu sehen. Da sie sich immer mehr darin verstrickt hatten, sich auf Steves Mangel an Kooperation zu konzentrieren, wurden sie immer tiefer in einen eigensinnigen Kampf hineingezogen, in dem keiner von beiden Aussicht auf ein Erfolgserlebnis hatte. Die Übung ermöglichte ihnen eine Unterbrechungspause, in der sie zusammensaßen und an den Formen arbeiteten, und beide wurden angeregt, darüber nachzudenken, wieviel Selbstbeherrschung Steve gehabt hatte. Das veränderte ihren Blickwinkel, und Steve wie auch der Erzieher konnten ihn als jemanden sehen, der einen großen Teil der Zeit seine Gefühle unter Kontrolle hatte. Für den restlichen Ausflugstag hatten sie so eine wesentlich bessere Grundlage für gegenseitige Kooperation.

## Ein Klima schaffen, das Erfolg verspricht

Im alltäglichen Ablauf des stationären Programms versuchen die Angestellten, so viele Gelegenheiten auf so viele Arten wie möglich zu finden, um auf die kleinsten Zeichen zu reagieren, die auf einen Erfolg ihrer KlientInnen oder einen Schritt nach vorn hinweisen. Vom theoretischen Standpunkt aus gesehen *geht* dieser Ansatz *davon aus*, daß es viele solcher Beispiele des Erfolgs und viele Ausnahmen des Problemverhaltens gibt. Es geht nicht darum, Ausnahmen zu schaffen. Wenn wir an sie glauben, werden wir sie finden. Sie werden aber nicht immer offensichtlich sein, und BewohnerInnen und MitarbeiterInnen werden sie nicht immer für bedeutsam halten, daher ist es wichtig, wie wir reagieren.

CADE und O'HANLON (1993) beschreiben in ihrer Erörterung verschiedener Therapiemodelle, wie TherapeutInnen mit unterschiedlichen theoretischen Perspektiven Beweise für die jeweilig bevorzugte Erklärung „entdecken". Sie weisen darauf hin, wie behavioristische TherapeutInnen behavioristische Probleme „entdecken", biologisch orientierte TherapeutInnen chemische Unausgewogenheiten „entdecken", SystemtherapeutInnen gestörte Hierarchien „entdecken" und so weiter. Wenn wir erst einmal an etwas glauben, entdecken wir sehr wahrscheinlich auch Beweise für dessen Existenz. Daher werden kompetenz-orientierte TherapeutInnen und BetreuerInnen eher Beispiele für Kompetenz „entdecken". Da wir glauben, daß Kompetenz und Ausnahmen existieren, werden wir sie mit großer Wahrscheinlichkeit auch finden und auf sie reagieren. Dabei werden wir helfen, ein Klima zu schaffen, in dem KlientInnen diese Aspekte ihrer Erfahrungen auch eher bemerken und auf sie reagieren.

In seiner Erörterung der therapeutischen Situation gibt DE SHAZER ein Beispiel, wie man eine zweite Therapiesitzung einfach mit der Frage beginnen kann: „Was ist besser?" (1991, S.144). Solch eine Eröffnung spiegelt deutlich die Annahme der TherapeutIn wider, es würde sich etwas ergeben, was besser ist, und die KlientIn müsse nur wählen, welche Verbesserung sie zur Sprache bringen möchte. Wenn sie auf der anderen Seite gefragt hätte: „Wie ist es gelaufen?" könnte das implizieren, einiges sei besser und einiges schlechter geworden, und der KlientIn bleibt es anheimgestellt, ob sie Erfolg oder Versagen nennen möchte. Wenn die TherapeutIn davon ausgeht, daß es einen Erfolg gegeben haben muß, fällt es der KlientIn vermutlich leichter, einen solchen auch zu erkennen. Und während die KlientIn ihn identifiziert und darüber spricht, wird der Erfolg „real".

Ebenso sicher werden auch Angestellte in stationären Einrichtungen Anzeichen für Fortschritt finden, wenn sie nur vom Vorhandensein solcher Anzeichen bei den ihnen anvertrauten Jugendlichen ausgehen. Die Herausforderung liegt dann darin, wie man auf diese Zeichen reagiert, damit der junge Mensch sich allmählich ein neues Bild vom Erfolg machen kann. In ähnlicher Weise können Eltern auf den Erfolg ihres Sohnes oder ihrer Tochter aufmerksam gemacht werden, worauf wir später ausführlicher eingehen werden.

Wie können MitarbeiterInnen ein „Klima" schaffen, in dem Ausnahmen mit großer Wahrscheinlichkeit bemerkt und hervorgehoben werden? Hier ein paar Vorschläge:

- In ihren Akten oder täglichen Berichten könnten sie ein paar Standardfragen haben, die ihnen beim Zusammenstellen von Information helfen. Zum Beispiel: „Welche Hinweise hat es heute gegeben, daß sich das Verhalten dieses jungen Menschen verbessert /er kleine Fortschritte macht / daß es sich für uns lohnt, weiterzumachen?" „Gibt es ein oder zwei Beispiele heute, wo das alte Verhalten hätte zum Vorschein kommen können, dies aber nicht eintrat?" „Was hat die KlientIn heute gemacht, was anders oder überraschend war?"

- Regelmäßige MitarbeiterInnenversammlungen geben oft Anlaß, sich über „Probleme" auszutauschen, wobei die Angestellten sich oft in ihrer problem-orientierten Sichtweise der betreffenden BewohnerInnen bestätigen. Statt dessen könnte die Tagesordnung für solch ein Zusammentreffen z.B. mit dem Punkt anfangen: „Was ist diese Woche besser gelaufen?" – entweder in Bezug auf die ganze Einrichtung oder als Teil des Gespräches über alle KlientInnen.

- Es kann natürlich besondere Schwierigkeiten geben, über die gesprochen und für die Reaktionsmöglichkeiten formuliert werden müssen. Häufig ist es sinnvoll, einander zu fragen: „Wie haben wir dies gesehen / darauf reagiert? Könnte man es auch anders sehen? Könnte man auch anders darauf reagieren?

- Während der Mahlzeiten und Gruppentreffen könnten die Ange- stellten bewußt versuchen, Ausnahmen zu erwähnen, die ihnen aufgefallen sind.

Das sind nur einige Vorschläge. Andere Ideen werden für andere Pro- gramme passen. Wichtig ist, daran zu denken, daß die meisten von uns gelernt haben, nach Problemen Ausschau zu halten. Wir suchen nicht automatisch nach Ausnahmen oder Erfolgen, und wann immer Grup- pen oder MitarbeiterInnen ein Klima schaffen, das den Blick auf Aus- nahmen fördert, wird dadurch innerhalb ihrer Einrichtung die Kompe- tenz in den Mittelpunkt gerückt.

# Kapitel 8

# Disziplin auf Station: Zum anderen Umgang mit schwierigen Verhaltensweisen

Wie ich schon betont habe, bedeutet der Gedanke, die Zeit der stationären Aufnahme sei eine Zeit für „Versuch und Irrtum" oder für Übung, so daß mit einem gewissen auf und ab gerechnet werden muß. Wenn ein junger Mensch eine Vorgeschichte mit schwierigen Verhaltensweisen hat, bevor er stationär aufgenommen wird, und er wie die anderen um ihn herum sich an dieses Verhalten gewöhnt haben, ist es natürlich unrealistisch zu erwarten, alles würde sofort nach der Aufnahme besser werden. Wird die Unterbringung als eine Übungszeit dargestellt, schafft man so ein Klima, das nicht das Gefühl des Versagens bestärkt, indem unrealistische Erwartungen an schnelle Veränderungen wachgerufen werden, und man berücksichtigt die Tatsache, daß der Prozeß nicht ohne Hindernisse abläuft.

Das bedeutet jedoch **nicht**, jegliche Verhaltensweise könne toleriert werden. Der Gedanke der Übergangs- oder Übungszeit bedeutet nicht, „alles ist erlaubt". Unkontrolliertes, störendes und unakzeptables Verhalten ist zwar zu erwarten, muß aber nicht hingenommen werden. Für die MitarbeiterInnen, die sich mit Problemen der Disziplin und der Handhabung schwierigen Verhaltens bei den alltäglichen Aktivitäten des Programms auseinandersetzen müssen, stellt sich die Frage, wie man mit nicht akzeptablem Verhalten in einer Weise umgeht, die zur therapeutischen Ausrichtung des übrigen Programmes paßt.

## Disziplin als Mittel, neue Information zu geben

Alles, was wir im Laufe der Unterbringung tun, muß an der Frage gemessen werden: „Trägt dies in irgendeiner Weise zur Entwicklung neuer Erfahrungen und Sichtweisen des Selbst bei?" Der für die Unterbringung gestellte Rahmen sowie individuelle Programme und spezifische Therapien bzw. Beratungen werden ohne weiteres als Bestandteil dieses Prozesses gesehen und können auf dieses Ziel zugeschnitten werden. Weniger leicht ist es zu erkennen, daß die alltäglichen Interaktionen ähnlich betrachtet werden können, und „Disziplin" ein Bereich ist, in dem viele mühselig um „therapeutisches" Verhalten ringen. Disziplinarische Maßnahmen (oder „Bestrafungen" und „Konsequenzen ziehen") sind jedoch gerade in den entscheidenden Augenblicken gefragt, wenn problematisches Verhalten auftritt. Wenn wir einen Weg finden können, auf Ereignisse therapeutisch zu reagieren, können wir diese ganz natürlich auftretenden und hervorstechenden Gelegenheiten für unseren gesamten Behandlungprozeß ausnutzen.

Wenn ein Jugendlicher eine Vorgeschichte mit Wutanfällen und unkontrolliertem Verhalten hat, haben wir während der Unterbringung das Ziel, er solle die Vorstellung entwickeln, eine Person zu sein, die in der Lage ist, Selbstbeherrschung zu zeigen und sich nicht von scheinbar übermächtigen Emotionen und Reaktionen überwältigt zu fühlen. Wir können die Zuweisung in einen Rahmen stellen, der das zu ermöglichen versucht, und können vielleicht eine spezielle Beratung mit einbeziehen, in der dieses Problem angesprochen wird. Ohne Ausnahme wird es Anlässe geben, wo der Betreffende unbeherrschtes Verhalten an den Tag legt. Wie reagieren wir auf solche Ausbrüche? Wir können dies entweder in einer Weise tun, in der es uns vor allem um Veränderung und Korrektur schlechten Verhaltens geht, oder in einer Weise, in der es hauptsächlich um die Förderung des Lernprozesses im Jugendlichen geht, die Dinge (und sich selbst) anders zu sehen. Ausnahmen vom Problemverhalten bilden eine wichtige Grundlage, um diese neue Sichtweise zu entwickeln. Jedoch sind auch die Zeiten des Problemverhaltens mit den Reaktionen der MitarbeiterInnen ideal, um die Denkweise des Jugendlichen bezüglich seiner Wutanfälle und seiner Selbstbeherrschung zu beeinflussen.

In vielen Bereichen unseres Lebens lernen wir aus Situationen, wo etwas falsch lief. Solche Zeiten sind wichtig und betreffen uns unmittelbar. Wir können üben, wir können vorausberechnen, wir können planen, etwas anders zu machen, aber all diese Bemühungen sind (wenn auch nützlich) doch irgendwie abstrakt. In den Augenblicken, in denen wir tatsächlich versagen, können das Verhalten und die möglichen Alternativen am bedeutungsvollsten werden. Das sind aber auch die Augenblicke, in denen Gefühle und Erinnerungen an die „alte" Bedeutung des Versagens oder der mangelnden Beherrschung am stärksten sein können.

Disziplin wird normalerweise für eine Möglichkeit gehalten, Verhalten zu verändern. Sie ist etwas, was autoritäre Personen denen auferlegen, die sich schlecht betragen, damit ein solches Verhalten nicht wieder vorkommt. Das ist das Problem – wenn *du* etwas machst, um *mein* Verhalten zu kontrollieren, dann hilft es mir nicht, *mich* für fähig zu halten, mich selbst kontrollieren zu können. Oft ist es einfacher und schneller, wenn die Angestellten das Verhalten der BewohnerInnen unter Kontrolle halten, es kann sich jedoch gegen das, was wir eigentlich erreichen wollen, auswirken.

Ein Kollege (Don COLES) schlug vor einiger Zeit vor, wir sollten Disziplin als Möglichkeit betrachten, um neue Information über das Ich zu vermitteln, statt als Mittel zur Verhaltensänderung. Dies ist eine wichtige Unterscheidung, da sie reflektiert, worum es unser Meinung nach bei unseren Interventionen überhaupt geht. Es bedeutet vielleicht nicht, daß alles, was wir in Reaktion auf schlechtes Verhalten tun, immer anders ist, aber es bedeutet, daß unsere Denkweise über das, was wir tun, anders ist.

## Unmittelbar oder überlegt reagieren?

Ich erinnere mich an eine Geschichte vor einigen Jahren über ein Fernsehinterview mit dem Kapitän eines Jumbojets, der aus unerfindlichen Gründen während eines Fluges etliche hundert Meter „gefallen" war.*
Offenbar hatte die Mannschaft das Problem innerhalb von fünf Sekunden beheben können. Hätten sie nur ein oder zwei Sekunden länger gebraucht, wäre es zu spät gewesen, das Flugzeug wieder unter Kontrolle zu bekommen, und sie wären in ihr sicheres Verderben gestürzt. Der Kapitän wurde gefragt: „Was haben Sie als erstes gemacht, als Ihnen klar wurde, was geschah?" Zur großen Verwirrung der Journalisten antwortete er: „Ich setzte mich als erstes auf meine Hände". Und als er ihre Verwunderung sah, erklärte er: „Wenn ich das nicht getan hätte, hätte ich ohne nachzudenken reagiert, und die Situation wäre völlig aussichtslos geworden."

Wenn Kinder sich schlecht betragen, neigen Eltern dazu zu reagieren. Sie versuchen, mit Hilfe einer angemessenen Strafe mit der Situation fertigzuwerden, und ihre Reaktion ist häufig vom Verhalten selbst beeinflußt, oft aber auch vom Grad ihrer Frustration über das Kind, ihrer gegenwärtigen Befindlichkeit, den übrigen Geschehnissen im Haus undsoweiter. Im großen und ganzen stelle ich fest, daß ich in meiner Elternrolle erst handle (oder schimpfe) und später nachdenke.

---

*) Ich gebe die Geschichte hier aus der Erinnerung wieder. Ich hatte das Fernsehinterview gesehen, wurde aber einige Jahre später von meinem Kollegen, Gerard MENSES, wieder daran erinnert, als wir zusammen im Flugzeug saßen!

Bei vielen Eltern und Kindern funktioniert es mit dieser Reaktion, weil sie im Kontext einer langjährigen Beziehung auftritt. Viele Kinder und Jugendliche in stationären Einrichtungen haben jedoch Reaktionen bei ihren Eltern erlebt, die ernsthaft eskalierten, sie verletzten und erniedrigten oder voller Trotz zurückließen. Zudem ist das elterliche Handeln ein Entwicklungsprozeß und keine therapeutische oder speziell veränderungs-orientierte Handlung. Stationäre Behandlung hingegen ist ein sehr therapeutischer oder veränderungs-orientierter Prozeß. Die MitarbeiterInnen dieser Einrichtungen sind nie Ersatzeltern, ganz gleich wie nah sie einigen Kindern oder Jugendlichen in ihrer Fürsorge sind. Sie können nicht auf eine gemeinsame Geschichte ihrer Beziehung oder auf dieselben emotionalen Bindungen zurückblicken, und ihre Arbeit mit Jugendlichen und Kindern ist klar und eindeutig definiert (nach meiner Beobachtung verstricken BetreuerInnen sich gerade dann in ein übertriebenes Gefühl der Verantwortung, fühlen sich ausgebrannt und beginnen, gedankenlos zu reagieren, wenn sie sich als Ersatzeltern sehen!).

Die Arbeit der MitarbeiterInnen hat einen bestimmten *Zweck* und ein therapeutisches Ziel. Ob nun ganz offen eine Therapie dazugehört oder nicht, sind doch alle BetreuerInnen darum bemüht, den BewohnerInnen zu helfen, Veränderungen vorzunehmen, die ein erfolgreicheres Leben ermöglichen. Sie haben also anders als die Eltern den Blick auf Therapie gerichtet. Während Eltern unmittelbar reagieren, haben sie die Aufgabe, überlegt zu reagieren. Dieses „überlegt reagieren" beinhaltet, sich in Überstimmung mit dem allgemeinen Ziel der Unterbringung zu verhalten und über das, was man tut, nachzudenken.

Wenn Kinder oder Jugendliche sich schlecht betragen, können wir unmittelbar auf deren Verhalten reagieren, indem wir unser Mißfallen oder unsere Frustration zum Ausdruck bringen, was sich dann in irgendeiner Form der Bestrafung niederschlägt. Oder wir reagieren überlegt und setzen uns mit dem schlechten Betragen in einer Weise auseinander, die unser allgemeines therapeutisches Ziel für den Betreffenden fördert. Wichtig ist zu sehen, daß kein einzelnes Verhaltensmuster isoliert auftritt. Unsere überlegten Reaktionen auf schlechtes Betragen müssen im Licht unseres Gesamtvorhabens mit dem Kind oder dem Jugendlichen gesehen werden, und nicht als unmittelbare Reaktion auf einen speziellen Vorfall. Wenn wir manchmal den ganzen therapeutischen Prozeß betrachten, wird es notwendig sein, anders zu reagieren, als wenn wir es nur mit dem isolierten Verhalten zu tun hätten. Der Zweck unserer Arbeit mit jungen Menschen schreibt uns also vor, daß unsere

Aufgabe und unsere Reaktionen auf Verhalten ganz anders sind als die von Eltern, LehrerInnen und anderen amtlichen Personen.

Unser Fokus auf Kompetenz und Bedeutung sowie die Themen, die wir als Rahmen für jede einzelne Unterbringung entwickeln, können uns Reaktionsmöglichkeiten auf unakzeptables Verhalten bieten, aus denen wir Alternativen und neue Information ableiten. MOLNAR und LINDQUIST (1989) beschreiben verschiedene Arten, wie man Ideen der Kurztherapie nutzen kann, um auf unterschiedliche Weise mit Problemverhalten in der Schule umzugehen. Sie bieten uns zahlreiche Beispiele dafür, wie unterschiedliche Reaktionen – Reaktionen, die sich auf Bedeutung konzentrieren und nicht einfach darauf, die Oberhand zu behalten – SchülerInnen und LehrerInnen die Möglichkeit gab, den üblicherweise auftretenden eskalierenden Konfrontationen aus dem Weg zu gehen. In der stationären Situation können wir ähnliche Ideen übernehmen, wenn wir es mit unakzeptablem Verhalten zu tun haben.

## Strafe vs. Konsequenzen

Vielen Menschen ist der Unterschied zwischen „Strafe" und „Konsequenzen" vertraut.

Nach dem Oxford Dictionary bedeutet 'strafen' (punish): „Einen Straftäter aus Vergeltung oder Rache oder als Abschreckung für ein Vergehen leiden lassen" und 'Strafe' (punishment) ist das, „was als Buße (penalty) auferlegt wird". 'Konsequenz' (consequence) ist „ein Ding oder ein Umstand, der als Wirkung oder Ergebnis aus dem vorhergegangenen folgt; ... ein logisches Ergebnis".

Wenn ein Kind sich weigert, den Fernsehapparat auszustellen, wenn es dazu aufgefordert wird, und ich sage: „Dann bekommst du kein Abendbrot", ist das eine Strafe. Es soll dem Kind Leid verursachen und vermutlich auch eine Vergeltung sein neben der Warnung, es nicht noch einmal zu tun. Wenn ich auf der anderen Seite das Kind auffordere, den Fernsehapparat auszustellen, und dann Abendbrot serviere, aber das Kind übergehe, so daß es fernsieht und sein Abendbrot verpaßt, ist das eine Konsequenz. Ich habe das Auslassen der Mahlzeit nicht angeordnet, ich habe das Kind nur nicht vor der logischen Folge geschützt, die eintritt, wenn es den Fernsehapparat trotz Aufforderung nicht ausstellt.

Wenn ich Verantwortungsbewußtsein lernen und meinen persönlichen Einfluß erkennen will, gehört die Erfahrung dazu, daß mein Verhalten

Konsequenzen hat. Wenn ich es mir auch aufgrund der Unannehmlichkeiten einer willkürlichen Buße oder Strafe zweimal überlege, bevor ich dasselbe Verhalten wiederhole, hilft es mir doch nicht dabei, ein größeres Verantwortungsbewußtsein zu entwickeln, da es mir von einer anderen Person auferlegt oder zugefügt wird. Wenn ich andererseits die natürlichen Konsequenzen meines Verhaltens erfahre, hilft mir dies nicht nur dabei, die (möglicherweise) unangenehmen Auswirkungen zu erkennen, sondern vielleicht auch zu sehen, daß ich einen gewissen Einfluß darauf habe, diese Konsequenzen zu vermeiden, indem ich mich anders verhalte. Für jeden Menschen ist die Erfahrung der persönlichen Einflußnahme und Macht über das eigene Verhalten der Hauptschlüssel für Selbstachtung und für ein Gefühl von Kompetenz.

Daher ist es normalerweise besser, wann immer dies möglich ist, die natürlichen Konsequenzen des Fehlverhaltens wirken zu lassen, statt sich eine willkürliche Strafe auszudenken. Das klingt vielleicht einfach und offensichtlich, aber nur allzu leicht beschäftigen sich MitarbeiterInnen mit Bestrafungsmöglichkeiten und ignorieren dabei die natürlichen Konsequenzen. Dies geschieht vermutlich, weil natürliche Konsequenzen auf den ersten Blick nicht „streng genug" erscheinen. Wenn jemand zum Beispiel helfen muß, beschädigtes Eigentum zu reparieren, „fühlt" sich das vielleicht nicht so nach Strenge an wie zusätzliche unangenehme Arbeiten im Haushalt. Trotzdem ist die Aufgabe, beschädigtes Eigentum zu reparieren, eine natürliche Konsequenz destruktiven Verhaltens und hilft dem Jugendlichen vielleicht, etwas über die Wirkung seiner Handlungen zu lernen. Möglicherweise macht ihm diese Reparaturarbeit sogar Spaß, und er ist stolz auf das fertige Produkt. Es kann dann schwer für die Angestellten sein, abschätzige Kommentare zu unterdrücken wie: „Du brauchst gar nicht so stolz zu sein, wenn du nicht die Beherrschung verloren hättest, wäre die Reparatur überhaupt nicht nötig gewesen." Stattdessen sollten sie aufmerksam auf Gelegenheiten achten, bei denen ihre Art zu reagieren, dem Jugendlichen die Möglichkeit bietet, sich selbst anders zu erleben; dann können sie einerseits über den Grad seines destruktiven Verhaltens sprechen und gleichzeitig seinen Erfolg bei den Reparaturarbeiten anerkennen. Auf lange Sicht gesehen wird der junge Mensch sicher eher zu verantwortlichem und erfolgreichem Verhalten gebracht, wenn er sich wegen des Erreichten gut fühlt, als wenn er erniedrigt und ihm sein Versagen vorgehalten wird.

*Ein älterer Jugendlicher in unserer Einrichtung ging abends ständig aus und kam dann lärmend und offensichtlich betrunken nach Hause.*

*Das konnten wir selbstverständlich nicht akzeptieren, und wir unternahmen verschiedene Versuche, auf sein Verhalten zu reagieren. Wir dozierten über die Gefahren des Alkohols; wir versuchten, an sein Gefühl der Fairness zu appellieren, da sein Verhalten sich auf die anderen auswirkte, die aufwachten, wenn er nach Hause kam; wir brachten unsere Wut und Enttäuschung zum Ausdruck und ließen ihn zum Beispiel durch Ausgehverbot die Folgen spüren. Alle diese Strategien hatten keine sichtbare Wirkung, und sein Verhalten blieb unverändert.*

*Eines abends kam er, offensichtlich betrunken, weit nach Mitternacht zurück. Wir hießen ihn willkommen, fragten ihn, wie sein Abend gewesen war, und erlaubten ihm, schlafen zu gehen. Er schien ein wenig verblüfft über unsere (ausbleibende) Reaktion. Kopfschmerzen und Kater am nächsten Morgen waren ausreichende Konsequenzen!*

*Natürlich führte unsere Reaktion nicht zu einer unmittelbaren Veränderung seines Verhaltens (und wir wurden von anderen Institutionen kritisiert, die meinten, wir hätten ihn entlassen müssen), und doch war der Kater eine viel realere Konsequenz als alles, was wir uns hätten ausdenken können. Selbstverständlich gaben wir uns keine besondere Mühe, ihn am folgenden Morgen mit seinen Kopfschmerzen in Schutz zu nehmen, und zeigten uns nur mäßig überrascht, als er sich über das laute Radio beschwerte!*

*– „Crossroads", Wyong Medium Term Accommodation Project, Wyong, New South Wales*

In diesem Beispiel war die Reaktion der MitarbeiterInnen vorhersagbar geworden und hatte überhaupt keine Wirkung auf das Verhalten des Jungen. Der Jugendliche blickte auf jahrelange Erfahrung mit solchen Ausbrüchen der Erwachsenen zurück. Paradoxerweise waren die Standpauken und zornigen Vorhaltungen der BetreuerInnen ein größerer „Kopfschmerz" als der vom Alkohol verursachte. Daher überdeckte seine Verärgerung über die Reaktion der Leute vermutlich sein Empfinden der natürlichen Konsequenzen seines Verhaltens. Die neue Reaktion der MitarbeiterInnen war aus zwei Gründen wichtig: Sie war anders, und sie ließ die natürliche Konsequenz zur Wirkung kommen. (Natürlich war es wichtig, seinen Klagen am nächsten Tag über die Kopfschmerzen nicht mit Belehrungen zu begegnen, sondern so sachlich wie möglich.) Als die Angestellten von diesem Beispiel berichteten, legten sie großen Wert darauf zu betonen, daß sie nicht immer in solch einer

Situation so reagieren würden. Bei einigen jungen Leuten wäre es angemessener, fester aufzutreten. Es gibt nicht so etwas wie eine einzige richtige Reaktion für alle Verhaltensarten. Bei diesem jungen Mann hatten die BetreuerInnen sich ganz gewiß in immer wieder derselben Reaktion festgefahren, die nicht funktionierte und außerdem die natürlichen Konsequenzen überdeckte.

## Willkürliche Strafe als bedeutungsvoll rahmen

Es gibt Anlässe, die keine natürliche Konsequenz des Fehlverhaltens nach sich ziehen und für die eine willkürliche Buße auferlegt werden muß. Und auch hier ist es wieder äußerst wichtig, sich über die Gedanken im klaren zu sein, die wir uns über die Bestrafung machen. Wir können uns einfach für irgendetwas Unangenehmes entscheiden („um eine Lektion zu erteilen!") oder wir finden vielleicht eine Möglichkeit, sie so durchzuführen, daß Stärke und Kompetenz sinnvoll unterstrichen werden.

*Jimmy, 12 Jahre, war mit einer Vorgeschichte von störendem Verhalten aufgenommen worden. Sein Verhalten in der Einrichtung war unterschiedlich, obwohl er bei einigen Gelegenheiten immer häufiger Selbstbeherrschung zeigte. Nach einem dieser Ausbrüche wurde ihm gesagt, er müsse als Konsequenz eine halbe Stunde früher ins Bett gehen. Die übliche Schlafenszeit war neun Uhr. Es wurde 8 Uhr 30 und später, aber die BetreuerInnen taten nichts, um die Strafe durchzusetzen. Um neun Uhr wurde Jimmy mit den anderen Kindern zusammen ins Bett geschickt.*

*Am nächsten Tag nahm eine der Angestellten Jimmy auf die Seite und sagte: „Jimmy, du solltest gestern abend eine halbe Stunde früher ins Bett gehen. Anscheinend warst du nicht in der Lage, dich daran zu halten, darum muß es heute abend 40 Minuten früher sein. Wie ist es, glaubst du, du kannst dich heute abend genügend unter Kontrolle haben und um 8 Uhr 20 ins Bett gehen, oder meinst du, wir müssen dafür sorgen, daß du das machst?"*

*Im Laufe des Abends fragte ein Mitarbeiter Jimmy: „Wie stark fühlst du dich?" sagte aber nicht mehr. Jimmy ging früher ins Bett – nicht 40 Minuten früher, aber früh genug, um zu zeigen, daß er selbst die Konsequenzen zum Tragen kommen ließ.*

*– Timaru Hostel, Care Force Youth Service, Sydney*

Früher schlafengehen müssen war selbstverständlich eine willkürlich auferlegte Strafe, die keine offensichtliche Beziehung zu dem betreffenden Fehlverhalten hatte. Wenn man Jimmy am ersten Abend gezwungen hätte, früh ins Bett zu gehen, wäre die Bestrafung zwar durchgeführt worden, doch hätte er wenig Möglichkeiten gehabt, anders über sich selbst zu denken. Nach Meinung der MitarbeiterInnen sah Jimmy sich selbst als jemanden, der wenig Selbstbeherrschung hat (und durch Fachleute war seine Meinung, er sei „impulsiv", häufig bestätigt worden). Das Durchsetzen der Strafe, so befürchteten sie, würde Jimmys Überzeugung bestätigen, nur die BetreuerInnen könnten sein Verhalten unter Kontrolle bekommen, und das würde ihn gleichzeitig in seinem Glauben bestärken, er selbst sei unfähig, sich zu beherrschen. Indem sie deutlich machten, daß die Strafe nicht vergessen war, schufen sie einen Kontext, in dem Jimmy über sich nachdenken und sich selbst als jemanden erleben konnte, der selbst die Zügel in der Hand hielt.

Hätte er wieder bei der Durchführung der Strafe versagt, hätten sie am nächsten Tag natürlich Schritte unternommen, um sie durchzusetzen, statt die Situation weiter eskalieren zu lassen. Das hätten sie sehr entschieden getan, aber gleichzeitig mit Jimmy darüber gesprochen, wie schwer es ihm fiel, sein Verhalten unter Kontrolle zu haben. Sie hätten vielleicht mit ihm darüber diskutiert, wie sie ihm seiner Meinung nach helfen könnten, Selbstbeherrschung zu üben; gleichzeitig würden sie noch sorgfältiger auf jedes noch so kleine Anzeichen von Selbstbeherrschung achten, auf das sie ihn hinweisen und worüber sie mit ihm sprechen könnten.

## Die Strafe muß zur Person und nicht zur Tat passen

Mein höchst erhabnes Ziel

Erreich' ich ganz subtil:

Es paßt, Ihr werdet's sehen, die Strafe zum Vergehen...

– „The Mikado", Akt II, Gilbert & Sullivan

Das Gefühl des Mikado in Gilberts und Sullivans Operette ist allen bekannt. Als Vater habe ich mich manchmal gefragt, ob die Strafe, die einem meiner Kinder auferlegt wurde, ausreichend der Schwere des Vergehens entsprach. Wenn Beschimpfen der Mutter einen Abend ohne Fernsehen zur Folge hatte, würde das dann bedeuten, drei Abende oder eine Woche ohne Fernsehen, wenn sie sich auf der Straße prügelten? Bevor wir uns jedoch allzusehr von dieser Debatte hinreißen lassen, sollten wir nicht vergessen, daß diese Worte in „Der Mikado" im Zusammenhang mit den Richtlinien gesprochen (oder gesungen) werden, die für den allerhöchsten Henker gelten sollen. Die Strafe, die auf das Verbrechen zugeschnitten sein sollte, war Enthauptung! Die Todesstrafe ist so ungefähr die einzige Möglichkeit sicherzustellen, daß sich eine Missetat niemals wiederholt. Obwohl diese Aussicht zeitweilig vielleicht verlockend ist, steht dieser Weg den MitarbeiterInnen normalerweise nicht offen!

Unser Ziel in Bezug auf Disziplin liegt darin, den betreffenden jungen Menschen die Möglichkeit erkennen zu lassen, daß er sich anders verhalten und Erfolg sowie Kompetenz erfahren kann. Eines unserer Hauptprinzipien besagt, das Erleben der Möglichkeit, sich anders und erfolgreich verhalten zu können, ist auf lange Sicht gesehen hilfreicher als die Erfahrung der unangenehmen Seiten des Problemverhaltens.

„Intuitive" Logik sagt uns vielleicht, die Strafe muß dem Verbrechen entsprechen, aber Erfahrungen der Therapie legen nahe, daß der wichtigste Bestandteil jeder Intervention, die eine Veränderung bewirken soll, darin besteht, die Strafe auf die einzigartigen Erfahrungen der betroffenen Person zuzuschneiden. Was für den einen Menschen bedeutungsvoll ist, kann auf andere angesichts der Meinung, die sie aufgrund vergangener Erlebnisse mit Strafen von sich selbst haben, belastend wirken. Eine Strafe entspricht vielleicht „objektiv" gesehen dem Verbrechen, kann aber bei einem bestimmten jungen Menschen Gedanken von Hoffnungslosigkeit und Versagen verstärken, wodurch neue Vorstellungen über Verhaltensweisen nicht entstehen können.

*Eine „natürliche Konsequenz" nach Beschädigung von Eigentum könnte zum Beispiel sein, den Bewohner für den Schaden durch Zahlung oder Reparatur aufkommen zu lassen. Dies scheint zunächst eine angemessene Reaktion, die auch sicherstellt, daß der Betreffende lernt, für sein Verhalten verantwortlich zu sein. Für einige junge Menschen wäre diese Forderung jedoch eine zu große Belastung. Betrachtet man ihre Vorgeschichte, in der es immer das Gefühl der Hoffnungslosigkeit gegeben hat, kann die nun folgende Unfähigkeit, für den Schaden zu zahlen oder ihn zu beheben, dazu beitragen, sich wieder als Versager zu erleben. Das heißt, der Betreffende ist nicht nur außerstande, neue Information über Kompetenz und Beherrschung zu erhalten, sondern die Frustration über das Versagen kann sogar zu weiteren Ausbrüchen und Verweigerung von Kooperation führen. So wird die Situation zu einem wiederholten Erlebnis von Hoffnungslosigkeit, und die Gelegenheit, sie als Teil des Prozesses zu nutzen, durch den neuartige Möglichkeiten entdeckt werden, ist vertan.*

*Auf der anderen Seite könnte sich aus der Beschädigung die Konsequenz ergeben, daß der Bewohner die Reparaturabteilung der Institution ansprechen, den Schaden melden und um Behebung bitten muß. Das sieht vielleicht wie eine Bagatellisierung aus, kann dem Bewohner aber die Möglichkeit geben, die Verantwortung für sein Verhalten und die Folgen in einer Form zu übernehmen, die für ihn durchführbar und nicht zu hart ist. Außerdem herrscht ein weniger feindseliges Klima, in dem die BetreuerInnen mit ihm darüber diskutieren, wie er über den Schaden berichten sollte, und ihn später loben, weil er es geschafft hat, die Verantwortung zu übernehmen. So ermöglicht uns ein bestimmtes „Problemverhalten", hier eine „Ausnahme" zu machen, auf die der Jugendliche eingehen kann. Wenn die Angestellten in der Reparaturabteilung vorgewarnt sind und kooperieren, können sie bei der Arbeit den Bewohner um Hilfe bitten und sich dann mit ihm darüber unterhalten.*

*– nach* SIMES & TROTTER, *1990.*[*]

Indem wir der Versuchung widerstehen, uns von Reaktionen wie „das war keine Strafe – er ist damit durchgekommen!" hinreißen zu lassen, prüfen wir unsere Entschlossenheit, auf schlechtes Betragen so zu reagieren, daß neue Ideen und Erfahrungen gefördert werden, anstatt einfach Bestrafungen aufzuerlegen. Keine Konsequenz darf uns zu geringfügig erscheinen, wenn sie neue Information anbietet.

*Die vierzehnjährige Louise tat so, als ob sie zur Schule ging, schwänzte aber regelmäßig. Sie beschloß dann, von der Schule abzugehen, fand eine gute Lehrstelle bei einem Friseur und wurde dann nach ein paar Tagen wegen ihres unregelmäßigen Erscheinens entlassen. Sie wechselte dann (angeblich) in eine Schule in ihrer Nachbarschaft über, besuchte sie ein paar Tage lang und schien sich zu bessern, schwänzte dann aber wieder.*

---

[*]) SIMES und TROTTER haben einen äußerst hilfreichen Artikel darüber geschrieben, wie man mit gewalttätigem Verhalten in stationären Einrichtungen umgeht, und ich habe einige ihrer Ideen in den letzten Teil dieses Kapitels mit eingearbeitet. Bei der beschriebenen Einrichtung handelt es sich um die stationäre Abteilung einer Institution, bei der ich eine Weile lang als Konsultant arbeitete und die versuchte, innerhalb des in diesem Buch dargelegten Rahmens zu arbeiten.

*Da sie es ganz offensichtlich vorzog zu arbeiten, drückten die Mitar-*
*beiterInnen ihre Unterstützung hierfür aus, wenn sie sicher wäre, daß*
*sie es wirklich wolle. Ihre Mutter war bereit, die Zustimmung zur*
*Schulentlassung zu geben, wenn sich Louise auf eine Tätigkeit festle-*
*gen würde.*

*Wir benutzten die Vorstellung von einem Flugzeug, das abhob. Es*
*gibt einen Punkt auf der Rollbahn, wo der Pilot abheben muß. Wenn*
*das Flugzeug an diesem Punkt nicht entweder abhebt oder abbricht*
*und in den Schuppen zurückfährt, wird es „zerkrachen und verbren-*
*nen" (wie es so schön in dem Film „Top Gun" für Versagen auf ganzer*
*Linie heißt).*

*Die BetreuerInnen sprachen mit Louise über das Dilemma, nun mit*
*ihren Unabhängigkeitsplänen „abheben" zu wollen und sich ganz da-*
*für einsetzen zu müssen, alles richtig zu machen (die Schulentlas-*
*sung zu beantragen, einen Job zu finden und durch harte Arbeit auch*
*zu behalten) oder wieder in den „Schuppen" zurückzukehren (zurück*
*zur Schule und zu weiteren Vorbereitungen). In beiden Fällen würde*
*ein Versagen unangenehme Probleme mit sich bringen – zerkrachen*
*und verbrennen (SchulpsychologInnen und Schule im Nacken, die*
*Mutter mit der Drohung, die finanzielle Unterstützung zu entziehen, in*
*der Schule noch weiter hinter den anderen zurücksein). Sie schien*
*sehr erpicht darauf, dem Schicksal des „Zerkrachens und Verbren-*
*nens" zu entrinnen, und es gab Anzeichen, daß sie sich allmählich*
*dazu in der Lage sah.*

*Die Hauptschwierigkeit der MitarbeiterInnen bei dem Versuch, Louise*
*in der Beseitigung der von ihr geschaffenen Notsituationen zu unter-*
*stützen, war deren offensichtliche Unfähigkeit, die Wahrheit zu sagen.*
*Die Frage, wie sie damit umgehen sollten, stellte eine große Heraus-*
*forderung für die Angestellten dar. Sie waren sich ihrer Verantwortung*
*für Louises Sicherheit bewußt und meinten, Bescheid wissen zu müs-*
*sen, wo sie war und was sie tat. Sie waren jedoch überzeugt, daß*
*Louise umso weniger sagen und umso mehr Täuschungsmanöver*
*machen würde, je mehr Nachforschungen sie anstellten, Louise beim*
*Lügen erwischten und sie die Folgen ihres Verhaltens tragen ließen.*

*Die BetreuerInnen versuchten, das Ganze in einen anderen Rahmen*
*zu stellen, indem sie Louise zu verstehen gaben, sie sei es vielleicht*
*nicht mehr gewohnt, die Wahrheit zu sagen. Sie wurde über ihre*
*verschiedenen Bitten, ausgehen zu dürfen, befragt und sollte sie auf*
*einer Skala von 1 bis 10 einordnen; 1 bedeutete, es sei ihr eigentlich*

nicht so wichtig, und 10, sie wünschte es sich sehnlichst. Sie gab zu, daß sie umso schneller bereit war, über Art oder Ort ihrer Unternehmung zu lügen, je dichter eine Bitte an die 10 heranreichte. Sie hatte dieses Muster – wie sie selbst eingestand – bei ihrer Mutter entwikkelt, die ihr jeden „Spaß" verweigerte. Sie war davon ausgegangen, von den BetreuerInnen ebenfalls ein „nein" zu bekommen, wenn sie diese um Erlaubnis bäte (und die Wahrheit sagte).

Die Angestellten schlugen vor, wann immer Louise für irgendetwas um Erlaubnis bat, würden sie von ihr eine Einstufung auf jener Skala erbitten und diese Einstufung (wie gern sie irgendwo hingehen wollte) dann bei ihrer Entscheidung mit in Betracht ziehen. Sie erklärten ihr, manchmal würden sie aus Gründen der Sicherheit für Louise „nein" sagen; diese Verabredung würde jedoch Louise den Weg öffnen, mit den BetreuerInnen zusammenzuarbeiten und nicht gegen sie. Für sie selbst würde es bedeuten, bei bestimmten Gelegenheiten daran zu arbeiten, selbst „nein" zu sagen und diese Aufgabe als Herausforderung zu akzeptieren.

Die MitarbeiterInnen erklärten Louise, sie würden in ihrem Büro eine „Ehrlichkeitszone" schaffen, in der Louise zu ihnen kommen und eventuelles Lügen beichten könnte. Bei diesen Gelegenheiten würden sie den Vorfall nur notieren und ihr keine Konsequenzen für die Täuschung auferlegen. Im Laufe der Zeit wuchs Louises Vertrauen, und sie konnte häufiger und unmittelbarer nach dem Lügen in die Ehrlichkeitszone kommen. Die MitarbeiterInnen machten zwar deutlich, daß sie die Lügen nicht übersahen, aber jedesmal, wenn Louise in die Ehrlichkeitszone kam, konnten sie ihren Erfolg und ihre Kraft beim Üben des Ehrlichseins unterstreichen. Das half ihr zu erkennen, wie gut sie in der Lage war, die Wahrheit zu sagen, und manchmal erhielt sie sogar ein „ja" als Antwort auf ihre Frage.

– Cornerstone, Presbyterian Social Services, Sydney

Oft scheinen Eltern mit ihren wirkungslosen Reaktionen auf das Lügen ihrer Kinder festzustecken, und es ist für Angestellte in stationären Einrichtungen leicht, in dasselbe Fahrwasser zu geraten. In manchen Situationen ist es angemessen, einen festen Standpunkt bezüglich der Lüge einer KlientIn einzunehmen. In dieser Situation erkannten die BetreuerInnen jedoch, daß Louises Lügen eine Reaktion auf ihre Befürchtungen waren, alle Bitten würden – besonders von der Mutter – abgelehnt werden. Nach Meinung der Angestellten hatte sie den Punkt erreicht, wo sie keine Möglichkeit mehr sah, ehrlich zu sein oder Vertrauen in die Fairneß anderer Menschen zu haben. Ihr Plan paßte zu Louises spezieller Situation und zu ihrer Ansicht von sich selbst. Er ermöglichte eine Reihe von Dingen: Er war ein Ausweg aus der Sackgasse, bei dem sie ihr Gesicht wahren konnte, und er gab ihr die Möglichkeit, mit ihrem Vertrauen zu Erwachsenen, die für sie sorgten, zu experimentieren. Zudem konnte sie sich als aufrichtig erleben, und die BetreuerInnen nahmen zwar ihr Lügen zur Kenntnis, konnten aber trotzdem ihre Übung im Aufrichtigsein lobend hervorheben.

Das andere Problem bei der Vorstellung, die Strafe müsse auf das Verbrechen zugeschnitten sein, liegt darin, daß die Angestellten häufig mehr leiden als die KlientInnen. Ich habe Familien gesehen, in denen der Jugendliche drei Tage „Hausarrest" bekommen hat, weil er nicht pünktlich zu Hause war. Wenn er dann an einem Abend noch später nach Hause kommt, lautet die Strafe zwei Wochen Hausarrest. In der Vorstellung der Eltern war das Fehlverhalten schwerwiegender, und die Strafe muß entsprechend härter sein. Bei vielen dieser Situationen liegt die Wirkung jedoch vor allem darin, das Leben für die Eltern schwerer zu machen, die ja in solch einem Fall noch länger als Wächter fungieren müssen. Ein ganz wichtiger Faktor, der bedacht werden muß, wenn man sich Strafen oder Konsequenzen überlegt, ist also die Frage, ob sie durchsetzbar sind und ob sie letztlich die Eltern oder Angestellten mehr leiden lassen als den jungen Menschen.

# Konsequenzen müssen nicht wehtun – sie müssen einen Unterschied machen

Unser natürlicher menschlicher Instinkt sagt uns, Konsequenzen schlechten Betragens müssen „unangenehm" sein. Sie müssen wehtun, wenn sie von zukünftigem schlechten Betragen abschrecken sollen. Ganz sicher ergibt dieser Gedanke Sinn, wenn wir von den Ideen der behavioristischen Theorie ausgehen (bei der unakzeptables Verhalten durch den Einsatz von Strafe „ausgelöscht" wird).

In einer stationären Einrichtung ergeben sich zwei Probleme bei dieser Idee. Das erste ist praktischer Art: es funktioniert nicht immer. Viele Kinder und Jugendliche in stationärer Unterbringung sind in Bezug auf wiederholte und harte Bestrafung alte Veteranen. Ihre Bemühungen, ihr „Gesicht zu wahren" („Das hat gar nicht wehgetan!"), oder ihr wachsender Groll („Ich werde es ihm noch zeigen!") führt die Eltern oft in eine eskalierende Progression immer härterer Strafen. Sehr leicht – und verständlicherweise – geraten MitarbeiterInnen in einen ähnlichen Teufelskreis, der aber kaum jemals irgendeinen dauerhaften Unterschied bewirkt. Das zweite Problem hat mit dem zu tun, was ich über den *Zweck* der Konsequenzen dargelegt habe. Wenn unser Ziel ist, daß die Jugendlichen in unserer Fürsorge eine neue Ansicht über sich selbst entwickeln, sich als erfolgreich und kompetent sehen sollen, dann ist Schmerz nicht unbedingt ein Weg, dies zu erreichen. Wir können sogar als allgemeines Prinzip vorschlagen: „Wenn du Zweifel hast, solltest du *zurückhaltend* reagieren."

Keine Strafe und keine Konsequenz stellt absolut sicher, daß ein bestimmtes Verhalten nie wieder auftritt. Die stationäre Unterbringung ist eine Zeit von Versuch und Irrtum, und es wird immer wieder zu „Ausrutschern" kommen. Wenn ein junger Mensch, nachdem ihm die Konsequenzen für sein Fehlverhalten auferlegt wurden, sich wieder schlecht beträgt, bedeutet das *nicht*, daß die Konsequenzen nicht ernsthaft genug waren. Es bedeutet einfach nur, daß der Lernprozeß für Kompetenz und Selbstbeherrschung Zeit braucht. Unsere Konsequenzen und Strafen sollen hauptsächlich das Ziel haben, den jungen Menschen die Gelegenheit zu bieten, etwas über sich selbst und ihre Selbstbestimmung zu entdecken.

*Debbie, 14 Jahre alt, war aufgenommen worden, nachdem sie immer wieder fortgelaufen war, sich geprügelt und „verantwortungsloses Verhalten" an den Tag gelegt hatte. In der stationären Einrichtung zeigte sie abwechselnd kooperatives und verantwortungsbewußtes Verhalten und solches, das Spannungen und Streit zwischen den anderen BewohnerInnen verursachte. Die Angestellten hatten verschiedene Ansätze bei den störenden Episoden ausprobiert, unter anderem hatten sie ihr zusätzliche Arbeit im Haushalt als Strafe aufgetragen, sie in ihrer Freizeitgestaltung eingeschränkt und sie genau überwacht. All diese Ansätze entarteten zu weiteren Streiterein und zu Groll, besonders wenn sie sich nicht an die Konsequenzen hielt.*

*Nach einem Vorfall, bei dem Debbie erfolgreich eine Prügelei angezettelt hatte, sagte die zufällig diensthabende Betreuerin: „Anscheinend bist du im Moment nicht in der Lage, auf dich aufzupassen und Ärger zu vermeiden. Wir werden dich also überwachen müssen, bis du bereit bist, die Überwachung wieder selbst zu übernehmen. Du mußt daher bei mir bleiben und in den nächsten Stunden mit mir mitgehen. Du kannst mir sagen, wenn du meinst, du bist wieder bereit, auf dich selbst aufzupassen."*

*Während der nächsten anderthalb Stunden ging Debbie mit der Betreuerin mit. Unter anderem mußte sie vor dem Büro sitzen, während die Mitarbeiterin einige Verwaltungsaufgaben erledigte, neben ihr stehen und zusehen, während die anderen Spiele spielten, und beim Einkaufen mitkommen. Nicht alles war unangenehm (das Einkaufen hat vermutlich sogar Spaß gemacht), und die Mitarbeiterin bemühte sich nicht besonders, Debbie „leiden" zu lassen. Nach 90 Minuten wurde Debbie gefragt, ob sie sich wieder in der Lage fühle, auf sich selbst aufzupassen. Als sie mit „ja" antwortete, wurde sie gefragt, warum sie sich dessen so sicher sei; es folgte eine Diskussion über die letzten Male, als sie sich erfolgreich aus allem Ärger herausgehalten hatte und sich kooperativ in ihrer Gruppe verhalten hatte. Sie erinnerte sich an einige dieser Situationen und wurde gefragt, wie ihr das gelungen war. Sie einigten sich, daß Debbie die Aufsicht über sich selbst wieder übernehmen sollte und daß sich beide am Abend kurz treffen würden, um darüber zu sprechen, wie es ihr ergangen war.*

*– Robinson House, Care Force Youth Services, Sydney*

„Klare Kontrolle" (bei der die Jugendlichen in der Nähe der MitarbeiterInnen bleiben müssen – *nicht* diese hinter den Jugendlichen herlaufen!) ist oft eine sehr wirkungsvolle Konsequenz, da die Bedeutung von „kontrolliert werden im Gegensatz zu sich selbst kontrollieren" eindeutig ist und leicht zu nützlichen Gesprächen führt. Wenn manche damit vielleicht auch nicht rechnen, so reagieren Jugendliche meist auf diese Forderungen und verhalten sich kooperativ, besonders wenn sie erst einmal verstanden haben, „wie es läuft". Wenn natürlich ein Jugendlicher nicht wie verabredet bei der BetreuerIn bleibt, kann man dies leicht als Beweis dafür deuten, daß er zur Zeit noch nicht in der Lage ist, sich selbst zu kontrollieren, und kann strengere Restriktionen auferlegen.

Klare Kontrolle ist ein gutes Beispiel für eine Konsequenz, die nicht Leiden mit sich bringt, sondern eine Bedeutung erhalten kann. Wichtig sind dabei nicht so sehr die ein oder zwei Stunden, die der Jugendliche kontrolliert wird, sondern die Tatsache, daß er danach die Kontrolle wieder selbst übernehmen kann. Und genau darauf werden die MitarbeiterInnen dann zu reagieren versuchen.

*Keith, 15 Jahre alt, brachte regelmäßig seine Pflichten in seiner Abteilung nicht zu Ende. Manchmal erledigte er eine ganz Woche lang nicht die ihm zugewiesenen häuslichen Arbeiten. Die anderen erfüllten ihre Pflichten, und sie und die Angestellten wurden immer ärgerlicher* über Keiths offensichtliche Faulheit und sein unkooperatives Verhalten. Die MitarbeiterInnen erkannten jedoch, daß seine Unnachgiebigkeit vermutlich verstärkt würde, wenn sie ihm Strafen auferlegten oder lange Standpauken hielten. Zudem war es in dieser Abteilung üblich, zusätzliche Aufgaben als Konsequenz für schlechtes Betragen zu verteilen, aber ihnen war auch klar, daß der Schuß nach hinten losgehen würde, wenn sie jemandem für die Weigerung, Aufgaben im Haus zu übernehmen, mehr Aufgaben dieser Art übertrügen.

Die MitarbeiterInnen wußten, daß er eigentlich in der Lage war, seine Aufgaben zu erfüllen, da er es zu gewissen Gelegenheiten getan hatte, und sie sprachen darüber, ob sie diese festgefahrene Situation in einen anderen Rahmen stellen könnten. Sie brachten Keith gegenüber vor, das Problem läge in seiner Schwierigkeit, die Erledigung seiner Aufgaben richtig zu organisieren, nicht in seiner Weigerung, sie zu übernehmen. Sie schlugen vor, sie würden eine Woche lang all seine Aufgaben für ihn erledigen – er müsse jedoch die Organisation für sie übernehmen, ihnen zeigen, wie sie vorgehen müßten, und die volle Verantwortung für die Durchführung tragen. Etwas verwundert stimmte Keith zu, und die MitarbeiterInnen übernahmen eine Woche lang nach seinen Anweisungen alle übertragenen Pflichten. Sie waren darauf bedacht, nicht zu klagen oder zu kommentieren mit Ausnahme von Bemerkungen über Keiths Fähigkeit, ihre Arbeit zu organisieren und Verantwortung für die Aufgaben zu übernehmen.

Gelegentlich gingen die MitarbeiterInnen bei dieser Prozedur ins Extrem. An dem einen Tag sagte Keith einer von ihnen, wie sie den Fußboden wischen sollte, und sie machte das genau nach seinen Anweisungen. Als sie fertig war, fragte sie ihn: „Und jetzt?" Er antwortete: „Jetzt gießen Sie das Wasser aus." Sie führte seine Anweisung sorgfältig durch und goß das Wasser aus – genau an der Stelle auf den Fußboden, und behauptete, ganz durcheinander zu sein, als Keith fast verzweifelte.

Keith beschloß, es sei einfacher, die Aufgaben selbst zu erledigen, und schien stolz darauf zu sein, sie gründlich und ohne Anweisungen ausführen zu können.

– Trigg Hostel, Care Force Youth Services, Sydney

Für MitarbeiterInnen, die entschlossen wären „zu gewinnen", wäre es ein leichtes gewesen, sich mit Keith in einen Wettbewerb hineinziehen zu lassen. Wenn sie mit der Situation anders umgehen wollten, mußten sie ihre „natürliche" Tendenz zu der Meinung, er käme zu leicht davon, bekämpfen. Bei ihrer Reaktion wurden die Pflichten erfüllt und Keith dennoch in die Lage versetzt, Verantwortung dafür zu übernehmen; hierdurch wurde der Grundstein für ihn gelegt, in etwas anderer Weise auch später noch Verantwortung zu tragen.

## Bedeutungsame Konsequenzen können tatsächlich Spaß machen!

Wie ich schon erwähnt habe, ist Leiden nicht unbedingt eine Voraussetzung für Lernen und kann dem sogar im Wege stehen. Manchmal führen Episoden schlechten Verhaltens vielmehr zu Konsequenzen, die auf recht angenehme Art neue Erfahrungen mit sich bringen.

*Drei ältere männliche Jugendliche gerieten ständig aneinander. Sie konnten anscheinend nicht zusammen sein, ohne in irgendeine Auseinandersetzung zu geraten, und sie drangen immer wieder in das Zimmer eines der beiden anderen ein und verhöhnten und ärgerten sich gegenseitig. Es half eine Weile lang, wenn man sie trennte, aber die Wirkung hielt normalerweise nicht lange an.*

*Nach einer typischen Episode, in der es zur Auseinandersetzung kam, befahl die Betreuerin ihnen, sofort drei Runden Billiard zusammen zu spielen. Wie sie wußte, spielten alle drei gern Billiard. Die Jungen reagierten auf diese Konsequenz mit: „Ist das alles, was du mit uns machst?" Sie bestand streng auf dem gemeinsamen Billiardspiel. Sie machten das und schienen viel Spaß dabei zu haben.*

*Nach den drei Runden Billiard setzte die Betreuerin sich mit ihnen zusammen und machte ihnen ein Kompliment, weil es ihnen gelungen war, eng beieinander zu sein, ohne aggressiv zu werden. Sie verglich dies mit ihrem früheren Verhalten, aus dem zu schließen war, daß sie nicht in der Lage wären, mit solcher Nähe fertigzuwerden; sie überlegte, wie ihnen dies während des Billiardspiels gelungen sei.*

*– Trigg Hostel, Care Force Youth Services, Sydney*

Wichtig ist auch in diesem Beispiel die *Bedeutung*, die der Konsequenz gegeben wurde. Anfangs glaubten die Jungen, die „Strafe" sei ein Witz. Hätten sie anschließend nicht darüber gesprochen, wäre sie es vielleicht auch gewesen. Die Konsequenz selbst war jedoch nur ein möglicher Weg, eine Situation zu schaffen, in der die Jungen eine andere Art Interaktion kennenlernen konnten und die nützliches Material bot, über das man später mit ihnen diskutieren konnte.

Eine Mitarbeiterin, die hauptsächlich darum bemüht gewesen wäre, ihnen (im traditionellen Sinn) „eine Lektion zu erteilen", hätte nicht das Risiko auf sich nehmen können, das in der Auferlegung dieser Konsequenz lag. Die Tatsache jedoch, daß sie Spaß an diesem Erlebnis hatten und dann vernünftig darüber diskutieren konnten, brachte einen viel besseren Lernerfolg als bei anderen Konsequenzen mit sich.

## Mit extremem Verhalten umgehen

Natürlich gibt es Zeiten, wo die Schwere des Fehlverhaltens – Gewalttätigkeit oder ununterbrochenes Stören – sich allen Versuchen widersetzt, kreativ und sinnvoll damit umzugehen. Auch in solchen Zeiten ist es jedoch wichtig, sich zu überlegen, wie wir über solche Anlässe denken. Halten wir den Jugendlichen für „aufsässig" oder für einen Menschen, der „absichtlich versucht, seine Unterbringung zu sabotieren" (so normal und verständlich solche Gedanken auch sein mögen), so hilft das den MitarbeiterInnen vermutlich nicht, mit der Situation fertigzuwerden. Wir können trotz allem davon ausgehen, daß die Verhaltensweisen wiederspiegeln, wie der junge Mensch sich selbst sieht, und wir können versuchen, in einer Form damit umzugehen, die ihm die Möglichkeit bietet, neue Information über sich zu gewinnen.

Simes und Trotter (1990) beschreiben stationäre Einrichtungen, in denen die älteren männlichen Jugendlichen, die oft vom Gericht eingewiesen wurden, Vorgeschichten von Gewalttätigkeit und Mißhandlungen aufwiesen und bei denen gewalttätige Ausbrüche dann auch nicht selten waren. Selbst in extremen Situationen, so schreiben sie, besteht immer noch das Ziel, daß der junge Mensch die Erfahrung machen soll, wie er selbst über sich bestimmen kann.

> Die BetreuerInnen reagieren möglichst in einer Weise auf den jungen Menschen, die ihre Überzeugung *durchblicken* läßt, daß sie ihn für fähig halten, die Zügel selbst in die Hand zu nehmen. Sie bitten ihn, nach draußen zu gehen, bis er sich beruhigen kann. Natürlich hört ein junger Mensch mitten in solch einem wütenden Ausbruch solche Kommentare vielleicht nicht (oder scheint sie nicht zu hören), trotzdem ist die Einstellung, ihm Platz zu lassen, um die Selbstbeherrschung wiederzugewinnen, potentiell sehr wirkungsvoll.

> Ruhe zu bewahren und die Situation nicht eskalieren zu lassen, sind natürlich wichtig und beeinflussen die Art der Reaktion von MitarbeiterInnen. „Ich warte, bis du die Beherrschung wiedergewonnen hast"

(was implizit die Botschaft enthält: „Ich weiß, du wirst sie wiederge-winnen"), ist besser als: „Wenn du immer wieder die Beherrschung verlierst, werde ich dich daran hindern". Unser Ziel ist, dem jungen Menschen so viel Raum und Zeit wie möglich zu geben, damit er die Entscheidung fällen kann, die Beherrschung wiederzuerlangen.

Die BetreuerInnen vermeiden es möglichst, sich mit physischer Kraft einzumischen, einmal, weil es schwer durchzusetzen ist, und zum anderen, weil es dazu beiträgt, (sich selbst) als abhängig und hilflos zu sehen – „Ich bin unkontrollierbar; jemand anders muß mich unter Kontrolle halten" – ; hierbei wird dem jungen Menschen die Möglich-keit vorenthalten zu erleben, wie er sich unter Kontrolle bekommt. Die Angestellten müssen sich ihrer eigenen Selbstbeherrschung bewußt sein, mit der sie der Versuchung widerstehen, sich einzumischen. Nur wenn sie oder andere BewohnerInnen in unmittelbarer Gefahr sind oder großer äußerlicher Schaden angerichtet wird, mischen wir uns mit körperlicher Gewalt ein. (SIMES & TROTTER, 1990, S.58)

Manchmal ist es am klügsten, die anderen BewohnerInnen und Ange-stellten in Sicherheit zu bringen und dem betrefffenden Jugendlichen Zeit zum Abkühlen zu geben. Wenn er schließlich soweit ist, können die MitarbeiterInnen mit ihm (und anderen, die vielleicht ZeugInnen des Ausbruchs waren) nicht nur über die Tragweite solch gewalttätigen Ver-haltens diskutieren, sondern auch über die Tatsache, daß er schließlich doch in der Lage war, sich unter Kontrolle zu bekommen. In Überein-stimmung mit den oben erörterten Prinzipien kann man die sehr ein-drückliche Botschaft übermitteln: „Gewalttätiges Verhalten ist unakzep-tabel (und es werden unter Umständen Konsequenzen notwendig), aber wir sind beeindruckt, weil du dich dieses Mal schneller unter Kon-trolle bekommen hast als sonst. Wie hast du das geschafft?" Der Vorfall wird nicht ignoriert, bietet aber die Gelegenheit, über Erfolg zu spre-chen. Der junge Mensch befindet sich danach in einer viel besseren Position, wenn er glauben kann, Fortschritte in Bezug auf Selbst-beherrschung gemacht zu haben, als wenn er einfach nur wieder das Versagen sieht. Auch macht es ein solches Gespräch über den Vorfall normalerweise wahrscheinlicher, daß er bei den auferlegten Konse-quenzen kooperativ ist.

# Eingreifen und die Kontrolle übernehmen

Natürlich gilt die oberste Verantwortung von Angestellten der Sicherheit aller dort arbeitenden und wohnenden Personen, und hier ist manchmal ein konkretes Eingreifen notwendig. Nach meiner Erfahrung mit verschiedenen stationären Einrichtungen ist dies wahrscheinlich weniger oft notwendig, als manchmal vermutet wird. Ganz sicher mischen sich in manchen stationären Einrichtungen die MitarbeiterInnen mit körperlichem Zwang vor allem deswegen ein, weil sie (eine sehr reale) Angst um die Sicherheit haben und nicht, weil das Verhalten dies wirklich rechtfertigt.

Es ist interessant zu sehen, wie unsere Erwartungen bezüglich gewalttätigen Verhaltens sich selbst zu erfüllen scheinen. Ich arbeitete einmal in einer Einrichtung, in der es üblich war, auf BewohnerInnen, die sich unkontrolliert verhielten, mit körperlichem Zwang zu reagieren. Nicht selten ging man durch eine Abteilung und beobachtete, wie jemand festgehalten wurde oder sich sogar ein Betreuer auf ihn setzte (oder ihm Beruhigungsmittel gab). Diese scheinbar notwendige Reaktion erforderte immer wieder ihre Wiederholung, da die Häufigkeit der gewalttätigen oder unbeherrschten Ausbrüche im Laufe der Zeit wuchs. Wir können die Hypothese aufstellen, daß die allgemeine Botschaft lautete: „Wir werden dich unter Kontrolle halten" und (implizit): „Du bist nicht in der Lage, dich selbst unter Kontrolle zu halten". Da sie sich regelmäßig dieser Ansicht von mangelnder Selbstbeherrschung gegenübersahen, führten die Kinder und Jugendlichen weiterhin Beispiele hierfür vor. In der oben beschriebenen Einrichtung (SIMES & TROTTER, 1990) kam es jedoch weniger häufig zu solchen Ausbrüchen, obwohl die Vorgeschichte dieser Jungen oft gewalttätiger war als bei den Jugendlichen in der Abteilung, in der ich arbeitete. Anscheinend vermittelte die allgemeine Haltung der MitarbeiterInnen, die sie in ihren Reaktionen auf verschiedene Vorfälle zeigten, die Ansicht: „Wir glauben, daß du dein Verhalten unter Kontrolle bekommen kannst". In diesem „Klima" schienen die jungen Männer sich eher in einer Weise zu verhalten, die dies bestärkte.

Es ist also nicht nur eine Frage dessen, wie die MitarbeiterInnen bei dem jeweiligen Auftreten extremen Verhaltens reagieren, sondern auch eine Frage der Information, die durch ihre allgemeine Einstellung solchen Ereignissen gegenüber vermittelt wird.

Wenn bei einem gewalttätigen Ausbruch ein Eingreifen notwendig wird, müssen die MitarbeiterInnen sich gut überlegen, wie sie vorgehen wollen. Das Wagnis, mit körperlichem Einsatz die Kontrolle zu übernehmen, kann die ganze Situation nur noch verschlimmern. Für jeden, mit Ausnahme vielleicht der Kräftigsten, ist es eine entmutigende Vorstellung, einen außer Kontrolle geratenen Jugendlichen festhalten zu wollen, und ein fehlgeschlagener Versuch führt praktisch unter Garantie zu größerer Gewalttätigkeit – nicht nur, weil er den Jugendlichen wütend macht, sondern auch, weil er die Ansicht bestärkt, sein Verhalten sei unkontrollierbar, was für den Jugendlichen und die MitarbeiterInnen erschreckend ist.

Manchmal ist es vorzuziehen, in dieser Situation die Polizei zu rufen. Man braucht dies nicht als Eingeständnis der Hilflosigkeit zu sehen, sondern vielmehr als natürliche Konsequenz von destruktivem Verhalten oder körperlichen Angriffen. Ganz sicher ist das Eingreifen der Polizei eine natürlichere Konsequenz, als wenn sich ein Mitarbeiter auf den betreffenden Jugendlichen setzt und/oder Beruhigungsmittel verabreicht. Jedes Erscheinen der Polizei hat auch Auswirkungen auf die anderen BewohnerInnen, die dies miterleben, und dies Ereignis sollte unbedingt später mit ihnen besprochen werden. Ich kenne einige Einrichtungen, wo die MitarbeiterInnen sich die Zeit genommen haben, eine konstruktive Beziehung zu ihrer zuständigen Polizeistelle aufzubauen. Das bedeutet nicht, daß sie oft die Polizei rufen können. Es bedeutet aber, daß die Polizei für die (hoffentlich seltenen) Anlässe ihre Hilfe angeboten hat, wo sie notwendig wird.

In Folge solcher extremen Gewalttätigkeit kann der Bewohner aufgefordert werden, die Einrichtung eine Weile lang zu verlassen (oder er kann von der Polizei fortgebracht werden). Dies kann eine angemessene Konsequenz extremen Verhaltens sein, selbst wenn der Betreffende sich wieder beruhigt hat. Es ist in der Tat sogar vorzuziehen, diese Konsequenz später zu ziehen und nicht in der Hitze des Augenblicks. Einige Zeit nach dem Vorfall kann man dem jungen Menschen sagen: „Du weißt, daß wir solch eine ständige Gewalttätigkeit wie gestern nicht dulden können. Wir sind froh, daß du dich wieder beruhigt und dich wieder unter Kontrolle hast; es ist aber den anderen gegenüber nicht fair, wenn sie mit solchen Ausbrüchen fertigwerden müssen. Wir haben beschlossen, dich für eine Woche von hier fortzuschicken, damit wir die Möglichkeit haben, die Abteilung wieder zur Ruhe zu bringen. Wir hoffen, daß du wiederkommen und weiter daran arbeiten möchtest, mehr Kontrolle über deinen Zorn zu entwickeln."

Ich kenne eine Reihe stationärer Einrichtungen, die bei sehr seltenen Anlässen diese Strategie verfolgt haben. Sie bemühten sich gemeinsam mit dem Jugendlichen, für diese Woche eine andere Unterbringung zu finden (da es nicht immer angebracht war, ihn nach Hause gehen zu lassen) und waren bereit, ein paar Tage zu warten, bis sich eine Alternative bot. Ihre Haltung macht deutlich, daß dieses Fortschicken keine impulsive Reaktion oder Bestrafung ist, sondern eine *Konse-*

*quenz* seines Verhaltens, und daher kann man sie unter Umständen als sinnvoller erscheinen lassen.

Am Ende des vorgeschriebenen Zeitraums (der nicht länger als ein paar Tage zu sein braucht) kann der Jugendliche sich bemühen, in die stationäre Einrichtung zurückzukommen. Dadurch ist natürlich die Gelegenheit gegeben, den ganzen Komplex der Kontrolle über sein Verhalten zu diskutieren. Man kann ihn fragen, ob er meint, dies Verhalten würde in Zukunft vermutlich nicht so schnell wieder auftreten, und ihn auffordern, sich im Rahmen dieses Gesprächs frühere Beispiele von Selbstbeherrschung noch einmal vor Augen zu halten. Wichtig ist es, die Rückkehr so positiv wie möglich zu deuten und nicht den Eindruck zu vermitteln, „wir sind bereit, dich wieder aufzunehmen, aber es ist nur zur Probe".

Wenn der junge Mensch nur „zur Probe" zurückkehrt, ist das Versagen vorprogrammiert: Er und die MitarbeiterInnen werden aufmerksam auf Beweise für Versagen statt für Erfolg achten. Im Versuch, den „zeitweiligen Ausschluß" des jungen Menschen aus der Einrichtung so eindrücklich wie möglich zu gestalten, bestehen einige Institutionen darauf, zur Wiederaufnahme ein Treffen mit einer der höher gestellten Personen zu verabreden, bei dem der Jugendliche sich einverstanden erklärt, gewisse Konditionen zu akzeptieren oder an bestimmten Fragen zu arbeiten. Dies soll ihm angeblich helfen, „die Einrichtung ernst zu nehmen", und oft gehört eine Bewährungsfrist dazu. Auch hier befürchte ich wieder, daß die Aufforderung zum Verlassen der Einrichtung für einen gewissen Zeitraum vermutlich eine Erfahrung von Hoffnungslosigkeit oder Versagen ist und für sich genommen nicht die Motivation zur Anpassung vergößert. Die implizite Erwartung, der Jugendliche habe jetzt ja „seine Lektion gelernt" und werde das problematische Verhalten nicht wiederholen, ist sowohl unrealistisch wie auch unsinnig. Jeder Kontext von Bewährung oder Zustimmung zu einem „neuen Vertrag" wird es für BetreuerInnen schwerer machen, erfolgreiches Verhalten zu bemerken und darauf zu reagieren oder die Experimentierfreudigkeit zu fördern, da ein solcher Kontext unausweichlich die Aufmerksamkeit auf Fügsamkeit bzw. Widersetzlichkeitkeit lenkt.

Die Rückkehr des jungen Menschen in die Einrichtung muß als Gelegenheit gedeutet werden, wieder an frühere Erfolge und Praktiken anzuknüpfen. Man kann sich einigen, ein bestimmtes Programm durchzuführen, das Möglichkeiten zum Experimentieren oder zum Erkennen anderer Verhaltensweisen bieten muß; die „Hürde" einer Probezeit ist hierfür jedoch nicht erforderlich.

# Den jungen Menschen auffordern, die Einrichtung zu verlassen

Manchmal ist das Verhalten so unerträglich und das Brechen der Regeln so konstant, daß man zur Entscheidung kommt, der Jugendliche müsse die Einrichtung endgültig verlassen. In einigen Institutionen nennt man dies „Entlassung aus disziplinarischen Gründen".

Solch eine Entscheidung sollte man nicht leicht fällen. Wie schon erwähnt, habe ich zu viele Fälle gesehen, wo ein junger Mensch aus einer stationären Einrichtung „hinausgeworfen" wurde, weil er genau das Verhalten zeigte, weswegen er aufgenommen worden war. Wenn wir uns entscheiden, Jugendliche in unserer Einrichtung aufzunehmen, die eine „Behandlung" brauchen, weil sie gewalttätig sind, können wir sie nicht vorzeitig entlassen, weil sie sich gewalttätig verhalten! Solch ein Beschluß würde das Gefühl der Hoffnungslosigkeit noch bestärken. Natürlich müssen wir deswegen nicht alles und jedes Verhalten tolerieren. Wir müssen uns aber vergewissern, daß unsere Erwartungen solche Entlassungen für die schwierigeren BewohnerInnen nicht fast unausweichlich macht.

Wenn wir den Punkt erreichen, wo eine disziplinarische Entlassung erwogen wird, müssen wir die Situation unbedingt genauestens untersuchen. Oft haben unsere eigenen Reaktionen zur Situation beigetragen. Ich bin sicher, viele LeserInnen haben schon gehört, wie einer BewohnerIn gesagt wurde: „Wenn das noch einmal geschieht, mußt du gehen", und dann wurde daraus eine sich selbst erfüllende Prophezeiung. Ich erinnere mich gut an eine Situation, wo ein Jugendlicher von einem Betreuer gewarnt worden war, seine starre Weigerung, zur Schule zu gehen, sei ein Zeichen dafür, daß er „mit dem Programm nicht weitermachen wolle". Besorgt durch diese offensichtliche Strenge, versuchte ich einen „therapeutischen Rückzug". Ich sagte zu ihm: „Man erwartet von dir, daß du zur Schule gehst; du wirst aber nicht hinausgeworfen, wenn du es nicht machst. Aber wenn du jemanden schlägst, mußt du die Einrichtung verlassen!" Nach dem Gespräch wurde mir klar, welche sich selbst erfüllende Prophezeiung ich ausgesprochen hatte, und ich bemerkte zu einem Mitarbeiter: „Ich gebe ihm 24 Stunden". Tatsächlich dauerte es nur 8 Stunden, bis er einen Mitbewohner schlug und wir gezwungen waren, ihn auszuschließen. Wir mußten unsere „Drohung" wahrmachen, aber in mir blieb das Gefühl zurück, dies unbeabsichtigt unausweichlich gemacht zu haben.

Nach meiner Beobachtung kommt es schneller zu solchen extremen Situationen, wenn Institutionen eine Philosophie der Beherrschung vertreten. Solch ein Kontext, in dem die MitarbeiterInnen sich verplichtet fühlen, das Verhalten der BewohnerInnen unter Kontrolle zu haben, führt leicht zu einer Eskalation der Machtkämpfe bis hin zu dem Punkt, von dem aus es kein Zurück gibt. Wir können nur hoffen, anhalten zu können, bevor wir diesen Punkt erreichen, um über eine völlig neue Art, mit der Situation umzugehen, nachzudenken, statt blind zu werden und „mehr desselben" zu tun.

Trotz des eben Gesagten weiß ich, daß es manchmal notwendig ist, einen Bewohner oder eine Bewohnerin aufzufordern, die Einrichtung zu verlassen. In solch einem Fall müssen wir uns aber trotzdem überlegen, in welchen Rahmen wir diese Aufforderung stellen wollen. Ich habe stationäre Einrichtungen erlebt, in denen dem Betreffenden gesagt wird: „Dein Verhalten zeigt deine Entschlossenheit, diese Einrichtung zu verlassen". Ich vermute, das stimmt nicht mit der Erfahrung des jungen Menschen überein und ist ein unnötiger (und falscher Versuch), die Lage positiv zu deuten. Es ist viel besser, ehrlich der Tatsache ins Auge zu sehen, daß die Einrichtung den jungen Menschen nicht weiter beherbergen und seinen Aufenthalt nicht länger in einem positiven Rahmen sehen kann.

Wir möchten diesen Abschluß positiv für den Betreffenden gestalten, damit sich ihm neue Wahlmöglichkeiten eröffnen und er nicht von einem Gefühl des Versagens beherrscht wird. Daher erzählen wir ihm, welche seiner Stärken, Fähigkeiten und Eigenschaften uns gefallen haben, und erklären ihm gleichzeitig, warum sein Verhalten uns dazu gebracht hat, ihn zum Verlassen der Einrichtung aufzufordern. (SIMES & TROTTER, 1990, S.60)

Wieder ist das Ziel, diese Entscheidung nicht als Strafe erscheinen zu lassen. Daher kann man dem jungen Menschen erlauben, noch kurze Zeit zu bleiben, bis andere Regelungen getroffen worden sind – und die Diskussion darüber, wie er während dieser Zeit sicherstellen kann, daß die anderen BewohnerInnen nicht gefährdet sind, kann sehr fruchtbar sein.

## ... aber unsere KlientInnen sind jüngere Kinder

Die Beispiele in diesem Kapitel stammen größtenteils aus Einrichtungen mit Jugendlichen, und es mag leichter scheinen, „Risiken einzugehen", wenn man mit Jugendlichen zu tun hat, als wenn man mit jüngeren Kindern arbeitet. Ganz sicher tragen BetreuerInnen von jüngeren Kindern eine größere Verantwortung in Hinblick auf Fürsorge und Schutz und müssen dies bei ihren Reaktionen berücksichtigen. Trotzdem neigen auch sie dazu, sich in unsinnige Reaktionen auf schlechtes Betragen zu verrennen.

In meiner therapeutischen Praxis habe ich häufig Eltern gesehen, die immer wieder nach demselben Muster erfolglos auf ihre acht- oder neunjährigen Kinder reagieren. Sie greifen stets auf dieselben Bestrafungen zurück, die anscheinend keinen Unterschied machen. Es scheint viel auf dem Spiel zu stehen und ihre Sorge um das Wohlergehen ihrer Kinder ist verständlicherweise groß, und doch kenne ich zahllose Beispiele, bei denen es schon gewirkt hat, die „natürlichen Konsequenzen" zum Zuge kommen zu lassen oder einfach „etwas anders als sonst zu machen".

Die speziellen Komponenten im Einsatz von Disziplin bei Kindern sind vielleicht anders als bei Jugendlichen, aber die allgemeinen Prinzipien können auch hier angewendet werden.

## Theoretisch hört sich das gut an, aber ...

Ich kann mir gut LeserInnen vorstellen, die denken: „Das hört sich theoretisch gut an, aber wir müssen uns um zehn schwierige Jugendliche kümmern und können uns den Luxus solcher kreativer Ansätze nicht leisten. Sollte es schwierig werden, können wir uns freuen, wenn wir einfach überleben!"

Ich habe nicht versprochen, daß es leicht sein würde, und die Auseinandersetzung mit Fehlverhalten und schwierigen Ausbrüchen ist selten leicht. Unser Ziel ist aber weiter gesteckt, als nur zu überleben. Unser Ziel ist, bei unserer Arbeit mit Kindern oder Jugendlichen in unserer Einrichtung einen Unterschied zu bewirken. Das bedeutet nicht, uns müßte in jeder Situation irgendetwas ganz Ungewöhnliches einfallen. Oft werden wir mit Fehlverhalten in einer Weise umgehen, die sich nicht sehr von dem unterscheidet, was wir immer getan haben. Dieser Ansatz verlangt von uns nur, über Disziplin und Konsequenzen nachzu-*denken* und sie als Bestandteil eines fortlaufenden Prozesses zu sehen, mit dem wir Kindern und Jugendlichen helfen wollen, neue mögliche Verhaltensweisen zu erleben und sich selbst allmählich in anderem Lichte zu sehen.

Wie alle Beispiele in diesem Buch stammen auch die in diesem Kapitel aus tatsächlichen Projekten stationärer Einrichtungen, von denen einige es mit sehr schwierigen BewohnerInnen zu tun haben. Ihnen allen ist die Entschlossenheit gemeinsam, sinnvoll auf das Verhalten *einzugehen*, statt nur intuitiv zu *reagieren*.

Keines der Beispiele in diesem Kapitel und keine noch so großartige Idee, die Ihnen vielleicht einfallen mag, können aus ihrem Kontext herausgenommen werden. Anders auf eine Episode des Fehlverhaltens zu antworten, funktioniert nicht in Isolation. Die Antworten und Konsequenzen, die ich besprochen habe, funktionieren nur, wenn sie Bestandteil dessen sind, wie die MitarbeiterInnen insgesamt ihre Rolle sehen und über ihre Handlungen denken – wenn sie also Bestandteil eines allgemeinen „Klimas" der stationären Einrichtung sind, die sich darum bemüht, die Gelegenheiten für neue Erfahrungen und Möglichkeiten zu maximieren.

# Kapitel 9
# Eltern gehören natürlich auch dazu

Ich habe bereits von den Spannungen gesprochen, die viele stationäre Einrichtungen kennzeichnen – auf der einen Seite steht die Erwartung, die Institution würde die Verantwortung übernehmen und das Kind „in Ordnung bringen", auf der anderen Seite die Notwendigkeit, die Kooperation und das Engagement der Eltern zu erhalten. Nur allzu oft habe ich MitarbeiterInnen stationärer Einrichtungen über das mangelnde Interesse bestimmter Eltern klagen hören oder darüber, daß Eltern das Programm unterminieren. Es überrascht jedoch nicht, wenn Eltern, die sich als Versager fühlen, zeitweise unkooperativ zu sein scheinen, und wir brauchen daraus nicht zu schließen, daß sie ihr Kind insgeheim ablehnen. Verschiedene Aspekte des stationären Prozesses – Therapiesitzungen, dringende Telefonate, wenn das Kind davongelaufen ist, Kommentare darüber, was besser geworden ist – lenken die Aufmerksamkeit immer wieder auf ihr offensichtliches Versagen. Wenn ein Vorgang uns die Dinge, die wir falsch gemacht haben, noch stärker bewußt macht, sind wir dann sehr gewillt zu kooperieren? Damit soll nicht gesagt werden, daß die MitarbeiterInnen es auf Entmachtung der Eltern abgesehen haben. Vielmehr messen die Eltern dem Programm eine Bedeutung zu, die ihr Gefühl der Hoffnungslosigkeit bestätigt.

Es reicht daher nicht, einfach Aktivitäten zu organisieren, zu denen Eltern hinzugezogen werden. Ohne sich zu überlegen, welche Bedeutung diese Aktivitäten innerhalb des Prozesses haben, bieten sie den Eltern möglicherweise nur eine weitere Gelegenheit, ihr unkooperatives Verhalten zu „beweisen". Etliche Eltern haben mir ihre Erfahrungen beschrieben, wie sie aus Elterngruppen fortgingen und sich niedergeschlagen oder zornig fühlten. Sie merkten deutlich, daß die Aufmerksamkeit auf ihr Versagen gelenkt wurde. Wenn MitarbeiterInnen über Strategien berichteten, die bei der Erziehung von Kindern Erfolg zeitigten, konnten Eltern nicht anders, als die unausgesprochene Implikation spüren, daß alles, was sie getan hatten, falsch gewesen sei.

Wir müssen nicht nur über die Bedeutung des Problems und der Unterbringung nachdenken, sondern auch über die Bedeutung, die das Einbezogenwerden für Eltern hat. Es kann leicht geschehen, daß wir die Unterbringung neu überdenken und vielleicht neu deuten (wie in den vorherigen Kapiteln behandelt) und dann die gute Arbeit untergraben, indem wir nicht am Rahmen arbeiten, in den wir unseren ständigen Kontakt zu den Eltern stellen müssen.

Kurz gesagt, alles, was innerhalb des Programms geschieht, ist unter dem Aspekt zu beurteilen, ob es möglicherweise Eltern noch weiter entmachtet. Immer wenn MitarbeiterInnen es anscheinend „besser wissen" oder den Eltern sagen, wie sie mit ihrem Kind umgehen sollten (oder mit Erfolgen prahlen, wo Eltern versagt haben), gehen sie dieses Risiko ein.

## Eltern können nützliche Ratschläge geben

Als ich kürzlich in einer australischen Einrichtung einen Workshop abhielt, wurde ich in einem Gespräch mit der Lokalzeitung gefragt, was mein Hauptanliegen sei. Die Journalistin schien skeptisch zu sein, als ich erläuterte, man müsse sich auf die Kraft und Ressourcen der Menschen konzentrieren statt auf Probleme und pathologisches Verhalten, und sie fragte mich, wie ich mit „unfähigen Eltern" und „gestörten Familien" umgehe. Als ich antwortete, die meisten Eltern würden den größten Teil der Zeit meiner Meinung nach recht gut mit ihrer Situation fertig, war sie schockiert. „Sie wollen doch nicht behaupten, daß Sie das wirklich glauben!" rief sie aus.

Wie ich bereits sagte, ist es letztlich eine willkürliche Entscheidung, ob wir unsere Arbeit als Suche nach Problemen oder als Erkennen von Stärke betrachten. Nach meinen Erkenntnissen verhalten Eltern sich jedoch eher kompetent, wenn wir sie so behandeln, als glaubten wir an ihre Kompetenz.

Wie wir es auch betrachten, Eltern kennen ihr Kind weit besser als wir. Vielleicht stecken sie in einem bestimmten Eltern-Kind Interaktionsmuster fest, das nicht funktioniert, aber damit ist nicht gesagt, daß es hilfreich ist, sie als inkompetent zu betrachten. Es ist unter Umständen nicht nur eine nützliche Technik bei unseren therapeutischen Bemühungen, wenn wir sie um ihren Rat bitten, es kann sich auch als Hilfe erweisen.

*Williamson Street, eine Einrichtung für männliche Jugendliche, war früher wenig mehr als ein Wohnheim, eine Art alternative Unterbringung. In der letzten Zeit hat die Einrichtung ihren Blickwinkel expliziter auf die Familie gerichtet. Dies kommt in verschiedenen Bereichen zum Ausdruck, z.B. nennen sich alle MitarbeiterInnen jetzt „FamilienarbeiterInnen" statt „ErzieherInnen" oder „stationäre Angestellte". Der*

Hauptunterschied liegt jedoch darin, welches Ziel die Angestellten mit ihrer Arbeit verfolgen und wie sie das Programm in einer Weise einsetzen, die den Eltern mit großer Wahrscheinlichkeit zu dem Gefühl verhilft, geschätzt und kompetent zu sein.

Wenn ein junger Mensch zur Aufnahme überwiesen wird, machen die Angestellten deutlich, daß Williamson Street kein Ort ist, an dem Jugendliche wohnen können. „Ihr Sohn wohnt zu Hause – wenn es auch hilfreich für ihn sein kann, einige Nächte pro Woche hier zu bleiben." Sie bieten keine Vollzeitunterbringung an – die Jugendlichen verbringen mindestens eine Nacht pro Woche zu Hause. Das heißt, für die MitarbeiterInnen besteht kein Zweifel, daß sie nicht die Elternrolle übernehmen, und sie möchten die Einrichtung nicht zu einem „Zuhause" machen. In Übereinstimmung hiermit – und im Gegensatz zu vielen anderen stationären Einrichtungen – halten sie die Jugendlichen weitgehend davon ab, Poster und anderen persönlichen Besitz mitzubringen, damit die Zimmer nicht wie ein „Zuhause" werden. Sie sollen nur so viel mitbringen, wie sie für ein paar Tage Abwesenheit von zuhause brauchen, so als ob sie über Nacht bei einem Freund bleiben würden. Manchmal ergibt es sich auch, daß die Jugendlichen bei ihrer Rückkehr von zuhause in ein neues Zimmer umquartiert worden sind.

„Ihr Kind ist immer noch Ihr Kind. Jede Entscheidung, die Eltern normalerweise treffen, wird weiterhin von Ihnen getroffen", sagen die Angestellten den Eltern. Man bittet sie also z.B., die Schlafenszeit für ihr Kind festzulegen (innerhalb eines breiten Rahmens dessen, was in der Einrichtung akzeptabel ist). Wenn das Kind sich nicht an diese „Regel" hält, telefonieren die MitarbeiterInnen mit den Eltern, um zu erfahren, wie sie mit der Situation umgehen sollen. Manche Eltern wissen natürlich nicht, was sie tun sollen, und die Angestellten könnten dann zu ihnen sagen: „Wir erzählen Ihnen `mal, was andere Eltern uns gesagt haben und was in solchen Situationen geholfen hat." Manchmal sagen sie sogar zu den Eltern: „Die Entscheidungen werden von Ihnen getroffen; das kann so weit gehen, daß sie irgendwann die Nase voll davon haben, von uns immer wieder um Rat gefragt zu werden."

Ich stellte den MitarbeiterInnen die Frage, wie die Bewohner mit den unterschiedlichen Regeln für den jeweiligen Jugendlichen fertig wurden, und was sie in den Fällen taten, wo die Eltern nicht bereit waren, das Kind auch nur eine Nacht in der Woche bei sich zu haben.

Auf die erste Frage antworteten sie, zumindest am Anfang hätten sie selbst mehr Schwierigkeiten mit den unterschiedlichen Regeln gehabt als die Jugendlichen. Wenn ein Jugendlicher klagte: „Ich muß um 9 Uhr ins Bett gehen, und andere Kinder dürfen bis 10 aufbleiben", antworteten die MitarbeiterInnen: „Das sind Regeln, die deine Eltern aufgestellt haben. Wie verhandelst du normalerweise mit deinen Eltern? Würdest du gern darüber reden, wie du dies mit deinen Eltern diskutieren kannst, wenn du am Wochenende nach Hause gehst, oder sollen wir sie bitten, vorher zu einem Gespräch zu kommen?" So bleiben der Jugendliche und seine Eltern weiter in einer Position, in der sie die alltäglichen Dinge, die häufig zu Reibungen führen, weiterhin selbst in der Hand haben.

Was die zweite Frage anlangt, so weigern sich nach der Erfahrung der Angestellten Eltern selten, den Jugendlichen auch nur für eine Nacht bei sich aufzunehmen, wenn sie erst einmal verstanden haben, daß ihre Kompetenz bekräftigt wird und ihnen nicht von einer Gruppe von MitarbeiterInnen die Verantwortung abgenommen wird. Tatsächlich verbringen viele Bewohner mehr Nächte zuhause als in der stationären Einrichtung.* Wenn Eltern sich aus welchem Grund auch immer nicht in der Lage fühlen, das Kind auch nur eine Nacht zuhause zu haben, bemühen sich MitarbeiterInnen zusammen mit den Eltern darum, einen alternativen Platz für das Kind oder den Jugendlichen zu finden, wo er in diesen Nächten bleiben kann.

Eltern werden so weit wie möglich in jeden Bereich des Programms mit einbezogen. Statt sie einfach zu einem Besuch und zum Essen einzuladen, werden sie wahrscheinlich einen Teil der Mahlzeit selbst mitbringen, und Angestellte und Bewohner bereiten den anderen Teil zu. MitarbeiterInnen bemerkten, dies gäbe den Jugendlichen oft die Möglichkeit, vor den anderen Bewohnern stolz auf ihre Eltern zu sein. Früher organisierten Angestellte Ausflüge für die Jugendlichen. Heute helfen sie den Eltern auszuhandeln, mit dem Jugendlichen einen Nachmittag ausgehen zu können, oder sie organisieren einen Ausflug und laden die Eltern dazu ein (und gestehen ihnen so viel Verantwortung für ihr eigenes Kind zu wie möglich).

---

*) Wenn man natürlich die Unsicherheit der Finanzierung solcher stationären Programme bedenkt, wird diese Einrichtung vermutlich ihre finanzielle Unterstützung verlieren, da die Jugendlichen mehr Zeit zuhause als in der Einrichtung verbringen, und die Zahl der belegten Betten niedrig ist. Es gehört zu den unglückseligen Fakten in unserem Arbeitsbereich, daß Programme normalerweise finanziell unterstützt werden mit dem Ziel, nicht erfolgreich zu sein!

*Verbunden mit dieser expliziteren Ausrichtung auf die Familie in der Arbeitsweise der stationären Einrichtung ist eine größere Intensität der Familienberatung während des Aufenthaltes des Jugendlichen. Die Tatsache, daß der Jugendliche von Anfang an weiterhin mindestens eine Nacht pro Woche nicht in der stationären Einrichtung ist, gibt der Familienberatung die Möglichkeit, sich realistisch auf die Art und Weise zu konzentrieren, wie Familienmitglieder in der „normaleren" nicht-stationären Umgebung experimentieren.*

*– St. Luke's Family Care, Bendigo, Victoria*

Dieses Beispiel soll nicht „das Modell" dafür sein, wie stationäre Einrichtungen zu arbeiten hätten. In einer Reihe von Situationen könnte es wenig angemessen sein, und es wirft verschiedene Fragen auf. Trotzdem stellt es ein eindrucksvolles Beispiel für ein Programm dar, in dem ernsthaft nicht nur über die Bedeutung bestimmter Aktivitäten, sondern auch über die der gesamten Struktur des Programms nachgedacht wurde, und in dem man sich bemüht hat, alles in einen Rahmen zu stellen, der die ExpertInnenschaft der Eltern bestätigt. Es überrascht nicht, wenn Eltern sich solch einer Einrichtung gegenüber kooperativer verhalten. Natürlich wäre es für die Angestellten leichter, sich einfach von Fall zu Fall mit den Schwierigkeiten auseinanderzusetzen. Die Eltern um Rat zu ersuchen, macht es komplizierter. Wenn man jedoch Eltern auf diese Weise hinzuzieht, werden sie für Situationen vorbereitet, die sich ergeben werden, wenn die stationäre Unterbringung beendet ist. Die Rolle der Angestellten besteht darin, Verhandlungen und Problemlösungen zu unterstützen, während Eltern die Gelegenheit haben, sich unter „kontrollierteren" Bedingungen als erfolgreich zu erleben.

*Vor einigen Jahren hatte ich mit vier kleinen Kindern zu tun, deren Mutter das Sorgerecht entzogen worden war. In der Akte hieß es, Ziel sei es, der Mutter das Sorgerecht zurückzugeben, sie brauche aber vorher „Hilfe, um zu lernen, mit ihren elterlichen Aufgaben fertig zu werden". Im Rahmen des stationären Programms war vorgeschlagen worden, die Mutter solle zweimal in der Woche die Einrichtung besuchen, um sich von den MitarbeiterInnen Techniken zeigen zu lassen, wie sie mit ihren Kindern umgehen sollte. Sie stimmte bereitwillig zu. Nach ein paar Wochen begann sie jedoch, weniger mit dem Plan zu kooperieren – oft ging ihr Wagen am verabredeten Nachmittag kaputt oder sie hatte angeblich einen dringenden Termin oder sie erschien einfach nicht. Die Angestellten fingen an zu zweifeln, ob sie „wirklich" den Wunsch hatte, die Kinder wieder zurückzubekommen. Gleichzeitig schien sie immer weniger gewillt, von Schwierigkeiten zu berichten, die sie während der Wochenendbesuche der Kinder zu Hause gehabt hatte. Die MitarbeiterInnen konnten bei den Kindern heraushören, daß bei diesen Besuchen nicht alles glatt ging und die Mutter sie oft anderen Leuten überließ, statt sich selbst um sie zu kümmern. Die Therapeutin war bemüht, diese Information in den Therapiesitzungen als Mittel zu benutzen, andere Strategien mit der Mutter zu diskutieren, die sich immer mehr der Therapie zu „widersetzen" schien und Schwierigkeiten „leugnete".*

*Schließlich sagte die Therapeutin der Mutter: „Wie Sie wissen, hat es bei uns einige Veränderungen unter den Mitarbeiterinnen gegeben; wir haben also ein oder zwei Angestellte, die Ihre Kinder nicht kennen. Wir haben uns überlegt, ob Sie vielleicht bereit wären, zweimal in der Woche hierher zu kommen, um den Mitarbeiterinnen zu zeigen, wie sie am besten mit Ihren Kindern umgehen." Sie stimmte bereitwillig zu, und obwohl sich das, was während ihrer Besuche geschah, wenig von dem unterschied, was früher gemacht worden war, ließ sie von dem Zeitpunkt an nur selten einen Termin ausfallen. Sie sprach allmählich auch viel offener über die Schwierigkeiten, denen sie sich gegenübersah, und über ihre Ängste, die Kinder bei sich zu Hause zu haben; hierüber konnte dann gemeinschaftlich gesprochen werden.*

Allein der Kontext, der sie zwang, ihre Fähigkeiten als Mutter erst einmal unter Beweis zu stellen, bevor sie ihre Kinder zurückhaben konnte, entmündigte sie schon fast. In die Einrichtung kommen zu müssen, um sich von den Angestellten „belehren" zu lassen, war für sie unausweichlich eine Erfahrung ihrer Unzulänglichkeit und eine ausgezeichnete Methode, Widerstand oder Ausreden von ihr „herauszufordern". Man kann unschwer sehen, wie diese Szenerie zu einem Teufelskreis hätte werden können, in dem ihr Verhalten immer mehr als Beweis der „eigentlichen zugrundeliegenden Ablehnung" ihrer Kinder angesehen worden wäre, was dann dazu geführt hätte, daß sie mit ihrem Verhalten diese Meinung immer häufiger bestärkt hätte. Es hätte leicht geschehen können, daß die Kinder nicht wieder zur Mutter hätten zurückkehren können – nicht wegen irgendwelcher Unzulänglichkeiten der Mutter, sondern wegen der Art und Weise, wie die ganze Situation gedeutet worden war.

Es genügte eine geringfügige Veränderung der praktischen Durchführung des Programms, um ihre Beteiligung neu zu deuten, sie um Rat zu fragen und auf diese Weise in ihrer Kompetenz zu bestätigen. Aber gerade diese kleine Änderung bewirkte einen großen Unterschied in der Bedeutung des Prozesses für Mutter und Kinder.

## Wessen Kinder sind das?

Wenn Kinder oder Jugendliche in eine stationäre Einrichtung aufgenommen werden, bittet man die Eltern oft, eine Unzahl von Formularen zu unterschreiben, durch die sie die Verantwortung für ihr Kind den Angestellten der stationären Einrichtung übertragen. Es ist wie eine völlige Aufgabe der elterlichen Verantwortung, fast ein Zurücktreten von ihrer Position als Eltern. Es überrascht nicht, wenn sie dann, nachdem wir ihre Rücktrittserklärung akzeptiert haben, anscheinend nicht auf unsere Bemühungen eingehen wollen, sie einzubeziehen. Außerdem bin ich nicht sicher, ob es eine gute Methode ist, ihren Rücktritt zu akzeptieren, wenn wir einen Prozeß beginnen, bei dem unser Ziel darin besteht, sie in Zukunft diese Position wieder einnehmen zu lassen.

Es kann schon einen Unterschied machen, wenn wir einmal über die Bedeutung scheinbar geringfügiger Angelegenheiten im Bereich der Verwaltung oder des Gesamtablaufes nachdenken.

*In Australien erhalten Eltern zweimal im Monat für jedes Kind eine finanzielle Unterstützung („family allowance"). Lebt ein Kind nicht bei seiner Familie, kann die betreffende Institution eigentlich die Zahlung anstelle der Eltern beanspruchen, und einige Einrichtungen bitten die Eltern, das entsprechende Formular auszufüllen. Viele benutzen dann dieses Geld, um den Kindern oder Jugendlichen ein Taschengeld auszuzahlen, und haben oft ein wöchentliches Ritual, bei dem sie jedem Kind eine gewisse Summe aushändigen; der Rest wird auf das Konto des Kindes eingezahlt oder zurückbehalten, um einen Teil der Kosten decken. Einige stationäre Einrichtungen ermutigen jedoch jetzt Eltern, das Geld einzubehalten und selbst dem Kind wöchentlich Taschengeld zu geben. Das führt vielleicht zu komplizierteren Verhandlungen zwischen Eltern und MitarbeiterInnen, gibt den Eltern aber die Möglichkeit, einen Teil der Verantwortung weiterhin zu tragen und sich in die Betreuung einbezogen zu fühlen.*

Vom Verwaltungsaufwand gesehen ist es vielleicht einfacher, die Zahlungen zentral vorzunehmen, und man braucht sich dann auch nicht mit Eltern auseinanderzusetzen, die dem Kind das Taschengeld gar nicht oder zu spät aushändigen. Das Ausmaß des Verwaltungsaufwandes ist jedoch selten eine gute Meßlatte dafür, inwieweit ein Vorgang Eltern bestätigt.

*Wird ein Kind krank oder verletzt sich, müssen die Angestellten der stationären Einrichtung natürlich für eine angemessene medizinische Behandlung sorgen; das Bewußtsein dieser Verantwortung kann ihre Bereitschaft beeinträchtigen, darüber nachzudenken, welche Implikationen das für die Sichtweise der Eltern hat. Trotzdem ist dies jedoch eine Situation, in der auch die Verantwortung der Eltern ausgedehnt werden kann (da im Fall einer Krankheit andere Frustrationen und Gefühle des „Grolls" leichter beiseitegelegt werden). Für das Gefühl der Eltern, weiterhin involviert zu sein und Verantwortung für das Kind zu tragen, kann es schon einen großen Unterschied machen, wenn die Angestellten einfach die Eltern anrufen, sie über die Verletzung benachrichtigen und um Rat fragen, und ihnen erlauben (oder sie sogar darum bitten), das Kind oder den Jugendlichen zur Ärztln oder ins Krankenhaus zu bringen.*

Das sind nur zwei Beispiele, aber sie zeigen, wie wichtig es ist, selbst die scheinbar einfachen Aspekte unserer Interaktion mit den Eltern mit einzubeziehen, wenn wir über die Bedeutungen, die wir schaffen, nachdenken. Das Charakteristische des Elterndaseins ist diese Art alltäglicher Erfahrungen. Wenn die stationäre Einrichtung (im Interesse der Effizienz) die Verantwortung für solche Vorfälle übernimmt, kann das einfach die Erfahrung der Eltern bestärken, ihre eigene Macht abgetreten zu haben. Je mehr wir sie ins Leben ihrer Kinder einbeziehen können, desto eher können und wollen sie ihr Kind nach Hause zurückkehren lassen.

# Eltern helfen, sich als Teil des Änderungsprozesses zu fühlen

In einigen stationären Einrichtungen sind Eltern sich darüber im klaren, daß irgendein therapeutisches Programm durchgeführt wird, aber Einzelheiten kennen sie nicht. Aus ihrer Sicht sieht es ein wenig so aus, als steckten sie ihr Kind in irgendeinen geheimnisvollen „schwarzen Kasten". Sie wissen nicht viel davon, was darin vorgeht, und warten einfach, bis das Kind am anderen Ende des Prozesses wieder auftaucht.

Besteht unser Ziel darin, den jungen Menschen und ihren Eltern durch die stationäre Behandlung zu helfen, sich als kompetent zu sehen und somit weiterhin zusammenleben zu können, ist es unabdingbar, daß die Eltern das Gefühl haben, mehr als nur passive BeobachterInnen des Prozesses zu sein. Wenn sie in der Lage sein sollen, auf andere Art und Weise auf die Schritte ihrer Kinder zu reagieren, müssen wir Wege finden, die ihnen helfen, sich als Teil des Prozesses dieser verschiedenen Schritte zu fühlen.

– Wenn eine BewohnerIn sich anders verhält oder einen kleinen „Schritt vorwärts" macht, wenn Angestellte auf eine Ausnahme reagieren, könnten sie dem Kind oder Jugendlichen vorschlagen, die Eltern anzurufen und ihnen vom Erfolg zu berichten. Vorzugsweise sollten TherapeutInnen oder MitarbeiterInnen zu Beginn der Aufnahme mit den Eltern über diese Möglichkeit sprechen und sie fragen, ob sie gern von ihrem Kind solch einen Bericht erhalten würden. So vorgewarnt, werden sie vermutlich die Neuigkeit nicht einfach abtun, wenn sie den Anruf erhalten. Wir müssen uns vor Augen halten, daß Eltern möglicherweise gar nicht auf einen Anruf über den Erfolg ihres Kindes gefaßt sind. Meist werden sie ja nur dann telefonisch benachrichtigt, wenn es ein Problem gibt (ähnliche Erfahrungen haben sie auch mit Anrufen von der Schule des Kindes gemacht).

– Bei gewissen Ereignissen oder Vorfällen während der Unterbringung kann es günstig sein, wenn MitarbeiterInnen mit dem Betreffenden besprechen, wie er die Eltern darüber informieren kann, oder wenn sie ihm vorschlagen, die Eltern um Rat zu fragen.

– Wenn man die Eltern zu einigen Aktivitäten oder Ausflügen mit hinzuzieht oder sie zum Essen in die Einrichtung einlädt, gibt man ihnen das Gefühl, am Prozeß teilzuhaben. Dabei wäre es besser, wenn dies nicht nur Gelegenheiten für sie wären, als BesucherIn oder BeobachterIn zu kommen, sondern wenn die Angestellten Möglichkeiten fänden, ihnen ein Zugehörigkeitsgefühl zu vermitteln (indem die Eltern wie im Beispiel oben etwa ein Gericht zur Mahlzeit mitbringen). Sollte es zu einem „Vorfall" während der Anwesenheit der Eltern kommen, ist es nicht hilfreich, wenn MitarbeiterInnen sofort „zur Tat schreiten" und etwas unternehmen, während die Eltern mit einem Gefühl der Ohnmacht danebenstehen. Vielmehr sollte man sich um Rat an sie wenden oder fragen, ob sie sich selbst um den Sohn oder die Tochter kümmern wollen. Natürlich soll man sie nicht drängen, wenn sie sich dazu nicht in der Lage fühlen, aber es ist schon wichtig, ihnen wenigstens die Möglichkeit anzubieten. (Ich habe einige Institutionen erlebt – oft solche mit offensichtlich komplizierten therapeutischen Programmen –, in denen die Angestellten sich darüber sorgen, die Eltern könnten in einer Weise mit der Situation umgehen, die die Einheitlichkeit des Programms gefährdet. Wenn wir einen Punkt erreichen, wo die Einzelheiten des Programms wichtiger werden als die Erfahrung der Menschen, mit denen wir arbeiten, sollten wir einmal gründlich darüber nachdenken, was wir eigentlich erreichen wollen!)

– Viele Programme nutzen kleine „ritualisierte Feiern", um bestimmte Schritte, die eine BewohnerIn getan hat, zu unterstreichen. Lädt man dazu die Eltern ein, kann man ihnen das Gefühl vermitteln, am Veränderungsprozeß teilzuhaben. Wenn dann der Zeitpunkt der Entlassung kommt, haben sie nicht das Gefühl, von den Anzeichen der Veränderung ihres Kindes „überfallen" zu werden.

Bei BewohnerInnen, die am Wochenende nach Hause gehen, bieten die Zeiten, zu denen sie von den Eltern abgeholt oder zurückgebracht werden, äußerst wichtige Gelegenheiten, diese einzubeziehen. In Einrichtungen, in denen die meisten BewohnerInnen das Wochenende zu Hause verbringen, haben oft am Freitagabend, wenn sie abgeholt werden, oder am Sonntagabend, wenn sie zurückkommen, weniger MitarbeiterInnen Dienst.

Die Begründung hierfür scheint zu sein, daß es wenig „therapeutische" Arbeit zu tun gibt und die praktische Koordinierung des Kommens und Gehens von weniger Angestellten durchgeführt werden kann. Das könnte ein Fehler sein. Trotz des unvermeidlichen Chaos, das entsteht, wenn Kinder sich ab- oder zurückmelden, kann man aus den informellen Begegnungen zwischen Eltern und Angestellten durchaus mehr machen als nur einen faktischen Austausch von Information oder Verabredungen für die Zeit der Rückkehr.

Wenn ausreichend viele Angestellte anwesend sind, haben sie die Möglichkeit, sich die Zeit zu nehmen und über Auswirkungen ihrer Gespräche mit den Eltern nachzudenken.

– Ein einfaches Gespräch darüber, welche Pläne die Familie für das Wochenende hat, könnte sich in folgender Weise entwickeln: „Sie wollen also Freunde besuchen? Wird David dort mit anderen Kindern spielen? Das wäre eine gute Gelegenheit, einiges von dem zu üben, was er hier gemacht hat in Hinblick auf das Auskommen mit anderen Leuten. Es würde uns sehr helfen, wenn sie auf Anzeichen achten würden, wie er Schritte unternimmt, anders mit Leuten umzugehen." In gewisser Weise ist es nicht wichtig, ob David tatsächlich übt, sich anders zu verhalten oder nicht. Vielmehr richtet diese Bemerkung die Aufmerksamkeit der Eltern neu aus. Aufgrund ihrer früheren Erfahrungen sind sie vermutlich sehr wachsam, wenn es um Beispiele seines problematischen Verhaltens geht. Die Bitte, auf andersartiges Verhalten zu achten – auf Ausnahmen – kann ihnen helfen, dem Wochenende etwas hoffnungsvoller ins Auge zu blicken, obwohl es wichtig ist, keine utopischen Erwartungen an das Kind zu wecken. Wenn ihnen ein anderes Verhalten auffällt, werden sie anders reagieren, und jede leichte Veränderung wird mit größerer Wahrscheinlichkeit Bestand haben.

– Wenn das Kind für seinen Erfolg eine graphische Darstellung hat (wie z.B. die „Meinen Zorn Beherrschen"-Tabelle oder die „Größer werden"-Skala in Kapitel 7), kann man es ermuntern, sie den Eltern beim Abholen zu zeigen, und ein Angestellter kann sie kurz erläutern.

– Wenn Eltern ihr Kind oder den Jugendlichen nach dem Wochenende zurückbringen, kann man sie einfach fragen: „Wie ist es gelaufen?" Empfinden sie dies als eine aufrichtige Frage, werden sie wahrscheinlich eher ein oder zwei Ereignisse nennen können, die am Wochenende erfolgreich verlaufen sind. Natürlich ist es noch besser, wenn man sie fragt: „Was ist an diesem Wochenende besser gelaufen?" Die Eltern erinnern sich dann mit größerer Wahrscheinlichkeit auch an kleine Erfolge. So erhalten MitarbeiterInnen nicht nur Information, die für sie in der Woche wichtig sein könnte, sondern sie bestätigen auch die Kompetenz der Eltern, wodurch diese das Wochenende mit größerer Hoffnung auf einen erfolgreichen Fortgang beschließen können.

Wichtig ist bei diesen Beispielen, daß wir keine Mini-Therapiesitzungen vorschlagen, sondern daß die Angestellten versuchen, ihr Gespräch mit den Eltern sinnvoll auf Erfolg auszurichten. Viele Familien, mit denen wir arbeiten, stecken tief in einem Gefühl der Hoffnungslosigkeit, und dies wirkt sich mehr als irgendein spezifischer Aspekt des problematischen Verhaltens gegen eine erfolgreiche Behandlung aus. Wird das Wochenende mit einem leisen Schimmer von Hoffnung begonnen oder beendet, führt das eher zu einer Veränderung, die auch tatsächlich bemerkt wird.

*Mit Eltern zu arbeiten, war für uns immer wichtig, da wir erkannten, wie vergeblich alles sein könnte – ganz gleich, wie „kreativ" unsere Arbeit mit den BewohnerInnen war –, wenn die Eltern nicht in der Lage gewesen waren, die Dinge anders zu sehen. Wir bemühten uns, ein Klima zu fördern, in dem Eltern ohne Bedenken die Einrichtung besuchten, wann immer sie das Bedürfnis hatten, und diese Kontakte waren oft fruchtbarer als alle geplanten Treffen. Wir ermutigten Eltern, bei den Mahlzeiten dabei zu sein – oft boten die Nachmittage, an denen sie zu Familientherapiesitzungen kamen, eine gute Gelegenheit dazu – und an den Aktivitäten der Einrichtung teilzunehmen.*

*Über viele Eltern, mit denen wir arbeiteten, wurde uns von den Behörden mitgeteilt, „sie benötigen Unterweisung in Erziehung und Haushaltsführung". Wir lernten jedoch schnell, daß unser Bemühen, sie zu „belehren", ohne Beachtung blieb und oft sogar dazu beitrug, eine gewisse Feindseligkeit zu schüren. Wir erkannten, wie viele der Fähigkeiten, die bei ihnen als unzureichend bezeichnet worden waren, sowieso Teil des alltäglichen Programms ausmachten. Die jungen Leute in unserer Einrichtung bereiteten die Mahlzeiten mit vor und begleiteten uns oft bei den Einkäufen, und so war es selbstverständlich für uns, über diese Dinge mit ihnen zu reden. Wenn die Eltern zu Besuch kamen, versuchten wir, sie in diese Gespräche mit einzubeziehen, und fragten sie um Rat, wie man das Kind dabei unterstützen könnte, die Mahlzeiten zuzubereiten usw. Auf diese Weise hatten sie ihren Anteil daran, wenn das Kind einen Erfolg in diesen praktischen Dingen hatte, und konnten im Rahmen dieser Betätigung eine angenehme Eltern-Kind Interaktion genießen. Zudem war es ihnen so möglich, ihre Fähigkeiten in der Erziehung und im Haushalt in einem gemeinschaftlichen Prozeß weiterzuentwickeln, der ihr Selbstbewußtsein stärkte.*

*Ebenso telefonierten wir oft mit Eltern, um über Konsequenzen, die wir für ihr Kind planten, mit ihnen zu reden. Auch hierbei fühlten sie sich respektiert und einbezogen und hatten dabei gleichzeitig die Möglichkeit, über Disziplinierung in etwas anderer Weise nachzudenken.*

*– Robinson House, Care Force Youth Service, Sydney*

Dieses Beispiel zeigt nur eine relativ geringfügige Veränderung der Art, wie Angestellte Dinge handhaben – sie öffnet aber die Türen für einen gewaltigen Unterschied, wie Eltern ihre Rolle erleben.

# Eltern in die alltäglichen Schwierigkeiten der Einrichtung einbeziehen

Bei der stationären Arbeit mit Jugendlichen gibt es unausweichlich immer wieder Zeiten, wo die Gruppe außer Kontrolle zu geraten scheint oder die Angestellten das Gefühl haben, mit Situationen nicht gut fertiggeworden zu sein. Es ist eine große Versuchung, die Vorfälle vor den Eltern der Jugendlichen, mit denen wir arbeiten, zu verheimlichen, vielleicht weil wir fürchten, *sie* könnten fürchten, wir wüßten nicht genau, was wir da eigentlich machen. Dennoch handelt es sich bei diesen Vorfällen genau um die Erfahrungen, denen Eltern bei der weiteren Erziehung ihrer Kinder ausgesetzt sein werden (und die sie in der Vergangenheit schon gehabt haben), und sie können viel lernen, wenn sie diese Frustrationen mit uns teilen.

*Diese Einrichtung hatte sechs junge Leute in stationärer Betreuung, von denen einige neu waren und einige sich mit den Problemen Wut und Beherrschung auseinanderzusetzen hatten. Wir befanden uns in einer der „weniger ruhigen" Perioden! Eine Frage, die immer wieder auftauchte (und immer drängender wurde), war die Ausgangssperre. Einige Jugendliche kamen spät nach Hause und zerbrachen Fensterscheiben, um wieder ins Haus zu kommen. Es entwickelte sich schnell eine Situation, in der die MitarbeiterInnen versuchten, das Ausgehverbot durchzusetzen, indem sie Strafen für Übertretungen erließen, und die Bewohner immer erfinderischer und entschlossener wurden, diese zu umgehen.*

*In einer solchen Atmosphäre kam es eines Abends zu einem besonderen Vorfall. Ein Jugendlicher hatte im Haus Wutanfälle und in dem Versuch, ihm die Möglichkeit zu geben, selbst die Kontrolle wieder zu erlangen, sagte der Betreuer, er solle nach draußen gehen, um sich abzukühlen. Er weigerte sich, wieder hereinzukommen, und brach später in ein anderes Gebäude ein. Gewarnt davor, sich nicht wieder in dieselbe Sackgasse zu begeben, beschlossen die Mitarbeiter, ihn nicht zu zwingen, aus diesem Gebäude wieder herauszukommen. Wir deuteten seine Handlung so, daß er beschlossen habe, er brauche die Isolation als Möglichkeit, sich beruhigen zu können, und boten ihm Wolldecken an und sagten, wir würden warten, bis er bereit sei, zurückzukehren.*

*Dies schien die richtige Art, mit der Situation fertigzuwerden und einem fruchtlosen Machtkampf aus dem Weg zu gehen, bis die fünf* anderen Jugendlichen bechlossen, ihm Gesellschaft zu leisten. Alle sechs kampierten nun im anderen Gebäude. Wieder entschieden wir, Bemühungen unsererseits, die Zügel in die Hand zu bekommen, würden zu einer ausgewachsenen Belagerung führen, und warteten also ab. Nach zwei oder drei Nächten wurden die Jugendlichen unruhig, weil sie meinten, einen Einbrecher zu hören, und kamen in unser Gebäude zurück. Sie kampierten aber weiterhin im allgemeinen Gebäudebereich. Während des Tages funktionierte die Gruppe normal, aber abends weigerten die Jugendlichen sich, in ihre Räume zurückzukehren. Wir beschlossen, nichts zu unternehmen, da wir meinten, dies wäre nicht förderlich, obwohl die Eltern, die durch die Jugendlichen von der Situation gehört hatten, immer größeren Druck auf uns ausübten. Wir versicherten ihnen, wir würden regelmäßig die Sicherheit aller Beteiligten überprüfen, und seien gewiß, die Jugendlichen würden diesen Ausstand beenden, wenn sie bereit dazu seien. Nach einer Woche reinigten die Jugendlichen das Zimmer und brachten ihre Bettsachen in ihre eigenen Räume zurück.

Wir befanden uns nun in einer Zwickmühle. Wir hatten den Eindruck, es sei die sinnvollste Reaktion gewesen, nicht einzuschreiten, meinten aber, irgendetwas müßte doch noch unternommen werden. Es waren verschiedene Vorfälle gewesen, die zu dieser Situation geführt hatten, und eine Reihe von Konsequenzen, die den Beteiligten auferlegt wurden, waren von diese nicht angenommen worden. Wir meinten, die verschiedenen Konsequenzen sollten noch ausgeführt werden, wollten dies aber auf eine Weise erreichen, die nicht zu einer weiteren Konfrontation führte.

Schließlich beschlossen wir, Eltern und Bewohner zu einem „Konsequenzen-Spiele-Abend" einzuladen, und sagten den Jugendlichen, dies würde ein Abend werden, an dem man die bisher versäumten „Konsequenzen" erledigen könnte. Wir unterteilten die Gruppe in Teams mit jeweils zwei Jugendlichen, ihren Eltern und einer Mitarbeiterln; dann sprachen wir mit der Gruppe darüber, daß dies eine Gelegenheit für uns alle wäre, sich in gegenseitiger Unterstützung und Hilfe zu üben. Es gäbe Konsequenzen, die noch erledigt werden müßten, aber wenn wir uns gegenseitig dabei unterstützten, konnten wir vielleicht alle etwas dabei lernen.

Jede „Konsequenz" wurde aus einer Schachtel gezogen und der Gruppe verkündet. Die Vorfälle, auf die sich die Konsequenz jeweils bezog, wurden anonym erklärt; aber es war nicht ungewöhnlich im Rahmen des Abends, daß der betreffende Jugendliche ausrief: „Ja, *das war ich." Die Teams wetteiferten darum, wer die Konsequenz am schnellsten und einfallsreichsten erfüllen konnte.*

*Das erste war eine Konsequenz wegen wiederholter Schwierigkeit, die räumlichen Grenzen der Gruppe anzuerkennen (d.h. heimlich fortgehen, in andere Gebäude einbrechen usw.) Die Konsequenz bestand darin, jedem Team Holz und Seile zu geben und sie einen Zaun um die eigenen Räumlichkeiten bauen zu lassen, einschließlich Schildern, die erklärten, welche Bedeutung diese Grenze hatte. Die zweite Konsequenz bestand in einem „Feueralarm" für das Team, da es immer wieder Probleme mit dem Rauchen gegeben hatte. Andere waren in ähnlicher Weise abgefaßt.*

*Am Ende des Abends gab es ein Festessen zur Würdigung der Tatsache, daß die Konsequenzen durchgeführt worden waren und die Beteiligten dabei sogar ihren Spaß gehabt hatten. Die Eltern waren der Einrichtung gegenüber viel positiver eingestellt und eine Reihe von ihnen verbrachte einige Zeit damit, zusammen mit den Angestellten über verschiedene Möglichkeiten zu diskutieren, Schwierigkeiten zu handhaben. Anfangs konnten die Eltern unseren Ansatz, mit dem Verhalten der Jugendlichen umzugehen, nicht verstehen. „Warum hindern Sie meinen Sohn nicht einfach daran zu rauchen?" wollte eine Mutter wissen. Als wir sie fragten, wie wir das tun sollten, antwortete sie: „Also, ich zwinge ihn einfach auf den Boden nieder und nehme ihm die Zigarette weg." Auch die anderen Eltern hatten außer den körperlichen Strafen nur wenige Strategien.*

*Wir machten klar, daß wir nicht erwarteten, die Eltern würden notwendigerweise genau unsere Strategien übernehmen, und sagten ihnen, der Konsequenzen-Spiele-Abend sei nicht unsere übliche Art, mit dieser Situation umzugehen. Trotzdem schaffte er eine Atmosphäre, in der Eltern bereitwillig über die Bedeutung von Disziplin nachdachten und in der Lage waren, uns gegenüber anzumerken, die Konsequenzen hätten zwar Spaß gemacht, man habe aber trotzdem sehen können, wie die Kinder für ihr Verhalten die Verantwortung trugen.*

*– Robinson House, Care Force Youth Service, Sydney*

# Die Motivation der Eltern nutzen

Wenn Eltern unkooperativ sind oder Widerstand leisten, verrennt man sich leicht in eine Reaktion, bei der man entweder immer verbissener versucht, sie heranzuziehen, oder sie als unfähig zu irgendeinem hilfreichen Beitrag abtut. Wir müssen uns immer wieder vor Augen halten, daß aus der Sicht, die sie von sich selbst, ihrem Kind und der Situation haben, ihr scheinbarer Widerstand völlig sinnvoll ist. Von ihrem Standpunkt aus gesehen haben sie lange genug von Seiten ihres Jugendlichen und/oder der Fachleute „Beleidigungen" ertragen müssen.

Ebenso wie wir mit Hilfe des Umdeutens eine Art des Gesprächs über eine Situation anbieten, die es wahrscheinlicher macht, daß ein Jugendlicher „motiviert" ist, können wir dieselbe Technik bei Eltern benutzen. Das ist keine Frage des „Manipulierens", um irgendwie ihre Kooperation sicherzustellen. Vielmehr hängt dies mit der Erkenntnis zusammen, jede Situation berechtigterweise von verschiedenen Standpunkten aus sehen zu können, und wenn wir uns entschließen, nach positiveren Erklärungen für Einstellungen und Verhaltensweisen Ausschau zu halten, werden wir viel eher einen Weg finden, Eltern, die aufgegeben haben, wieder zu aktivieren.

*Obwohl die Schule sich schon seit langem über die extremen Wutanfälle des 11-jährigen William beklagt hatte, und er schließlich ausgeschlossen und in eine stationäre kinderpsychiatrische Einrichtung aufgenommen worden war, schienen seine Eltern die Ernsthaftigkeit des Problems zu leugnen oder „herunterzuspielen". Sie behaupteten, die Schule würde die Kinder einfach nicht richtig behandeln. In der Einrichtung erlebten die MitarbeiterInnen Williams Wutanfälle in nicht zu übersehender Form, und zu den großen Schwierigkeiten, die es bereitete, ihn unter Kontrolle zu bekommen, kamen zu allem Ärger die ständigen Beteuerungen der Eltern, sie hätten diese Wutanfälle noch nie zu Gesicht bekommen. Im Bemühen, den Eltern die Situation zu „beweisen", entwarfen die Angestellten einen Plan, bei dem die Eltern immer dann gerufen werden sollten, wenn William solch einen Anfall hatte. Die Angestellten versuchten einfach, dieses außer Kontrolle geratene Kind nur zu überwachen, bis die Eltern kamen, und forderten diese dann auf, die Sache in die Hand zu nehmen. Auf geheimnisvolle Weise schien William sich immer innerhalb weniger Minuten zu beruhigen, wenn sein Vater zu ihm sprach.*

*Schließlich hörte ein Mitarbeiter zufällig, welche Technik Williams Vater anwandte, um seinen Sohn zu beruhigen. Er ging in den Raum und flüsterte: „Nun komm schon, William, je schneller du dich beruhigst, desto schneller können wir dich hier `rausholen." Die Angestellten schäumten vor Wut. Sie hatten den Eindruck, Wiliams Vater unterminiere ihre Arbeit und habe sich mit seinem Sohn verabredet,* dies (offensichtlich sehr ernste) Problem zu verharmlosen. Je mehr sie aber versuchten, die Eltern von der Ernsthaftigkeit der Situation zu überzeugen, desto mehr schienen diese die Versuche abzutun. Je schneller William sich bei seinem Vater zu beruhigen schien, desto mehr Schwierigkeiten hatten die MitarbeiterInnen zu anderen Zeiten mit ihm.

Verzweifelt versuchten die Angestellten, Rat zu bekommen, was sie in dieser Situation anders machen könnten. Man beschloß, die Worte des Vaters für bare Münze zu nehmen, statt als Verharmlosung zu interpretieren. Seine Bemerkung: „je schneller du dich beruhigst, desto schneller können wir dich hier `rausholen" könnte so verstanden werden, als glaube er, William sei in der Lage, sich zu beherrschen, und sogar in der Lage, sich gut genug zu betragen, um eine Entlassung zu rechtfertigen. Es wurde vorgeschlagen, man sollte anerkennen, daß Williams Vater offensichtlich Dinge über seinen Sohn wußte, die seine Schule und die Angestellten der Einrichtung nicht erkannt hatten. Sie sollten mit seinem Vater darüber reden, weshalb er sich der Fähigkeit seines Sohnes zur Selbstbeherrschung so sicher sein konnte, da hierbei vielleicht Ausnahmen entdeckt würden, die man erkunden und auf denen man aufbauen könnte. Zudem beruhigte William sich ja offensichtlich wirklich sehr schnell, ganz gleich, was der Vater nun mit seinen Worten bezweckte. Statt über die Angemessenheit der Methode zu streiten, wäre es vielleicht fruchtbarer, ihren Erfolg hervorzuheben. Auf diese Weise war es möglich, Williams Vater als Experten heranzuziehen, der sie vielleicht beim Umgang mit seinem Sohn beraten konnte, und Beispiele für Selbstbeherrschung zu entdecken, auf denen man aufbauen konnte.

Die Reaktion der Angestellten in diesem Beispiel ist verständlich. Ebenso könnte man sagen, die Position der Eltern sei aus ihrer Sicht gesehen sinnvoll. Es ist nicht wichtig, ob die vorgeschlagene neue Erklärung der Situation „wahr" ist oder nicht. Wesentlich ist, ob sie MitarbeiterInnen und Eltern einen neuen Weg eröffnet, gemeinsam voranzukommen.

# Eltern sind auch Menschen

Es ist eine Tatsache der stationären Behandlungssituation, daß wir das Kind oder den Jugendlichen in unserer Einrichtung weit entfernt von den Ablenkungen der heimischen Situation erleben. Für einige Angestellte ist dies der Vorteil der stationären Behandlung. Es ist sehr verführerisch zu meinen, wir könnten die wirkliche Arbeit mit diesen jungen

Menschen machen, ohne uns mit Eltern und anderen auseinanderzusetzen, die nur im Wege stehen.

Die andere Tatsache ist, daß die meisten jungen Menschen, mit denen wir arbeiten, nach Hause zurückkehren werden. Eltern müssen „da anfangen, wo wir aufgehört haben". Die stationäre Situation ist unrealistisch – die Einrichtung hat oft mehr zu bieten (Schwimmbad, Billiardtisch oder was sonst noch alles), die Zeit ist extrem konzentriert, und man geht vielen der normalen Gegebenheiten des Lebens aus dem Weg. Zu erwarten, die Eltern könnten dasselbe Programm weiterführen, ist unrealistisch.

Wie ich in Kapitel 1 zu bedenken gegeben habe, gehört die Tatsache, das eigene Kind einer stationären Einrichtung übergeben zu müssen, für Eltern vermutlich zu den Erlebnissen, die das Selbstbewußtsein am meisten zerstören. Wenn unser Ziel ist, einen kooperativen Behandlungsansatz zu entwickeln, ist es äußerst wichtig, die Erfahrungen von Frustration, Angst, Qual und Versagen, die jene Eltern durchlebt haben, zu würdigen. Wenn sie fühlen, daß wir ihre Erfahrung anerkennen und würdigen, werden sie viel eher gewillt sein, sich zu engagieren. Ich bin sicher, viele Beispiele von unkooperativem oder abweisendem elterlichen Verhalten reflektieren nur ihre Empfindung, mißachtet und beschuldigt zu werden.

Unsere Würdigung und Achtung der elterlichen Erfahrung erfordert von uns viel mehr, als nur etwas in einer Therapiesitzung zu sagen. Sie zeigen sich in der Art und Weise, wie wir die Eltern zu jedem Bereich des Programmes hinzuziehen.

# Kapitel 10
## Nicht zu hart 'rangehen: Die Rolle der MitarbeiterInnen

Die Angestellten (ErzieherInnen, SozialarbeiterInnen) sind integrierter Bestandteil des stationären Programms. Wie schon erwähnt, ist die „Therapie" während der alltäglichen Aktivitäten solcher Einrichtungen oft wirkungsvoller als die der formalen Therapiesitzungen.

Es besteht oft die Erwartung, die MitarbeiterInnen sollten „alles unter Kontrolle" haben. Manchmal jedoch verkehren sich ihre Bemühungen ins Gegenteil.

*Wir hatten einen 16-jährigen Jungen in unserer Einrichtung, der Schwierigkeiten damit hatte, seine Energie auf die Planung seines Lebens zu lenken. Er war sehr gut darin, seine Energie auf Regungslosigkeit zu konzentrieren. Dies verführte ihn jedoch zu der Überzeugung, er sei unfähig, irgendetwas zu tun, was nötig war, um in seinem Leben voranzukommen. Wenn es hart auf hart kam, saß er so regungslos, daß er sich nicht einmal überwinden konnte, sich die Nase zu putzen. Er kam in die Einrichtung, um zu lernen, seine Energie umzuleiten.*

*Nach einer Weile bekam er Schwierigkeiten, rechtzeitig aufzustehen. Der diensthabende Mitarbeiter sprach mit ihm darüber und als Konsequenz sollte er an dem Abend eine halbe Stunde früher ins Bett gehen, da seine Unfähigkeit aufzustehen, vermuten ließ, er habe nicht genug Schlaf bekommen. Er weigerte sich und bekam am nächsten Abend und am Abend danach eine halbe Stunde extra auferlegt. Schließlich beschloß ich, dies habe nun lange genug gedauert, und sagte ihm, er solle nach draußen gehen und sich überlegen, was er zu tun gedenke. Wieder weigerte er sich. Dann machte ich eine Reihe von Fehlern. Ich hatte mich zu sehr auf sein Problem eingelassen und erhoffte daher zu viel für ihn, statt ihm zu erlauben, für sich selbst zu hoffen. Ich nahm mir auch nicht die Zeit zu überlegen, was zu tun sei. Stattdessen machte ich den Fehler, ihn mit körperlicher Gewalt nach draußen zu ziehen. Als ich ihn draußen hatte, legte er sich auf den Boden und bewegte sich zwei Stunden lang nicht. Das wenigstens gab mir nun Zeit nachzudenken und mit einem Mitarbeiter zu reden.*

*Ich ging wieder nach draußen und entschuldigte mich bei ihm für meine Handlungsweise. Ich versuchte dann, den Vorfall umzudeuten,* und ihn für uns beide in einen anderen Kontext zu stellen. Ich sprach mit dem Jungen darüber, wie dieses Problem uns beide hereingelegt habe – ihn, weil er seine Energie nicht auf seine Verantwortung gerichtet habe, und mich, weil ich die Verantwortung für ihn übernommen hätte. Ich warf die Frage auf, ob dies nun für ihn eine Chance sei, das Problem zu bekämpfen und dafür zu sorgen, im Bett zu sein, wenn das Licht ausgemacht wurde. Ich fragte ihn, wie er das machen könnte. Was hatte er während seiner Zeit in der Einrichtung über die Bekämpfung des Problems gelernt, das er jetzt in die Praxis umsetzen konnte? Nachdem ich ein paar Fragen dieser Art aufgeworfen hatte, überließ ich ihn sich selbst, damit er darüber nachdenken konnte. Anderthalb Stunden später, 15 Minuten vor der Schlafenszeit, erinnerte ich ihn an die Uhrzeit, widerstand aber der Versuchung, ihn zu fragen, was er tun würde. Kurz bevor das Licht ausgemacht wurde, schaffte er es, aufzustehen und ins Bett zu gehen. Er hatte wirklich mit dem Problem zu kämpfen und brauchte etwa 20 Minuten, um fertig zu werden, am wichtigsten war aber, daß er es schaffte.

Dies war ein Wendepunkt für ihn. Zum ersten Mal hatte er solch einen großen Sieg in seinem Kampf gegen das Problem errungen. Er lernte viel über seine Fähigkeit, Energie zu lenken, und kam danach in großen Sprüngen voran, bis er schließlich in eine eigene Wohnung zog.

Auch ich lernte unglaublich viel darüber, wie meine Reaktion auf diese jungen Leute entweder hinderlich sein konnte oder ihnen die Chance gab, sich mit dem Problem selbst auseinanderzusetzen.

– St. Stephen's Youth Accommodation Project, Adelaide, South Australia

# Wessen Verantwortung?

Unser Ziel ist, Kinder und Jugendliche, mit denen wir arbeiten, in die Lage zu versetzen, sich als kompetent und erfolgreich zu erleben. Viele bezeichnen dies als ein „ermächtigen" [„empowering"] der KlientInnen. Es ist mehr als nur semantische Spielerei zu sagen, wir könnten niemals Menschen ermächtigen, denn wenn ich etwas mache, um dich zu ermächtigen, dann muß ich *meine* Macht dafür ausüben. Paradoxerweise wird das den Gedanken verstärken, ich hätte immer noch mehr Macht als du. Alles, was wir tun können, ist aufzuhören, das zu tun, was Menschen *entmächtigt*. Sie werden sich selbst ermächtigen, wenn wir ihnen den Raum gewähren, in dem sie ihre diesbezüglichen Fähigkeiten entdecken können. Das ist keine Nebensächlichkeit, denn es wirft ein Schlaglicht auf die Frage, wer für Veränderung verantwortlich ist.

CADE (1989, S.115) hebt folgendes hervor:

> Wann immer jemand in einer Beziehung aus welchem Beweggrund auch immer anfängt, viel zu viel von einer Sache zu tun, scheinen oft die anderen Mitglieder die Neigung zu haben, von dieser Sache weniger zu tun und/oder mehr vom Gegenteil – falls sie sich nicht veranlaßt fühlen, in direkten Wettstreit einzutreten. Sehr schnell kommt es zu einer Polarisation im Zusammenhang mit dieser Frage. Die Art der Polarisation scheint wenig über ihr wahres Potential auszusagen.

> Ähnlich ist es mit der Verantwortung. Wenn eine Person anfängt, sich übermäßig verantwortlich zu zeigen, ist es, als ob sie mehr als ihren Anteil an der gesamten Verantwortung der Beziehung an sich nimmt. Die andere Person übernimmt daher weniger Verantwortung oder kontert mit gegensätzlichem Verhalten, indem sie sich etwa inkompetent oder verantwortungslos zeigt. Wenn du einen Hund kaufst und dann weiter bellst, wenn jemand an die Tür klopft, warum sollte der Hund dann mehr machen als schlafen und Hundekuchen fressen? Wenn man jedoch die Inkompetenz und Verantwortungslosigkeit des anderen sieht, übernimmt man verständlicherweise mehr Verantwortung, und dies führt immer weiter und weiter in dieselbe Richtung.

Dieses Interaktionsmuster kann man häufig in Situationen sehen, wo Eltern und Kinder in einen Konflikt verwickelt sind. Besorgt um das Wohlergehen und die Zukunft von Sohn oder Tochter mühen sich die Eltern immer mehr, den Jugendlichen zu ermutigen, zu drängen oder gar zu zwingen, Verantwortung zu übernehmen. Wenn das den Eltern gelingt, sind freilich sie diejenigen, die Verantwortung für das Leben des Heranwachsenden übernommen haben, und alles, was sie gewöhnlich dabei erreichen, ist seine Fügsamkeit. Tatsächlich befindet sich der Jugendliche in einer Lage, in der er sich selbst nicht als eine Person mit wirklicher Gelegenheit zu verantwortlichem Verhalten oder zu Entscheidungsfreiheit erleben kann.

Je mehr ein Erwachsener anscheinend daran arbeitet, eine Veränderung im Kind oder Jugendlichen hervorzubringen, desto weniger arbeiten diese daran, Dinge zu verändern. Das ist kein „Widerstand" – vielmehr reflektiert es die Tatsache, daß der junge Mensch nicht die

Gelegenheit erhält, in sich selbst die Fähigkeit oder das Verantwortungsbewußtsein für Veränderung zu entdecken.*

Wenn selbst Eltern und Kinder in solch einem Muster gefangen sein können, so sind stationär arbeitende BetreuerInnen noch viel anfälliger dafür. Da wir für unsere Arbeit mit Kindern und Jugendlichen bezahlt werden, fühlen wir uns leicht unter Druck, einen Erfolg sicherzustellen. Nach meiner Erfahrung ist das meist kontraproduktiv, obwohl es nicht einfach ist, unsere tiefverwurzelten Angewohnheiten und Meinungen infrage zu stellen.

## An Jugendlichen „herumzunörgeln" ist verständlich ...
## aber vielleicht gibt es einen besseren Weg

Wenn wir die stationäre Unterbringung als Übergangszeit, als Experimentierphase betrachten, dann liegt unser Ziel darin, den jungen Menschen die Möglichkeit geben, sich im Anderssein zu „üben". Wenn dies bedeutsam für sie sein und somit auch eher zu einer anhaltenden Veränderung führen soll, ist es für sie wichtig, ihre eigenes Mitwirken bei Erfolg und Mißerfolg zu erfahren.

Dies ist besonders wichtig, wenn wir die allgemeine Tendenz der Erwachsenen, an Jugendlichen „herumzunörgeln", betrachten, da Erwachsene durch Nörgeln sehr effektiv Verantwortung für erfolgreiches Verhalten übernehmen (d.h., wenn ein junger Mensch erfolgreich ist, kann man dies dem Nörgeln des Erwachsenen zuschreiben, statt seinen eigenen Bemühungen).

*Matt, 18 Jahre, hatte mit Jähzorn und Aggressivität zu kämpfen. Er gehörte zu den Jugendlichen, die im allgemeinen von den Leuten als aufreizend empfunden werden mit dem Ergebnis, daß diese (so z.B. die Angestellten) ständig meinen, ihn erinnern, verbessern und drängen zu müssen. Natürlich führt dieses ständige Nörgeln unsererseits meist dazu, sein „Zuhörproblem" zu vergrößern, und er scheint weniger und weniger zu hören.*

---

*) **Anm.d.Hrsg.**: Diese Erkenntnis findet sich schon bei GALILEI, der feststellt: „Man kann einem Menschen nichts lehren – man kann ihm nur helfen, es in sich selbst zu entdecken." (zit. nach Ausbildungsunterlagen für den Kurs „Systemisches Arbeiten im Jugendaufbauwerk Schleswig-Holstein", Psychologischer Dienst, 1994)

*Uns war bewußt, daß wir uns allmählich in ein kontraproduktives Muster verstrickten, bei dem wir uns erfolglos immer mehr bemühten, Matt zur Übernahme von Verantwortung und zu verändertem Verhalten zu bringen. Zudem hielten wir Matt für sehr wohl in der Lage zu wissen und zu tun, was von ihm verlangt wurde, und so diskutierten wir eine andere Strategie mit ihm.*

*„Matt, wir können sehen, wie satt du es hast, den ganzen Tag von den Mitarbeitern bequatscht und bedrängt zu werden, alle möglichen Dinge zu tun. Wir sehen, wie verrückt dich das macht und dir vermutlich sowieso nicht hilft, das Richtige zu tun. Daher haben wir beschlossen, ganz und gar mit diesen Ermahnungen aufzuhören."*

*Wir erklärten Matt, wir hätten eine Anzahl von Karten – rot, gelb und grün – vorbereitet. Wir erläuterten ihm, rot bedeute „hör' sofort auf", gelb „überleg' dir, was du da machst", und grün signalisiere „o.k., mach' weiter so". Natürlich waren das genau die Worte, die wir ihm gegenüber auch benutzt hatten. Wir machten ihm klar, statt zu reden oder zu nörgeln, würden wir ihm stumm eine Karte geben, wenn wir merkten, daß er etwas Gefährliches oder nicht Akzeptables (rot), etwas nicht Ratsames (gelb) oder etwas Hilfreiches bzw. Angemessenes (grün) machte. Er stimmte dieser Idee bereitwillig zu. Wir brachten eine blaue Karte in einem – nicht echten – Alarmkasten im Büro mit der Aufschrift an „Im Notfall Glas einschlagen und Karte entnehmen". Wenn er uns diese Karte gab, würde das bedeuten, wir sollten unbedingt wieder anfangen, ihm Anweisungen zu geben, und der Plan wäre dann beendet.*

*Die MitarbeiterInnen fanden es schwer, sich zurückzuhalten und Matt nicht zu ermahnen oder zu drängen; die Karten halfen uns jedoch dabei. Wenn wir Matt schweigend die jeweilige Karte überreichten, war es an ihm, Verantwortung für sein Verhalten zu übernehmen und seine eigene Entscheidung zu treffen. In den folgenden Wochen nahm die Zahl der grünen Karten zu. Bei den wöchentlichen Treffen wurde die Zahl der verschiedenen Karten zusammengezählt, und er war sehr stolz auf den wachsenden grünen Stapel. Eindeutig begann er, Information über sein Verhalten auf eine Art und Weise zu bekommen, die nicht' möglich war, als die Angestellten noch alle Mühe selbst auf sich nahmen.*

*Während Matt immer glücklicher mit diesem System wurde, das ihn stillschweigend ermahnte und die Entscheidungen dann ihm überließ, begann er, sich zu beklagen, daß wir Gelegenheiten ausließen, ihm*

*grüne Karten zu geben. Wir entschuldigten uns und gaben zu, wir
seien es wegen seiner Verfehlungen so gewohnt, an ihm herumzunörgeln, daß wir nicht mehr die Übung hätten, seine Erfolge zu bemerken.
Wir gaben Matt einen Stapel mit orangefarbenen Karten. Dies waren
„Angestellten-Erinnerungskarten", die er uns geben sollte, wenn er
meinte, wir hätten ein „grüne Karte-Verhalten" übersehen. Diese wurden ebenfalls bei den wöchentlichen Treffen zusammengezählt und
erwiesen sich als sichtbarer Beweis unserer Fähigkeit, auf seine wachsenden Veränderungen zu reagieren. Sie ermutigten ihn auch – was
ganz wichtig war – seinen eigenen Erfolg zu überwachen, wodurch
sein Verhalten weniger abhängig von unserer Reaktion wurde.*

*Dieses Kartensystem, das wir eine Weile lang durchführten, bis es
sich erübrigte, ermöglichte Matt einen höheren Grad persönlicher Ein-
wirkung auf sein Verhalten. Und was noch wichtiger war, es zwang
uns, von unserer früheren Haltung Abstand zu nehmen, bei der wir
uns mehr abmühten, sein Verhalten zu ändern, als er dies selbst tat.*

*– Wyatt Lodge, Weldon Centre, Sydney*

In diesem Beispiel ist nicht das Kartensystem das eigentlich Wichtige,
obwohl es beim Aufbrechen eines festen Interaktionsmusters zwischen
Angestellten und Bewohner half. Wichtiger war die Bereitschaft der
MitarbeiterInnen, einen Weg zu finden, bei dem der Jugendliche sich
selbst als jemand erleben konnte, der sein Verhalten bestimmen und
überwachen konnte.

## Die Zügel aus der Hand geben

Die Angestellten sind in einer äußerst schwierigen Lage. Nur allzu leicht
halten sie sich dafür verantwortlich, ob die Dinge gut laufen oder nicht,
und befinden sich bei ihren Bemühungen schnell in der „Defensive".
Manchmal müssen sie aber ihre eigene unerfreuliche Lage anerkennen
und dem jungen Menschen zugestehen, einen gewissen Grad von
Selbstbestimmung zu erfahren.

*Rick gehörte zu den Kindern, die alle Vorschriften zu mißachten
schienen. Ich wurde immer frustrierter mit ihm und versuchte immer
mehr, meine Macht zu beweisen. Ich hatte das Gefühl, mein Geld
wirklich verdient zu haben, so lange er in der Einrichtung war, da ich
schwer daran arbeiten mußte, ihm nicht zu unterliegen. Eines Morgens vor der Schule „flippte er aus". Er und ich waren wegen seiner*

*Widerspenstigkeit in eine Auseinandersetzung verwickelt, und die Situation eskalierte immer mehr, bis er ganz und gar außer Kontrolle geriet und nichts mehr machte, was ich sagte. Es war eine völlige Pattsituation.*

*Nachdem ich mit einem Kollegen gesprochen hatte, wurde mir klar, daß die Lage nur noch weiter eskalieren würde, wenn ich nicht die Richtung änderte. Selbst wenn es mir irgendwie gelänge, die Kontrolle wiederzuerlangen, wäre es ein sehr schaler Sieg geworden. Ich ging wieder hinein und entschuldigte mich bei Rick. Ich entschuldigte mich dafür, zuviel Einfluß genommen und ihm nicht die Chance gegeben zu haben, auszuprobieren, wie man selbständig die Beherrschung wiedergewinnen kann.*

*Rick war richtig schockiert. Normalerweise wäre er aufgefordert worden, sich dafür zu entschuldigen, wie er mit mir geredet hatte (was oft zum nächsten Streit darüber führte, ob er sich nun entschuldigen würde oder nicht). Diesmal war mein Auftreten ihm gegenüber eindeutig anders. Sein Verhalten machte keine „Wandlung" durch, und er zeigte keine große Reaktion (und es war wichtig, daß ich nicht versuchte, eine solche heraufzubeschwören). Trotzdem hatte ihm der Vorfall anscheinend zu denken gegeben, und danach wurde die Situation etwas besser.*

*– Timaru Hostel, Care Force Youth Services, Sydney*

Der Gedanke, wir müßten alles – auch nach außen hin erkennbar – unter Kontrolle haben, ist verführerisch (und zu glauben, dies sei möglich, ist vermutlich eine Illusion).* Häufig fördert der Kontext des stationären Programms (Erwartungen der Leitung, KollegInnen und Eltern) bei den Angestellten das Gefühl, sie müßten das Verhalten der jungen Leute unter Kontrolle behalten. Daraus entwickelt sich leicht eine Situation, in der sie versuchen zu „gewinnen". Wenn sie jedoch erfolgreich sind, ist der Sieg oft nur von kurzer Dauer, und die BewohnerInnen haben einzig und allein gelernt, daß die MitarbeiterInnen größer und stärker sind als sie. Wenn die Angestellten es natürlich darauf anlegen zu gewinnen, aber dann verlieren, sind die Folgen noch viel problematischer. Wenn man sich in einem „Machtkampf" befindet, lernen die BewohnerInnen, daß es äußere Macht und Stärke sind, die dazu beitra-

---

*) **Anm.d.Hrsg.**: Dies entspricht der konstruktivistischen Idee, daß es nicht möglich sei, Menschen zielgerichtet zu beeinflussen. Es geht um die sog. „Unmöglichkeit der instruktiven Interaktion" (vgl. Paul DELL „Klinische Erkenntis. Zu den Grundlagen systemischer Therapie", 1990[2])

gen, die Umgebung fest und sicher zu gestalten. Es sind nicht nur die Angestellten, die sich besiegt und machtlos fühlen, wenn sie verlieren, auch die jungen Menschen empfinden wahrscheinlich größere Unsicherheit. Wenn Jugendliche ihre Grenzen immer weiter auszutesten scheinen, ist das normalerweise kein Versuch, die Angestellten zu besiegen, sondern ihr Bemühen, uns dazu zu bringen, die Kontrolle zu übernehmen. Wenn sie nie die Gelegenheit gehabt haben zu erleben, wie sie selbst ihr eigenes Verhalten und ihre Emotionen beherrschen können, bleibt ihnen nur übrig, äußere Macht zu erflehen.

Ich kenne stationäre Einrichtungen, in denen diese Art Auseinandersetzung schließlich dazu führt, daß der Bewohner von einigen Angestellten festgehalten wird oder mit Gewalt Beruhigungsmittel bekommt. Diese „Lösungen" stellen vielleicht im Augenblick den Frieden wieder her; sie tragen jedoch wenig dazu bei, eine andere Selbsteinschätzung zu fördern.

Wichtig an der Entschuldigung des Mitarbeiters bei Rick ist nicht nur das Ausbrechen aus einem eskalierenden Muster. Wichtig an seinen Äußerungen ist die eindeutige Implikation, daß Rick in der Lage ist, sein eigenes Verhalten unter Kontrolle zu haben. Rick erhielt die Botschaft, die MitarbeiterInnen würden sich nicht mehr bemühen, sein Verhalten zu bestimmen, und man erwarte außerdem von ihm, dies selbst zu tun. Es war ebenfalls wichtig, nicht zu versuchen, eine umfassende Reaktion von Rick zu erhalten. Keine einzelne Reaktion oder Intervention kann sicherstellen, daß unbeherrschtes Verhalten nicht wieder auftritt. Wir könnten sogar damit rechnen, daß Rick die Entschlossenheit der Angestellten, nicht einzugreifen, auf die Probe stellt. Die Interaktion hat jedoch die Voraussetzung für eine neue Entwicklung geschaffen, bei der Rick (und die MitarbeiterInnen) vermutlich eher Vorfälle, bei denen er sein Verhalten unter Kontrolle hat, bemerken und darauf reagieren.

## Davor oder dahinter?

Eine Reihe von MitarbeiterInnen in stationären Einrichtungen finden es hilfreich, sich bei der Frage von Ausgewogenheit der Verantwortung zu überlegen, ob sie ihre Position vor oder hinter dem jungen Menschen einnehmen. WHITE (1990, S.148) legt folgenden Gedanken nahe: „Unterstützt der Therapeut die betreffende Person von hinten statt von vorn, haben wir hier den primären Mechanismus, durch den der neue Kontext konstruiert wird. Es gilt die allgemeine Regel, daß Menschen die einzigartigen Chancen ihres Lebens nicht erkennen können, wenn andere vor ihnen stehen und die Sicht versperren." Wenn wir eine Position einnehmen, in der wir drängen, ermutigen, genau darlegen, was getan werden muß, usw. – wenn wir also die Führung übernehmen – stellen wir uns vor den jungen Menschen, dem nicht viel anderes übrigbleibt, als zu versuchen, uns einzuholen (oder auch aufzugeben). Wenn er erfolgreich ist, ist nicht mehr erreicht, als *unsere* Erwartungen und *unsere* Ziele zu erfüllen, und ihm bleibt wenig Raum für das Gefühl, etwas geleistet zu haben. Wenn wir auf der anderen Seite an der Überzeugung festhalten, unsere KlientInnen seien in der Lage, sich zu verändern und zu wissen, was für sie am besten ist, dann bleiben wir hinter dem jungen Menschen. Dann ist klar, daß er selbst die Schritte unternimmt, und unsere Aufgabe besteht darin, sie zu erkennen und mit dem Erreichten „auf dem Laufenden" zu bleiben. Diese Position erlaubt dem jungen Menschen nicht nur, sich stärker am Erfolg beteiligt zu fühlen, sondern hilft den Angestellten auch, sich mehr darauf zu konzentrieren, Beispiele für Erfolg zu erkennen.

*Vanessa, 17 Jahre alt, war seit mehr als einem Jahr in unserer Langzeitabteilung. Sie war Opfer sexueller Übergriffe gewesen und war unter anderem wegen schweren Drogen- und Alkoholmißbrauchs, Selbstmordgedanken und -versuchen und wegen zeitweiser Prostitution bei uns aufgenommen worden. Dieses Verhalten hatte sie auch während ihrer Zeit in unserer Einrichtung beibehalten.*

*Wir waren uns unserer Verantwortung für ihre Sicherheit äußerst bewußt und überwachten ihren Drogengebrauch sorgfältig. Als ihr Verhalten gefährlicher wurde, schrieben wir strengere Ausgehverbote vor, erlaubten ihr nicht, ohne Aufsicht zu sein, untersuchten genau jedes Päckchen, das sie mitbrachte, usw. Gelegentlich ging sie aus und rief uns dann später an, war ganz offensichtlich völlig betrunken und wollte abgeholt werden, sagte uns aber nicht, wo sie war. Man konnte leicht Stunden mit der Suche nach ihr verbringen.*

*Je mehr Verantwortung wir für ihre Sicherheit übernahmen, desto gefährlicher verhielt sie sich. Wir begriffen, daß wir all die Arbeit machten, und unbeabsichtigt Vanessa der Möglichkeit beraubten, sich als jemanden zu erleben, die die Kontrolle über die Situation selber in der Hand hält. Ganz deutlich wurde uns dies eines Tages, als Vanessa äußerst „down" war. Sie malte ein Bild, in dem sie ihre Situation darstellte: Ein großes Karussell, das sich nach ihrer Aussage immer schneller drehte. Sie befand sich auf diesem Karussell, konnte es nicht anhalten, und niemand konnte wegen eines Stacheldrahtzauns in die Nähe kommen. Sie zeichnete uns (die Mitarbeite-*

rInnen) außerhalb des Zauns mit einem Megaphon, wie wir ihr Anweisungen zuriefen. In der Mitte des Karussells war ein „Stoppschalter". Dies war der erste Hinweis für uns, daß Vanessa ansatzweise glaubte, das Karussell könne anhalten (obwohl wir den Verdacht hegten, unsere Versuche, über den Zaun zum Stoppschalter zu klettern, hatten das Karussell nur noch beschleunigt).

Wir fragten Vanessa nach dem Stoppschalter und überlegten, wie dicht sie an ihn hatte herankommen können, und wie es ihrer Meinung nach sein würde, wenn sie ihn betätigte. Wir erzählten ihr auch, uns sei deutlich geworden, wie wenig hilfreich es von uns gewesen sei, ihr von weitem Anweisungen zuzurufen, und entschuldigten uns dafür. Da sie dem Schalter am nächsten war, brauchte sie nicht unsere Anweisungen, um ihn zu erreichen. Wir schlugen sogar vor, Vanessa solle das Megaphon bekommen, damit sie uns sagen konnte, was für sie richtig wäre, statt uns um Rat zu fragen.

Wir beschlossen, wir würden Vanessa die Kontrolle über die Situation zurückgeben. Das war für uns wie für sie ein schwerer Entschluß. Für uns war es schwierig, da uns die Risiken bewußt waren, und Vanessa selbst hatte noch nie wirklich die Möglichkeit gehabt, mit der Selbstbestimmung zu experimentieren. Wenn Vanessa irgendwohin ausging, fragten wir sie, woher sie wissen würde, ob sie dort sicher sei, und wir fragten sie, ob sie das Megaphon habe. Selbstverständlich gab es Gelegenheiten, wo Vanessa die Dinge nicht mehr unter Kontrolle behielt; sie hatte jedoch „das Megaphon" und entschied sich, uns um Hilfe zu bitten. Während sie sich weiter abmühte, gelang es ihr immer besser, ihre Erfolge anzuerkennen. Wenn wir früher versucht hatten, sie auf kleine Schritte oder Erfolge hinzuweisen, fand sie es schwer, diese zu akzeptieren. Jetzt, wo sie sich selbst in der Rolle der Bestimmenden sieht, erzählt sie uns selbst von ihren Erfolgen.

Vanessas Kampf hat sehr viel Mut erfordert. Uns ist bewußt, daß dies früher unser Mut und unsere Stärke war, während Vanessa jetzt den Freiraum hat, ihren eigenen Mut und ihre Kraft zu entdecken.

– Wyatt Lodge, Weldon Centre, Sydney

Wenn es um Fragen der Sicherheit geht, ist es für Angestellte in stationären Einrichtungen schwierig, sich von dem Gedanken zu lösen, sie müßten alles unter Kontrolle behalten. Es gibt berechtigte Sorgen wegen ihrer „Fürsorgepflicht", rechtliche Folgen, wenn sie offensichtlich ihren Pflichten nicht nachgekommen sind, und Befürchtungen, die Vorgesetzten könnten Kritik üben. Trotzdem hat es den Anschein, als *würde es einfach nicht funktionieren*, wenn man sich mehr und mehr abmüht, die Jugendlichen von allem Ärger fernzuhalten.

Ich erinnere mich an eine stationäre psychiatrische Kinderstation, in der ich arbeitete und wo der Leiter alle Schlösser an Türen und Toren entfernte. Seine Begründung war: „Schlösser halten Kinder überhaupt nicht zurück, sie machen nur den Angestellten das Leben schwer!" Dieser Erklärung könnten wir noch hinzufügen, daß es den jungen Menschen nicht hilft, eine neue Sichtweise ihrer selbst zu entwickeln, wenn sie einfach lernen, Schlösser als etwas Notwendiges zu sehen, mit dem sie unter Kontrolle gehalten werden.

Wir müssen ständig abwägen zwischen den Anforderungen unserer beruflichen Verantwortung und den Risiken, die es mit sich bringt, wenn man jungen Menschen erlaubt, mit ihrer Selbstbestimmung zu experimentieren. Es ist sicherer, wenn wir uns vor sie stellen. Hinter ihnen zu bleiben, kann beunruhigend und riskant sein und verlangt eine Umgebung, in der die kalkulierten Risiken der MitarbeiterInnen Unterstützung finden. Auf lange Sicht gesehen funktioniert es jedoch oft besser.

Ein leitender Angestellter einer stationären Einrichtung hatte hart daran gearbeitet, Wege zu finden, um hinter den BewohnerInnen bleiben zu können. Es wurde von ihm aufgrund seiner gehobenen Position erwartet, er würde eingreifen, wenn irgendetwas außer Kontrolle geriete. Ihm war aber bewußt, daß er gerade dabei das Risiko einginge, sowohl das Ansehen der anderen MitarbeiterInnen zu unterminieren, als auch den jungen Leuten die Möglichkeit zu nehmen, Selbstbestimmung zu erleben. Er sah seine Rolle darin, den MitarbeiterInnen zu helfen, ihre Reaktionen zu überdenken und zu bereden, wodurch sie sich möglicherweise in übertriebene Bemühungen verstrickten; auch er mühte sich sehr, sich nicht zu sehr zu mühen. Eines Tages fragte ihn eine der Bewohnerinnen: „Gehören Sie zu dem Aushilfspersonal oder sind Sie die Ablösung?" Für ihn war dies der Beweis, daß er erfolgreich die Position „dahinter" beibehalten hatte.

# Reflexionen über „nicht zu schwer arbeiten"

Im Rahmen meiner Vorbereitungen zu diesem Buch diskutierte ich mit einer Gruppe von ErzieherInnen über ihre Erfahrungen mit der Anwendung von Gedanken, wie sie in diesem Buch umrissen werden, und über „die schwere Arbeit, nicht zu schwer zu arbeiten". Es handelt sich um ein Arbeitsteam einer stationären Einrichtung für ältere männliche Jugendliche (15-18 Jahre), von denen viele schon vorher in anderen stationären Einrichtungen gewesen sind und mit Polizei und Gerichten zu tun gehabt haben. Bei etlichen von ihnen ist es schon zu Gewalttätigkeit gegenüber Personen oder fremdem Eigentum gekommen. Das Programm ist eindeutig therapeutisch ausgerichtet, obwohl auch Fähigkeiten für die Erledigung alltäglicher Aufgaben und praktischer Dinge wie Arbeitssuche eingeschlossen sind.

| | |
|---|---|
| Michael: | Welchen Unterschied hat die Anwendung dieser Ideen für euch gemacht? |
| Martin: | Der eine Unterschied dieser Arbeitsweise besteht darin, daß sie dich normalerweise auffordert, innezuhalten und nachzudenken; sie ermutigt dich, Dinge unter die Lupe zu nehmen, z.B. die Bedeutung einer Situation für ein bestimmtes Kind und für interaktionsbezogenes Geschehen in der Einrichtung. Man hat immer den Gedanken im Hinterkopf, das Tempo zurückzunehmen und darüber nachzudenken, was man da macht. |
| Campbell: | Überhaupt einen Rahmen zu haben, eine Arbeitsweise, die alle im Team haben: Das ist anders als in anderen Institutionen, für die ich gearbeitet habe. |
| Jan: | Wir arbeiten als Team, daher reagieren wir alle gleich; das ist ganz anders verglichen mit den Erlebnissen, die der Jugendliche zu Hause hat. |
| Martin: | Es ist interessant, wie oft wir von einem der Kinder eine Bemerkung hören wie z.B.: „Ihr sagt immer alle dasselbe." – Wir denken alle in derselben Richtung und uns fallen ähnliche Lösungen ein. |
| Campbell: | Wir erziehen uns dazu, auf das Verhalten der Bewohner einzugehen, statt nur zu reagieren, d.h. wir müssen nachdenken, bevor wir irgendetwas tun. |
| Ewan: | Wenn man versucht, die Dinge sofort anzupacken, reagiert man oft nur, statt auf sie einzugehen. Wenn man aber anhält und nachdenkt oder sich vielleicht die Zeit nimmt, mit jemandem zu reden, kann man eine viel klarere und angemessenere Botschaft vermitteln. |
| Jan: | Ja, und es hilft einem auch, sich nicht in Gedanken über ihre Absichten zu verlieren. Man fängt leicht an zu glauben, sie störten absichtlich, was nicht hilfreich ist. |
| Michael: | Okay, es ist alles schön und gut, über das Innehalten und Nachdenken zu reden, aber seid ihr nicht verantwortlich dafür, eine gewisse Kontrolle über die Dinge zu behalten? |
| Ewan: | Es ist leicht, die Verantwortung für sie zu übernehmen, solange sie hier sind, aber es hilft ihnen nicht, wenn sie in der Welt da draußen sind. |

Jan: Ich sehe meine Rolle darin, ihnen so viel Information wie möglich zu geben, damit sie eine Entscheidung treffen können, aber welche Entscheidung sie dann treffen, liegt nicht mehr in meiner Verantwortung.

Campbell: Es gehört zu den Bedingungen des Hauses, daß wir bereit sind, sie mit beiden Verhaltensformen experimentieren zu lassen – den akzeptablen und den nicht akzeptablen; Information erhalten sie bei beiden. Wenn das Verhalten nicht akzeptabel ist, zielt die Konsequenz darauf ab, ihnen neue Information zu geben. Wenn wir hervorheben können, wann ihr Verhalten akzeptabel ist, können sie anfangen, sich selbst als denjenigen zu sehen, der die Kontrolle über sie hat.

Michael: Was meinst du mit „experimentieren"?

Campbell: Ich denke, wir meinen nicht, das Haus müsse die ganze Zeit perfekt funktionieren, und es kann Zeiten geben, wo die Dinge außer Kontrolle zu sein scheinen. Aber wir sind zu dem Experiment bereit, den Bewohnern so viel Zeit wie möglich zu geben, die Zügel wieder in die Hand zu bekommen, statt uns einzumischen, damit das Haus störungsfrei funktioniert.

Gillian: Es läuft darauf hinaus, möglichst viele Chancen für Erfolg anzubieten.

Michael: Sind das nicht auch Chancen für Mißerfolge?

Gillian: Ich denke schon; aber nur, wenn man da aufhört.

Campbell: Sie erhalten wahrscheinlich eher die Botschaft, versagt zu haben, wenn jemand sich einmischt, als wenn sie es schließlich selbst nach langem Kampf schaffen, die Dinge unter Kontrolle zu bekommen.

Martin: Ja, wenn wir eingreifen, bleibt in ihnen das Gefühl: „Ich habe es allein nicht geschafft".

Jan: Für mich ist dieses Eingreifen nur eine kurzfristige Lösung. Je mehr ich nämlich eingreife, desto mehr braucht das Kind dann jemanden, der eingreift, und desto weniger ist es auf die Zukunft vorbereitet. Wir müssen ihnen die Chance geben, ihre Selbstkontrolle langsam aufzubauen und den Unterschied zu erkennen, ob sie die Kontrolle selber haben oder nicht. Wenn wir sie kämpfen lassen, haben sie unter Umständen die Chance, die Kontrolle selber zu übernehmen; sie können aber auch die Botschaft erhalten, daß es noch nicht das Ende bedeutet, wenn man versagt. Viele von ihnen kommen aus Einrichtungen, in denen sie nur unter Kontrolle gehalten wurden, und die Kontrolle wird einfach enger und enger. Wenn sie immer nur erleben, daß andere über ihr Verhalten bestimmen, werden sie das immer wieder brauchen und also mit größerer Wahrscheinlichkeit den Rest ihres Lebens im Sicherungssystem verbringen. Wir hoffen, sie erleben eine andere Wahlmöglichkeit – nämlich über sich selbst bestimmen zu können.

Campbell: Hier bei uns sind sie nicht eingesperrt, und sie haben eine Menge Freiheit. Da die Angestellten nicht ständig versuchen, alles in die Hand zu nehmen und zu hohe Erwartungen an die BewohnerInnen zu stellen, ist es eher möglich, daß sie in unserer Umgebung vernünftig zurechtkommen und Fortschritte machen. Wir hatten einen Mitarbeiter bei uns, der früher in einer stärker strukturierten und kontrollierenden Institution gearbeitet hatte. Er war überrascht, als er einen Bewohner bei uns entdeckte, der früher bei ihm gewesen war, und er bemerkte, wieviel ruhiger dieser junge Mensch in unserer Situation war als in dem institutionellen Rahmen, in dem die Angestellten sich sehr bemüht hatten, ihn ruhig zu halten. Ich denke, das Maß an relativer Freiheit, das wir haben, gibt den BewohnerInnen tatsächlich die Gelegenheit, mit ihrer Verantwortlichkeit in einer Weise zu experimentieren, die ihnen eine restriktivere Situation nicht bietet.

Jan: Es ist schwer, wenn im Haus was passiert und man weiß, am hilfreichsten ist es, sich zurückzulehnen und den Dingen ihren Lauf zu lassen und sich später darum zu kümmern. Man hat das Gefühl: „Du müßtest was tun", und es ist schwer, sich einfach auf seine Hände zu setzen.

Campbell: Der Wendepunkt kam für mich, als mir klar wurde, daß es die Verantwortung der Bewohner ist und nicht meine, wie die Dinge hier laufen. Meine Verantwortung liegt darin, ihnen die Möglichkeit zu geben, Verantwortlichkeit zu erfahren, und immer wieder die Dinge zu bemerken, die sie anders machen; sie liegt nicht darin, sicherzustellen, daß alles hier immer störungsfrei verläuft.

Jan: Wir sitzen nicht nur im Büro und lassen um uns herum Chaos walten – das heißt es nicht. Ich bemerke aber oft, daß die Reaktion, die mir zuallererst in den Sinn kommt, den jungen Menschen häufig nicht hilft, das Gefühl zu entwickeln, sie könnten etwas in ihrem Leben verändern. Wenn ich mich daher zurücklehne, abwarte und nachdenke, kann ich eine Entscheidung treffen, wie und wann ich eingreifen möchte. Ich kann mir überlegen, ob es am besten ist, den Betreffenden mit einer Frage aufzufordern, über sein Verhalten nachzudenken, oder positive Aspekte seines Verhaltens hervorzuheben oder ihm für sein negatives Verhalten Konsequenzen aufzuerlegen. Es funktioniert besser, wenn man sich Zeit läßt.

Campbell: Ja, also ganz bestimmt lehnen wir uns nicht einfach zurück und tun gar nichts. Und für uns kann es eine Falle sein, wenn wir fühlen, wir müssen immer mit einer schlauen Art zu reagieren aufwarten, die das Verhalten stoppt, und wenn es nicht aufhört, haben wir versagt. Es hilft nicht, sich so unter Druck zu setzen. Manchmal kannst du hundert kluge Interventionen machen, aber das Verhalten der Jugendlichen besteht weiter. Und manchmal müssen wir nur sagen: „Nein, das geht nicht" und dabei richtig fest sein und mit dem darauf folgenden Aufruhr fertigwerden.

Jan: Viele von diesen Kindern meinen, nicht wirklich eine Wahl zu haben. Selbst wenn wir Grenzen abstecken und auf ihnen bestehen, erfahren die Betreffenden immer noch die Entscheidungsmöglichkeit, über ihre eigenen Reaktionen bestimmen zu können.

Ewan: Ja, selbst bei Jugendlichen, die scheinbar erfolglos wieder gehen mußten, entdeckten wir bei späteren Nachforschungen, daß die Möglichkeiten, die sie zum Erleben von Entscheidungsfreiheit hatten – selbst wenn sie nicht zu funktionieren schienen – einen Unterschied gemacht haben.

# Dienen wir dem Programm oder dient das Programm uns?

Alle stationären Einrichtungen haben verwaltungstechnische und organisatorische Vorgaben. Hinzu kommen die Forderungen der Geldgeber, der Sozial- oder Gesundheitsbehörde usw. Diese Forderungen umfassen oft Bestimmungen über Aktenführung, Statistiken, regelmäßige Fallprotokolle und ähnliches. Hier in Sydney werden Fremdunterbringungen normalerweise bis zu einem gewissem Grad von der staatlichen Wohlfahrtsbehörde kontrolliert, die detaillierte Vorschriften bezüglich der Fallplanung, der Berichte und formeller Fallkonferenzen macht. Natürlich sind in unserer Arbeit Verantwortlichkeit und das Bedürfnis nach Planung und Protokollen wichtig, aber manchmal erreichen sie einen Punkt, wo man sich zu fragen beginnt, wessen Bedürfnissen man eigentlich gerecht wird.

Wenn wir mit jungen Menschen arbeiten, die Schwierigkeiten haben oder machen, gibt es andere Gebote für uns und unsere Programme außer diesen „formalen" Vorgaben. Bis ein junger Mensch schließlich in eine stationäre Einrichtung kommt, hat er oft schon mit einer Reihe von Fachleuten zu tun gehabt, von denen viele eine Vorstellung davon haben, welche Art von Behandlung norwendig ist. Oft kommen junge Leute in unsere Einrichtungen mit umfangreichen Akten oder detaillierter Zuweisungsinformation, die auch Ansichten darüber enthalten kann, welche bestimmten Therapieformen oder Behandlungen notwendig sind.

Wie wägen wir all diese miteinander konkurrierenden Forderungen gegeneinander ab? Zweifellos kann man manchmal das Gefühl bekommen, wir dienten dem System, wenn eigentlich das System etwas sein soll, das uns hilft, so erfolgreich wie möglich mit den jungen Menschen und ihren Familien zu arbeiten.

Für uns ist es wichtig, zwischen Therapie und sozialer Kontrolle zu unterscheiden. Im Bereich der Wohlfahrt sind diese an sich deutlich von einander abgegrenzten Tätigkeitsfelder oft verwischt oder unklar. Soziale Kontrollbestrebungen, die sich darum bemühen, z.b. die Sicherheit einer Person zu garantieren, sind oft gerechtfertigt, und wir können uns bemühen, sie so „therapeutisch" wie möglich durchzuführen; dennoch sind sie keine Behandlung. In den Tätigkeitsbereichen der sozialen Kontrolle sind Fachleute und Behörden diejenigen, die Macht und Fachwissen besitzen. Das therapeutische Anliegen hingegen hat zum Ziel, die KlientInnen erleben zu lassen, daß sie selbst im Besitz der Lösung ihrer Schwierigkeiten sind. Diese Blickrichtung bringt es manchmal mit sich, Risiken einzugehen und den KlientInnen Raum zum Experimentieren und zum möglichen Versagen zu gewähren.

Eine stationäre Einrichtung beschloß, dem Gericht die Genehmigung zu verweigern, ihm junge Menschen zuzuweisen. Vielmehr sagten sie, sie würden zwar gern mit vom Gericht zugewiesenen jungen Menschen arbeiten, erläuterten aber, diese sollten dann vom Gericht der Obhut des Leiters der örtlichen Wohlfahrtsbehörde unterstellt werden und nicht ihrer Einrichtung. In vieler Hinsicht machte das für das alltägliche Geschehen wenig Unterschied. Was aber den Vorgang im großen und ganzen anlangte, gab es einige wichtige Unterschiede. Zunächst einmal bedeutete es, daß jemand anderes für die „gesetzlichen" Vorschriften verantwortlich war; diese konnten daher nicht so leicht die Möglichkeiten der Einrichtung, Experimentierraum zu schaffen, in Gefahr bringen. Zweitens ergab sich dadurch eine größere Flexibilität bei Aufnahmen und Entlassungen, da für letztere oder für eine Veränderung des Behandlungsplans keine neue gerichtliche Anordnung notwendig wurde.

Die Art, wie wir mit den verschiedenen behördlichen Vorschriften umgehen, ist vor allem wieder eine Frage unserer Zielvorstellung. Die Vorgehensweisen, die am ehesten von uns erwartet werden, können auf eine Art durchgeführt werden, die potentiell unsere KlientInnen entmächtigt; sie können aber auch auf eine Weise gerahmt werden, die sie in den laufenden Prozeß, Vorstellungen von Kompetenz zu entwickeln, miteinbezieht.

*Unsere Institution hatte bisher regelmäßig Fallbesprechungen für jedes Kind in der Einrichtung durchgeführt. Diese waren oft auch wegen der Vorschriften staatlicher Wohlfahrtsbehörden notwendig gewesen, und es wurden normalerweise Angestellte der Einrichtung und der Wohlfahrtsbehörde und andere wichtige Fachleute hinzugezogen. Bei diesen Besprechungen wurden gewöhnlich die für das Kind gesetzten Ziele neu diskutiert und zukünftige Ziele für den Fall abgesteckt.*

*Wir wußten, daß einige BewohnerInnen nur zögernd an diesen Treffen teilnahmen oder etwas zum Abstecken der Ziele beitrugen. Natürlich war es leicht, dieses Zögern als mangelnde Bereitschaft sich zu engagieren zu deuten oder als Unfähigkeit, die eigenen Fallpläne zu untersuchen; infolgedessen legte oft die Mehrheit der anwesenden Erwachsenen den Plan fest.*

*Bei gründlicherem Nachdenken erkannten wir, daß für viele junge Leute die Fallbesprechung nur wieder einmal eine weitere Sache war, die „mit ihnen geschah". Ob die anwesenden Erwachsenen nun freudige Aufregung wegen des Fortschritts des jungen Menschen zum Ausdruck brachten oder noch eine weitere Liste mit Zielen entwarfen (was oft bei solchen Treffen zu geschehen scheint) – der Jugendliche war nicht wirklich Teil des Ganzen, und es blieb ihm nur übrig, den Stoff „nachzuholen", den Erwachsene behandelt hatten.*

*Wir beschlossen, diese Fallbesprechungen nicht mehr anzusetzen. Stattdessen führten wir „Nachholtreffen" ein – Treffen, bei denen die Jugendlichen uns helfen konnten, „nachzuholen", was wir von ihnen noch an Wissen brauchten. Wir forderten die BewohnerIn auf, den Termin festzulegen (vielleicht aus einer Liste von Terminen, die wir vorgaben) und zu entscheiden, wer eingeladen werden sollte. Auf diese Weise war bei den Treffen keine Gruppe vertreten, die „das System" für relevant hielt, sondern Menschen, von denen der Jugendliche meinte, sie sollten wissen, was geschah. Dadurch wurde es für uns viel realistischer zu sagen, der Jugendliche habe sein eigenes Programm, bei dem wir nur für das sichere Umfeld sorgten, in dem er experimentieren konnte.*

*Seit dieser Veränderung ist uns klar geworden, daß es andere Wege gibt, wodurch unser „wir wissen es am besten" jungen Menschen auf eine Weise aufgedrängt wird, die sie weit zurückläßt und sie zwingt zu versuchen, uns wieder einzuholen.*

*Nathan kam in unsere Einrichtung mit der Vorgabe, er müsse an Fragen in Zusammenhang mit seinem sexuellen Mißbrauch arbeiten.*

*Frühere Unterbringungen waren völlig erfolglos gewesen, und die verschiedenen BetreuerInnen, denen Nathans Wohlergehen am Herzen lag, hatten entschieden, daß bei seiner Behandlung wichtige Fragen vernachlässigt worden waren. Daher stand in seinen Anweisungen, mit denen er zu uns kam, die Therapie müsse ihm helfen, den sexuellen Mißbrauch zu „verarbeiten".*

*Nathan protestierte: Er brauche keine Therapie. Er gab zu, vielleicht irgendwann einmal Beratung zu brauchen, jetzt sei er aber noch nicht dazu bereit. Es wäre für uns leicht gewesen, dies als Beweis seiner Abwehrhaltung und seines Leugnens zu interpretieren und umso mehr zu glauben, Therapie sei notwendig. Uns war jedoch bewußt, daß eine Position des „dahinter" von uns verlangte, Nathan die Fähigkeit zuzugestehen, selbst zu entscheiden, was für ihn das beste sei. Also erklärten wir uns einverstanden, er könne seine eigene Wahl treffen, was ihm helfen würde. Wenn er sich entschied, an nichts zu „arbeiten", sei das für uns okay – so lange er den verschiedenen Erwartungen an sein Betragen im Haus gerecht wurde. Es war schwer für uns, uns einfach zurückzulehnen und zu beobachten, wie Nathan anscheinend nicht viel mehr tat als „wohnen"; wir hatten immer geglaubt, zu einer guten Unterbringung gehöre ein spezieller therapeutischer Plan – etwas, woran man arbeitete. Trotzdem zwangen wir uns, an unserem Entschluß festzuhalten und uns nicht „vor" Nathan zu stellen.*

*Nach einer Weile wurde Nathan zugänglicher und sprach über sein Programm. Er machte sehr deutlich, daß er Angst hatte, seine Wut könne außer Kontrolle geraten, und wie er darum dafür sorgte, auf nichts zu reagieren, und so seine Zeit mit einem Gefühl des enormen inneren Drucks verbrachte. Das war für ihn von Bedeutung und eine Sache, die er in Angriff nehmen wollte; die Versuche anderer Menschen jedoch, ein therapeutisches Programm aufzustellen, ließen in ihm das Gefühl zurück, nicht in der Lage zu sein, ihren Erwartungen gerecht zu werden und seine eigenen Sorgen zur Sprache zu bringen. Da wir Nathans Programm akzeptierten und ihm Raum zur Verfügung stellten, in dem er mit dem Zorn experimentieren konnte, ist er Schritt für Schritt in die Lage versetzt worden, Dinge auszusprechen und sich selbst als jemanden zu sehen, der seine eigenen Emotionen unter Kontrolle hat.*

*Kürzlich fragte Nathan uns, ob er in die Phase unseres Programms übergehen könnte, die wir „Fähigkeiten zum unabhängigen Leben"* nennen. Wir diskutierten mit ihm darüber, daß es die übliche Voraussetzung für den Übergang in die nächste Phase sei, alle gestellten Aufgaben in der Gruppe erledigt zu haben, Nathan dies aber noch nicht geschafft habe. Er wies uns auf folgendes hin: „Wenn ich etwas für mich selbst tun muß, mach` ich es eher, als wenn ich es für andere machen muß." Dies war wieder eine Lektion „dahinter zu bleiben". Unser Kriterium für den nächsten Schritt wurde für Nathan leicht zu einer Hürde, weil es ihm bei deren Überwindung schwerer fallen würde, seine eigenen Bemühungen als sinnvoll für sich selbst anzuerkennen. Da wir Nathan den nächsten Schritt erlaubten, als er sich dazu bereit fühlte (nach Gesprächen darüber, warum er bereit zu sein glaubte), kam er in die Lage, sein eigenes Wirken zu erleben – sowohl bei seinen Erfolgen wie auch bei seinen Mißerfolgen. Nathans Erfolg in der nächsten Phase des Programms und seine Bereitschaft, uns um Rat zu fragen, ließen uns nun tatsächlich hinter ihm zurück, und wir mußten versuchen, ihn einzuholen.

*– Wyatt Lodge, Weldon Centre, Sydney*

# Ein weiteres (extremes) Beispiel für das „Aufgeben" der Kontrolle

*Von Zeit zu Zeit baten wir BewohnerInnen, ihre eigenen Konsequenzen für das Übertreten der Hausregeln zu entwerfen. Oft boten wir folgende Deutung an: „Ich weiß, ich habe härter als du an dem Versuch gearbeitet, dein Verhalten zu ändern, und ich brauche eine Pause. Es erschöpft mich völlig, und dich macht es vermutlich nur noch wütender. Du mußt also `mal herausfinden, welche Konsequenz hier für dich angemessen ist."*

*Dies stand im Einklang mit unseren ständigen Bemühungen, den jungen Menschen so weit wie möglich Verantwortung zurückzugeben. Es bedeutete, daß nicht alles immer so lief, wie wir es erwarteten, wir meinten jedoch, ihnen den Freiraum zur Erfahrung persönlicher Verantwortung zu geben, sei weit nützlicher als alles, was wir vielleicht über Verantwortung sagen konnten.*

*Es war manchmal eine Herausforderung, unser Bedürfnis aufzugeben, die Kontrolle in Händen zu behalten. Einmal kam z.B. ein neuer Bewohner nur für eine Nacht in unser Haus im Rahmen eines Prozesses, in dem er entscheiden sollte, ob dies nun der Ort war, an dem er eine Weile lang leben wollte. Die Gruppe der Bewohner, die wir hatten, war relativ stabil, und sie beklagten sich laut über die Störung durch diesen „Eindringling". Ihre Beschwerden hörten nicht auf, und Versuche, sie zur „Vernunft" zu bringen, waren vergeblich. Bei unserem wöchentlichen Haustreffen deuteten wir den Vorfall so, daß es unsere Schuld gewesen sei, da wir die Bewohner nicht vorher über den Besuch dieses jungen Mannes benachrichtigt hatten und sie so nicht die Möglichkeit gehabt hatten, sich auf einen Außenseiter im Haus vorzubereiten. Auf diese Weise hofften wir, die Vorstellung entschärfen zu können, es sei das Verhalten des Besuchers gewesen, das sie aufgeregt hätte (weil sie dann eher in der Lage sein würden, mit ihm auszukommen, falls er irgendwann in das Haus einziehen würde). Das war kein rein taktischer Schachzug. Wir hatten tatsächlich den Eindruck, unser Versäumnis, sie vorzubereiten, hatte zu der Unruhe beigetragen.*

*Ein unerwartetes Ergebnis war, daß einer der jungen Leute meinte, den MitarbeiterInnen müßten Konsequenzen für ihr verantwortungsloses Verhalten auferlegt werden. Bevor wir Zeit hatten, uns eine schlaue Antwort zu überlegen, stimmten die anderen BewohnerInnen zu. Da die MitarbeiterInnen den reibungslosen Ablauf in der Gruppe gestört hatten, sollten wir als Konsequenz, wie sie sagten, eine Woche lang alle Hausarbeit für die Bewohner erledigen. „Wo ist die Verbindung zwischen dieser Konsequenz und unserer Vergeßlichkeit?" fragten wir. „Wenn ihr unsere Hausarbeit machen müßt, werdet ihr nie wieder vergessen, uns zu informieren!"*

*Wir erledigten während der nächsten Woche ohne zu klagen unsere Arbeit, und die Bewohner vergewisserten sich dessen mit großer Freude. Wir hatten das Gefühl, diese Episode böte eine Reihe von Gelegenheiten, um ihre Gedanken über Verhalten und Konsequenzen zu diskutieren und zu zeigen, daß wir nicht einfach da waren, um sie unter Kontrolle zu halten.*

*Als wir das nächste Mal kurzfristig jemanden aufnahmen, achteten wir darauf, den Bewohnern Bescheid zu sagen. Um sicher zu gehen, schoben wir sogar Benachrichtigungszettel unter ihre Türen.*

*Trigg Hostel, Care Force Youth Services, Sydney*

# Dienstpläne gegen „burn out"

Jeder Aspekt der Einrichtung wird entweder zu einem Klima beitragen, das Selbstbeherrschung und Experimentieren fördert, oder die Angestellten eher dazu anregen, ein Maß von Verantwortung bzw. Kontrolle zu übernehmen, bei dem wirkliches Experimentieren mit Sicherheit nicht möglich ist. Selbst Dinge wie der Dienstplan sind in dieser Hinsicht wichtig.

In einigen australischen Programmen, die sich am Stil der „Gruppenheime" ausrichten, arbeiten die Angestellten oft einige 24-Stunden-Schichten hintereinander. Manchmal geht man bei diesem Verfahren davon aus, daß sie am Tag arbeiten und dann einfach dort „Übernachten" und wahrscheinlich nicht während der Nacht arbeiten müssen. Nach meiner Erfahrung werden solche Dienstpläne von Leuten erstellt, die noch nie die nächtlichen Aktivitäten der meisten Kinder und Jugendlichen miterlebt haben! In einigen Fällen hat sich dieser Dienstplan aus einer früheren Situation entwickelt, in der zu einer Einheit „Hauseltern" gehörten, die tatsächlich dort wohnten und immer Dienst hatten. Bei anderen scheint der Gedanke zum Ausdruck zu kommen, daß Angestellte, die einige Tage und Nächte hintereinander anwesend sind, Kontinuität fördern und den Kindern helfen, stabile Beziehungen aufzubauen. In vielen Einrichtungen, vermute ich, ist diese Aufteilung einfach das Ergebnis eines eingeschränkten Budgets. Die MitarbeiterInnen sind meiner Meinung nach selbst oft mit diesem Plan zufrieden, da sie sich über die vier oder mehr Tage freuen, die sie am Ende solch einer Dienstzeit frei haben.

Was für ein Kontext wird  durch diese Arbeitsaufteilung gefördert? Wenn Angestellte 24 Stunden oder mehr mit einer Gruppe Kinder oder Jugendlicher verbringen, verfallen sie viel eher in dieselben Verhaltensmuster wie Eltern. Diese Situation fördert es nachgerade, sich selbst als „FürsorgerInnen" und nicht als „Fachleute" zu sehen. Wenn unser Ziel ist, daß jeder Aspekt unserer Einrichtung den therapeutischen Zielen dienen soll, müssen wir für unsere MitarbeiterInnen Zeiten und Räume freihalten, in denen sie über ihre Reaktionen nachdenken und zielgerichtet handeln können. Als Therapeut würde ich nicht in Erwägung ziehen, KlientInnen für 15 aufeinanderfolgende Stunden einzuplanen. Manchmal bin ich schon nach kürzerer Zeit so ausgelaugt (selbst wenn ich mich nicht körperlich müde fühle), daß ich auf meine KlientIn nicht mehr eingehe, sondern nur reagiere. Das heißt, ich tue oder sage etwas als Antwort auf den letzten Vorfall, ohne dessen Bedeutung im gesamten therapeutischen Prozeß zu bedenken. Ich glaube, die wichtigste stationäre Therapie geschieht durch die täglich anwesenden MitarbeiterInnen. Es ist jedoch unrealistisch, von ihnen effektives Handeln zu erwarten, wenn sie viele Stunden mit den BewohnerInnen verbringen.

Ich möchte betonen, daß ich viele Einrichtungen gesehen habe, in denen die MitarbeiterInnen diese langen Arbeitszeiten zuverlässig und in einer Weise erfüllt haben, die den ihnen anvertrauten Kindern oder Jugendlichen eine sichere und stützende Umgebung bot. Trotzdem habe ich häufiger Angestellte in dieser Situation beobachtet, die in ein eskalierendes Interaktionsmuster mit den BewohnerInnen gerieten, sich immer wieder durch den offensichtlichen Verlust ihres Einflusses persönlich bedroht fühlten und ihre „Objektivität" verloren. Viele Beispiele und Vorschläge am Anfang dieses Kapitels, die Angestellten „sollten sich bemühen, sich nicht zu intensiv zu bemühen", könnte man nur schwer von MitarbeiterInnen erwarten, die über einen längeren Zeitraum unter dem Druck der normalen Anforderungen durch die BewohnerInnen gestanden haben; gleiches gilt auch für viele Beispiele aus Kapitel 8 über einen Umgang mit Disziplin, bei dem man sich nicht einfach damit zufrieden gibt, die Situation lediglich unter Kontrolle zu bekommen.

Schichten im Acht-Stunden-Takt (oder ähnliche Vereinbarungen) benötigen mehr Angestellte und sind daher kostspieliger. Vierundzwanzig-Stunden-Schichten können letztlich aber noch kostspieliger sein, wenn man die Erschöpfung der Angestellten bedenkt und ihre geringere Effektivität.

## Stationäre Einrichtungen sollten nicht kind-zentriert sein

Diese Aussage steht nur scheinbar im Widerspruch zu allen anderen in diesem Buch.

Ich habe einige Male nahegelegt, unser Programm nach therapeutischen Zielen auszurichten. Unser Anliegen ist, daß Kinder und Heranwachsende (und ihre Familien) eine neue Sichtweise von sich selbst entwickeln. Soweit müssen wir in unserer Arbeit auf das Kind ausgerichtet sein.

Trotzdem – wie ich bereits im vorigen Abschnitt dargelegt habe – wird die meiste „therapeutische" Arbeit nach meiner Beobachtung von den Angestellten der stationären Einrichtung ausgeführt und nicht so sehr von den zugewiesenen TherapeutInnen. Das heißt, die effektivsten „KlinikerInnen" sind normalerweise die MitarbeiterInnen, die in der Verwaltungs- und Fachhierarchie am weitesten unten stehen (und meist am schlechtesten bezahlt werden). Ich habe in verschiedenen Ländern der

Welt stationäre Angestellte kennengelernt – FürsorgerInnen, SozialarbeiterInnen und ErzieherInnen – die sich unterschätzt fühlten und über mangelnde Unterstützung klagten. Sie nehmen die Verantwortung auf sich, für einen reibungslosen Ablauf zu sorgen, hören aber nur Kommentare von der Leitung, wenn etwas nicht in Ordnung ist!

Ich hoffe, die Ideen und Beispiele in diesem Buch zeigen LeiterInnen, TherapeutInnen und stationären Angestellten Wege auf, wie man mit jungen Menschen und Familien arbeiten kann. Jedoch glaube ich, die wichtigste Variable für die Wirksamkeit einer stationären Einrichtung ist das Maß, in dem die Angestellten „an der Front" sich als geschätzt und unterstützt erleben. Zu viele Institutionen arbeiten zu sehr daran, sich auf die Kinder und Jugendlichen zu konzentrieren, statt auch den Angestellten Ressourcen zugute kommen zu lassen.

Ich habe eine Reihe von Erfahrungen gemacht, wenn ich aufgefordert wurde, Institutionen wegen gewisser Kinder oder Jugendlicher zu beraten, mit denen es Schwierigkeiten gab. Oft hatten diese Situationen einen kritischen Punkt erreicht, wo man meinte, die BewohnerIn müsse vielleicht aufgefordert werden, die Einrichtung zu verlassen. Ich wurde dann gebeten mitzuhelfen, für dieses spezielle Kind oder den Jugendlichen ein Programm zu entwerfen oder als „Außenseiter" den Angestellten eine neue Perspektive zu eröffnen, wie sie mit dieser Situation fertigwerden könnten. In vielen dieser Situationen hatte ich mit Angestellten zu tun, denen die Hauptlast der Schwierigkeiten aufgebürdet war und die sich geschlagen und machtlos fühlten. Mit diesem Gefühl sind sie vermutlich allen Vorschlägen gegenüber skeptisch. Wird nun ein anderes Programm „angeordnet", ist das ein weiterer Beitrag zu ihrem Bewußtsein, geschwächt und machtlos zu sein. Oft habe ich nicht den Eindruck, das Kind oder der Jugendliche müßten aus der Einrichtung entfernt werden oder man müßte ein neues Programm einführen; vielmehr benötigen die Angestellten deutlichere Unterstützung und zwar in einer Form, die nicht impliziert, es würde nun eine außer Kontrolle geratene Situation wieder „in Ordnung" gebracht.

*Zu unserer stationären Einrichtung gehörten ein Team von TherapeutInnen und eine Reihe unterschiedlicher Abteilungen. Eine Abteilung war auf demselben Campus wie die Büros der TherapeutInnen, die anderen waren unterschiedlich weit entfernt (die weiteste fast zwei Autostunden). Vor ein paar Jahren hatten wir eine Zeit mit riesigen Schwierigkeiten in einer der Abteilungen. Das Team der ErzieherInnen schien es sich in den Kopf gesetzt zu haben, unsere therapeu-*

*tischen Pläne zu untergraben. Sie erfanden Entschuldigungen, warum sie sich nicht an unsere Vorschläge oder Pläne gehalten hatten. Sie schienen in der Abteilung immer weniger die Zügel in der Hand zu halten, und die BewohnerInnen waren oft nicht mehr unter Kontrolle. Wir kamen zu dem Schluß, die Angestellten seien entweder inkompetent oder widersetzten sich absichtlich.*

*Besorgt über diese Situation bemühten wir uns, ihnen noch mehr Rat und Training anzubieten und unsere Erwartungen bezüglich spezieller Fallpläne noch deutlicher zu machen; wir prüften wieder und wieder, ob sie diese Pläne verstanden hatten. Wir wollten sie unterstützen und daher gingen wir schnell darauf ein, wenn einer von ihnen Schwierigkeiten mit einer BewohnerIn hatte. Unglücklicherweise schien dies alles fruchtlos, und die Lage verschlechterte sich weiterhin bis zu dem Punkt, wo wir uns Sorgen machten, ob wir überhaupt Jugendliche in die Abteilung aufnehmen konnten.*

Wenn ich in der Vergangenheit diese Geschichte erzählt habe, versuchten die Leute zu raten, welche der Abteilungen diese Schwierigkeiten hatte. Einige meinten, es sei die am weitesten entfernte Abteilung, da die Angestellten dort sich am ehesten ohne Unterstützung fühlen konnten. Tatsächlich aber war es die Abteilung auf dem Gelände. Um das zu verstehen, müssen wir uns überlegen, wie die Situation selbst einen Kontext förderte, in dem die MitarbeiterInnen sich nicht als kompetent verstehen und dementsprechend arbeiten konnten.

*Schließlich wurde uns klar, daß wir den weiteren Kontext dieses „Problems" betrachten mußten. Wir machten uns bewußt, wie unterschiedlich wir uns der Abteilung auf dem Gelände gegenüber verhielten, verglichen mit Abteilungen, die weiter entfernt waren. Wenn eine ErzieherIn aus einer Abteilung, die zwei Stunden entfernt lag, bei einer TherapeutIn anrief und sagte: „Ihr Jugendlicher ist außer Kontrolle geraten, was wollen Sie jetzt tun?", antwortete diese vermutlich: „Okay, ich kann nächsten Dienstag kommen." Natürlich hatten bis zum nächsten Dienstag die MitarbeiterInnen sich bereits (notwendigerweise) mit der Situation auseinandergesetzt. Das bedeutete, unsere Diskussion konzentrierte sich darauf, wie sie es geschafft hatten, die Lage zu beruhigen – wir diskutierten also über ihren Erfolg. Wenn aber eine MitarbeiterIn aus der Abteilung auf dem Gelände anrief (oder aus dem Fenster rief), weil es eine „Krise" gab, eilte die betreffende TherapeutIn ihr zu Hilfe und nahm die Situation in die Hand. Sie hatten daher nie die Gelegenheit, sich selbst als erfolgreich zu*

*erleben. Dadurch fühlten sie sich immer weniger kompetent, die The-*
*rapeutInnen reagierten auf offensichtliche Krisen immer schneller, und*
*die MitarbeiterInnen fühlten sich immer weniger anerkannt. War eine*
*solche Situation vorüber, konnte man nur darüber reden, wie wenig*
*erfolgreich die Angestellten gewesen waren. Sowohl sie wie auch die*
*BewohnerInnen rechneten immer mehr mit der Intervention der Thera-*
*peutInnen und hatten daher immer weniger Selbstvertrauen. Als wir*
*den Punkt erreicht hatten, wo die BewohnerInnen selbst nach der*
*TherapeutIn riefen, war uns klar, daß irgendetwas nicht stimmte!*

Die TherapeutInnen hatten natürlich die besten Absichten. Der gesunde
Menschenverstand sagte einem, sie müßten selbstverständlich den Angestellten bei Schwierigkeiten helfen. Unbeabsichtigterweise hatten sie
sich jedoch im Muster des „sich zu sehr bemühen" verfangen, zu dem
es – wie wir gesehen haben – zwischen Angestellten und BewohnerInnen kommen kann. Je mehr Verantwortung die TherapeutInnen bei
dem Versuch übernahmen, das Problem zu lösen, desto weniger waren
die stationären KollegInnen in der Lage, sich selbst als verantwortlich
und fähig zu erleben. Damit soll nicht gesagt werden, MitarbeiterInnen
aus therapeutischen (oder anderen) Bereichen sollten die stationär angestellten nicht unterstützen – diese Unterstützung ist äußerst wichtig.
Wir müssen uns jedoch ständig daran erinnern, daß alles, was wir tun,
in einem bestimmten Bedeutungskontext geschieht. Wenn wir den stationären MitarbeiterInnen Unterstützung und Ermutigung zukommen
lassen wollen, müssen wir zunächst die Betrachtung anstellen, wie sie
diese bestimmte Situation erleben. Sonst können wir uns leicht in immer wieder denselben Mustern verstricken.

In solchen Situationen müssen wir auch andere Faktoren in Erwägung
ziehen, die zu dem gesamten Kontext beitragen.

*Bei genauerer Untersuchung wurde uns deutlich, daß in dieser Situa-*
*tion eine Reihe von (scheinbar recht vernünftigen) Verwal-*
*tungsverfahren zusammentrafen. Z.B. hatte jede Abteilung ihre eige-*
*ne schwarze Kasse, um mit den BewohnerInnen Ausflüge zu machen*
*u.ä. In den meisten Abteilungen konnte ein übergeordneter Angestell-*
*ter gewisse Ausgaben autorisieren und mußte dann darüber abrech-*
*nen. Da diese Abteilung jedoch auf demselben Gelände war wie die*
*Büros des therapeutischen Teams, hatte die Leitung beschlossen, es*
*wäre sinnvoll, nur eine einzige schwarze Kasse zu haben. Das be-*
*deutete, die ErzieherInnen mußten die Sekretärin des therapeuti-*
*schen Teams um Geld bitten, wenn sie etwas brauchten. Außerdem*

*hatten alle TherapeutInnen – was die Situation noch schlimmer machte – Schlüssel zu dieser stationären Abteilung und konnten unangekündigt hereinkommen (was sie auch taten), wann immer sie mit den MitarbeiterInnen sprechen mußten. Dies war eindeutig anders als bei den anderen Abteilungen, da die TherapeutInnen dort aus praktischen Erwägungen für einen Besuch einen Termin verabreden mußten. Es gab noch mehr scheinbar geringfügige Dinge, die zu einer unklaren Abgrenzung beitrugen. Wenn eine TherapeutIn z.B. Kopfschmerzen hatte, konnte sie leicht in die Abteilung hineinspazieren und deren Vorrat an Kopfschmerztabletten benutzen. Natürlich war das für die stationären Angestellten nur ein weiteres Beispiel für die Arroganz der TherapeutInnen.*

*Erst als wir erkannten, in welcher Weise unser Verhalten den Angestellten ein Gefühl von Machtlosigkeit und Inkompetenz vermittelte, hatten wir die Möglichkeit, aus dieser Sackgasse herauszukommen.*

*– Care Force Youth Services, Sydney*

## Auf den Erfolg der Angestellten eingehen

Da wir nicht den Ansatz haben, „ausgefallene therapeutische Techniken" zu finden, sondern bereits existierende (wenn auch vielleicht noch nicht bewußt wahrgenommene) Ressourcen in Anspruch nehmen wollen, können wir ähnliche Strategien bei unserer Unterstützung der Angestellten anwenden. Stationäre MitarbeiterInnen, so wie ich sie erlebt habe, sind meist engagiert und voller Energie. Diesen Aspekt sollten wir ernst nehmen, wenn wir sie supervidieren. Es ist vermutlich sinnvoller, auf den positiven Dingen aufzubauen, die sie bereits tun, als zu versuchen, ihre Denkweise zu „reformieren".

*Beim Schreiben eines lösungs-orientierten Programms für ein stationäres Krankenhaus lernte ich, wie schwer es sein kann, die Philosophie von problem-orientierten Angestellten zu ändern. Die Angestellten waren ganz damit beschäftigt, die „Wurzeln" der Probleme zu entdecken, waren aber oft erfolglos und frustriert von den Ergebnissen.*

*Während ihre Philosophie sich änderte und mehr auf Lösungen konzentrierte, schienen sie oft der Meinung zu sein, sie müßten mehr tun. Die Veränderungen bei den PatientInnen verhalfen ihnen jedoch zu der Überzeugung „weniger ist mehr".*

Ich ermutigte MitarbeiterInnen, sich wöchentliche persönliche Ziele für ihre eigene Rolle zu setzen, basierend auf dem, was in der vorigen Woche am besten funktioniert hatte. Wir fertigten eine Karte an, die wir im Versammlungsraum aufhingen und die unsere MitarbeiterInnen anregte, persönliche Ziele und Erfolge sowie „außergewöhnliche Arbeit in dieser Woche" aufzuzeichnen (Abb. 10.1)

Natürlich war dies eine Weise, Angestellte dazu anzuregen, an praktisch demselben Prozeß teilzunehmen wie ihre PatientInnen; sie schienen diese Idee auch zu akzeptieren und stellten sich immer mehr darauf ein, auf die Dinge bei ihren KollegInnen einzugehen, die weiterhalfen. Das brauchte eine Weile, und die Leiterin mußte sich um die Karte kümmern und die Angestellten auffordern, sie auszufüllen. Im Laufe der Zeit stellten wir fest, daß die MitarbeiterInnen sich auf die Besprechung der Karte freuten, die während des wöchentlichen MitarbeiterInnentreffens stattfand, und dem ganzen Prozeß einen Schuß Humor beifügte.

*– Linda* METCALF, *Arlington, Texas*

| Name | „Außergewöhnliche Arbeit in dieser Woche" | Ziele |
|------|-------------------------------------------|-------|
|  | (Kommentare, die während der Woche von KollegInnen und der betreffenden MitarbeiterIn selbst eingetragen werden) | (wo die MitarbeiterIn sich um diese Zeit nächste Woche befinden möchte – darin soll sich das spezifische Verhalten in der Beziehung zu einer bestimmten PatientIn ausdrücken; dies ermuntert KollegInnen, auf die Zeiten zu achten, wann eine MitarbeiterIn dieses Ziel erreicht) |

*Abb. 10.1: Eine Karte, die Angestellten hilft, auf ihre Erfolge einzugehen*

# Kapitel 11
# Wo paßt „Therapie" da `rein?

Ich habe bereits dargelegt, daß der gesamte Kontext des stationären Programms als „die Therapie" betrachtet werden kann, und nicht nur einige Aktivitäten, die in einem bestimmten Therapieraum stattfinden. Ich erinnere mich noch gut, wie ich in einer stationären Abteilung für Kinder- und Jugendpsychiatrie arbeitete und der Verdacht in mir wuchs, das, was ich im „Therapiezimmer" tat (mit bequemen Stühlen, Videokamera und Einwegspiegel), sei letztlich nicht annähernd so wirksam, wie die „therapeutischen" Interaktionen, zu denen es beim Billiardspiel, am Trampolin und im Eßraum kam. Die in diesem Buch beschriebenen Programme verlassen sich weniger und weniger auf formale Therapie und immer mehr auf einen integrierten Prozeß, der sich jeden Aspekt des alltäglichen Lebens zunutze macht, damit junge Leute und Familien ihre Stärke und Kompetenz entdecken und ausbauen können.

Tatsächlich kenne ich eine Reihe von Programmen, die keine explizite therapeutische Komponente enthalten. Insbesondere gibt es eine Reihe von Einrichtungen in Australien, die offiziell Jugendunterbringungs- oder Jugendzufluchtseinrichtungen sind. Sie wurden ohne jede Anerkennung eines therapeutischen Ziels geschaffen. Natürlich haben die Angestellten erkannt, daß die meisten jungen Leute in ihrer Einrichtung Schwierigkeiten haben, die über das einfache Heimatlossein hinausgehen, und eine therapeutische Haltung angenommen. Da diese Einrichtungen nicht das Geld haben, um TherapeutInnen einzustellen, sind sie gezwungen, Wege zu finden, „Therapie" in das alltägliche Programm mit aufzunehmen; dabei haben sie festgestellt, daß sowohl die jungen Menschen wie auch ihre Eltern bereitwilliger darauf eingehen als auf angesetzte „Therapiesitzungen". Die Aktivitäten der Einrichtung und die Reaktionen der Angestellten, die sich am Thema der Unterbringung orientieren, stellen einen Rahmen dar, in dem Entdeckungen gemacht werden können, ohne daß formelle Therapiesitzungen notwendig sind. Diese Einrichtungen verlassen sich sehr darauf, in unterschiedlicher Weise Eltern mit hinzuzuziehen, wie das auch in Kapitel 9 beschrieben wurde.

Dennoch beinhalten viele stationäre Programme irgendeine Form von Familien-, Gruppen- oder Einzeltherapie als Teil des gesamten Ablaufs. Man sieht die Therapie jedoch in etwas anderem Licht als gewöhnlich. Sie stellt keine Möglichkeit dar, zu „intervenieren" oder „Familienprobleme zu lösen". Sie ist vielmehr ein Forum, wo gemeinsam geplant und entschieden wird und Information weitergegeben und hervorgehoben wird. Da es unser Ziel ist, den jungen Menschen wieder nach Hause zu entlassen, steigt die Wahrscheinlichkeit für einen erfolgreichen Verlauf, wenn die Eltern sich in den Prozeß eingebunden fühlen. Therapiesitzungen bieten die Gelegenheit, dieses Gefühl des Eingebundenseins zu erhöhen.

# Wo fallen die Entscheidungen?

## (Wie wir über „Familientherapie" denken)

Eine Daumenregel, die eine Reihe von Einrichtungen einhalten, lautet: Keine Entscheidung wird über das Programm für ein Kind oder einen Jugendlichen gefällt, wenn nicht die Eltern bei einem Treffen oder einer Therapiesitzung dabei sind.

In der Vergangenheit wurden oft Entscheidungen über das Behandlungsprogramm von den Fachleuten getroffen, und die Eltern wurden informiert, wenn es gerade paßte. Schließlich hatten sie Einverständniserklärungen unterschrieben und somit ihre Verantwortung der Einrichtung und den Angestellten übergeben. In vieler Beziehung war dies rationeller und einfacher. Die Schwierigkeit dabei ist, daß es leicht zur fortlaufenden Entfremdung der Eltern beiträgt und sie eher etwas tun, was die MitarbeiterInnen als „Untergrabung" ihres Programms interpretieren; oder aber sie begegnen der Entlassung des Kindes mit Skepsis, da sie nach Beweisen für das Versagen der Techniken von Fachleuten suchen.

Ein kooperativer Ansatz ist wichtig, wenn wir uns der Eltern als Teil des Prozesses und als „MitstreiterInnen" vergewissern wollen. So gesehen reicht es nicht, wenn sie nur *scheinbar* einbezogen werden – vielmehr müssen sie das Gefühl haben, integrierter Bestandteil des „Teams" zu sein. Wie wir in Kapitel 9 betont haben, ist das nicht nur eine Haltung, die wir zwecks Verfolgung unserer therapeutischen Ziele einnehmen. Eltern haben tatsächlich Ressourcen und Fähigkeiten, sie sind ExpertInnen, wenn es um ihr eigenes Kind geht, und wir ignorieren sie nur zu unserem eigenen Schaden. In einem Beispiel in Kapitel 9 beschrieben wir eine Einrichtung, in der Eltern häufig hinzugezogen wurden, um Entscheidungen über Disziplin u.ä. zu treffen. Dieser Ansatz paßt vielleicht nicht zu jeder Situation; es ist aber fast immer möglich, Eltern an

Hauptentscheidungen über das Programm zu beteiligen – Beschlüsse über spezielle Aktivitäten, Verhandlungen über Veränderungen im Programm usw.

Daher ist es ein wichtiger Aspekt der Therapiesitzungen bei der Aufnahme, daß sie im wesentlichen „Teamtreffen" werden, bei denen Eltern und Jugendliche als gleichwertige (aber unterschiedliche) Mitglieder des Teams behandelt werden.

Viele MitarbeiterInnen werden bei diesem Vorschlag Fragen oder Klagen vorbringen: „Was ist denn mit den Eltern, die nicht bereit sind, sich zu engagieren?" und „Aber Entscheidungen zur Behandlung müssen oft in Eile getroffen werden, wir können nicht bis zur nächsten Sitzung warten!" Wie schon im ersten Kapitel angesprochen, ist die scheinbar mangelnde Bereitschaft der Eltern, sich zu engagieren, häufig eine Reflexion ihres Gefühls von Versagen und Hoffnungslosigkeit und des Ausmaßes, in dem sie von vielen früheren BetreuerInnen zu Inkompetenz, Apathie und Feindseligkeit „angeleitet" wurden. Oft zeigen Eltern größere Bereitschaft mitzumachen, wenn ihnen erst einmal deutlich wird, daß die Angestellten nicht versuchen, sie zu beschuldigen, sondern sie wie Menschen mit Fähigkeiten und Kompetenzen behandeln. Das kann eine Weile dauern, und Eltern sind auch mit unterschiedlichen Graden von Engagement zufrieden. Trotzdem müssen Angestellte stets von einem Standpunkt aus handeln, der Eltern als Teil des therapeutischen Teams sieht, und familientherapeutische Sitzungen in einer Form durchführen, die dies reflektiert. Was „Krisen" und „rasche Entscheidungen" anlangt, so müssen wir sorgfältig untersuchen, wie wir solche Situationen einschätzen. Viele TherapeutInnen lernen im Laufe der Zeit, wie wenig „Krisen" es gibt, die wirklich nicht warten können – und einige Zeit später, bei „Tageslicht" betrachtet, entdeckt man oft schneller eine Lösung. So weit es irgend geht, sollten Angestellte es vermeiden, wichtige Entscheidungen zu treffen, ohne sich mit dem jungen Menschen und seiner Familie in einer Familiensitzung zu beraten. Das könnte natürlich ein bißchen so klingen wie der Spruch mancher Mütter: „Warte, bis dein Vater nach Hause kommt!", doch so ist es nicht gemeint. Dieser Eindruck wird nur erweckt, wenn es eine „Technik" ist, die einem ansonsten autoritären Programm aufgepfropft wird, statt sich aus dem allgemeinen „Klima" der Einrichtung natürlich zu ergeben. Wenn die Situation eine wichtige Entscheidung von den MitarbeiterInnen erfordert, sollten diese so rasch wie möglich mit den Eltern darüber reden und sie aufrichtig um ihre Meinung dazu bitten.

Die Haltung, die diesen Vorschlag reflektiert, ist zwangsläufig schwieriger. Es ist viel leichter für MitarbeiterInnen, das Sagen über Programm und Entscheidungen zu behalten. Dennoch ist dies eine kurzsichtige Betrachtungsweise, da es erwiesenermaßen auf lange Sicht gesehen so nicht einfacher ist. Sieht man die familientherapeutischen Sitzungen nicht als eine Zeit an, in der wir Fachleute das Problem der Familie „bearbeiten", sondern als Gelegenheit zu gemeinsamen Beratungen und Entscheidungen, dann tragen sie normalerweise zu einer harmonischeren und effektiveren Behandlung bei.

## Information über Erfolge austauschen

Die zweite wichtige Funktion der familientherapeutischen Sitzungen bei diesem Ansatz ist die, Forum zu sein für den Austausch über Erfolge. Auch hier ist unser Ziel wieder, den Ablauf so kooperativ wie möglich und kompetenz-orientiert zu gestalten. Daher können wir uns die Therapiesitzungen eher als Forum für den Austausch von Informationen denken, statt als etwas, was wir Fachleute mit unseren KlientInnen machen.

Wie ich dargelegt habe, ist einer der Hauptfaktoren, der zum Fortbestehen von Problemen beiträgt, die Unfähigkeit der Menschen (aufgrund ihrer Gedankengebäude oder ihrer Sichtweise der Dinge) Unterschiede oder Erfolge zu bemerken. So lange sie nur „Problemverhalten" zur Kenntnis nehmen, können sie auch nur auf diese Verhaltensweisen reagieren, und da sie weiter auf diese reagieren, kommt es immer wieder zu Mustern problematischer Interaktion. Veränderung verlangt nicht nur (oder hauptsächlich), daß Menschen etwas anders *tun*, sondern daß sie in der Lage sind, Lösungsverhalten zu erkennen und darauf einzugehen.

Im Laufe der „Übergangsperiode" achten die MitarbeiterInnen auf jegliches Zeichen von Veränderung oder Unterschied im Verhalten des jungen Menschen und bemühen sich, darauf einzugehen. Eine Reihe von stationären Angestellten haben mir gegenüber bemerkt, sie hätten mit diesem Prozeß recht skeptisch begonnen und in ihm nicht viel mehr als eine „therapeutische Aufgabe" gesehen; die Konzentration auf Ausnahmen und Erfolge habe sie aber dazu gebracht, allmählich anders über die BewohnerInnen zu denken. Auch Eltern und andere Familienmitglieder können es erreichen, anders über ihr Kind oder den Jugendlichen zu denken, sie haben jedoch nicht dieselben alltäglichen Anlässe, kleine Veränderungen zu bemerken.

Therapeutische Familiensitzungen bieten dann eine wichtige Gelegenheit, Information über den Fortschritt des jungen Menschen auszutauschen. So wie es wenig hilfreich ist, wenn Angestellte sich in ihrer Reaktion auf den jungen Menschen allzu begeistert über den Fortschritt zeigen, so ist es wenig hilfreich, den Eltern eine Liste mit den Erfolgen der Woche zu präsentieren. Dies könnte für sie eine Aufforderung darstellen (entsprechend ihrer vorherrschenden Ansicht über die Situation), diese Schritte „abzutun". Es ist vielmehr vorzuziehen, über verschiedene Fortschritte so sachlich wie möglich zu berichten und die Eltern zu fragen, ob sie diese offensichtlichen Veränderungen erklären können. Man könnte sie auffordern, darüber nachzudenken, welchen Unterschied diese Veränderungen machen werden, wenn sie Bestand haben, oder was sich ihrer Meinung nach an ihrem eigenen Verhalten ändern wird, wenn diese Dinge zu Hause geschehen.

Eltern haben leicht das Gefühl, TherapeutInnen versuchten sie zu überzeugen, ihr Sohn oder ihre Tochter habe sich gebessert. Schließlich ist das ihr Job. Die geeignetesten Personen zur Weitergabe von Information in den Therapiesitzungen sind daher die SozialarbeiterInnen, ErzieherInnen oder stationär Angestellten. Sie leben mit den BewohnerInnen zusammen und können aufrichtiger die erlebten Frustrationen teilen; das ist wichtig, wenn man die Erlebnisse der Eltern in der Vergangenheit würdigen will. Wenn man diese Position in Betracht zieht, sind am ehesten die stationären MitarbeiterInnen in der Lage, Information über Erfolge und Veränderung weiterzugeben. Da wir Therapiesitzungen als kooperativen Austausch von Information betrachten und nicht als „Interventionen", und da die wichtigste Information, die übermittelt wird, den alltäglichen Fortschritt der BewohnerIn beinhaltet, ist es für mich absolut notwendig, immer eine stationäre MitarbeiterIn zu den Sitzungen hinzuzuziehen.

## Das Verhalten der Eltern besprechen

Es ist zwar der Jugendliche in der stationären Einrichtung aufgenommen, aber, wie schon beschrieben, gehören zum Thema der Unterbringung auch einige „Praktiken" seitens der Eltern. Dazu können bestimmte Aufgaben gehören, die von den Eltern übernommen werden (wie z.B. der Vater, der verschiedene praktische Schritte unternahm, um sich auf seine Rolle als Vater heranwachsender Töchter vorzubereiten – „Langsam eine Familie werden" in Kapitel 3), bestimmte Überlegungen, ob sie auf problematisches Verhalten anders reagieren können (wie die Eltern, die zu „Trainern des Erwachsenwerdens" wurden – beschrieben in „Eine Feier" im nächsten Kapitel), oder Eltern, die Besuche von Sohn oder Tochter zu Hause dazu benutzen, neue Strategien zu üben (wie die Mutter, die übte, ihrem Sohn mehr Verantwortung zu übertragen im Beispiel „Gute Tage haben" in Kapitel 4).

Diese Dinge sind ein wichtiger Beitrag, wenn das stationäre Programm die gesamte Familie einbeziehen und somit den konzentrierten Blick auf die „identifizierte PatientIn" abschwächen soll. Sie sind jedoch verschwendet, wenn die Arbeit mit Eltern getrennt von ihrem Kind geschieht. Die Familie soll nicht nur in den Vorgang einbezogen werden, es muß auch *sichtbar* sein, daß sie einbezogen wird (besonders für den jungen Menschen). Daher bieten familientherapeutische Sitzungen nicht nur den Eltern Gelegenheit, Information über den Fortschritt ihres Sohnes oder ihrer Tochter zu erhalten, sondern auch dem Kind die Möglichkeit, Information über den Fortschritt der Eltern zu bekommen.

Das kann eine wichtige Rolle für das Gefühl der BewohnerIn spielen, nicht die einzige zu sein, die behandelt wird, und kann daher einen großen Unterschied machen, wie die Familie und die Möglichkeit, nach Hause zurückzukehren, von allen Beteiligten eingeschätzt werden. Nachdem man – wie oben geschildert – die Erfolge des jungen Menschen besprochen hat, kann man sich in der Therapiesitzung mit dem, was die Eltern erreicht und hinzugewonnen haben, beschäftigen. Diese Diskussionen sollten sich so weit wie möglich auf tatsächliche Ereignisse konzentrieren, wo Eltern anders gedacht oder sich anders verhalten haben. Da unser Blick auf Erfolg statt auf Versagen (oder „problematische Themen") gerichtet ist, muß dieser Vorgang für Eltern nicht bedrohlich sein und kann helfen, die Bindung zwischen ihnen und dem Kind wiederherzustellen.

# Welches Therapiemodell?

In diesem Kapitel haben wir uns mit dem Platz der Familientherapie innerhalb des stationären Programms beschäftigt, ich habe jedoch absichtlich keinen spezifischen Ansatz und kein spezifisches Therapiemodell diskutiert.

Es geht in diesem Buch um das allgemeine „Klima" der stationären Abteilung – wie man ein Klima schafft, in dem Kompetenz gefördert wird. Im Rahmen dieser Aufgabe sind verschiedene therapeutische Ansätze denkbar. Unterschiedliche TherapeutInnen in unterschiedlichen

Einrichtungen haben ihre bevorzugten Ansätze und Stile. Meine eigene Vorliebe liegt beim „lösungs-orientierten" Ansatz, wie er sich in der Arbeit von DE SHAZER und seinen KollegInnen zeigt (DE SHAZER, 1988, 1991) und von anderen auf unterschiedliche Kontexte übertragen wurde (DURRANT & KOWALSKI, 1993; FURMAN & AHOLA, 1992; O'HANLON & WEINER-DAVIS, 1989; WALTER & PELLER, 1992). Dieser Ansatz leitet sich von einer Einstellung her, die sich explizit auf das konzentriert, „was gut läuft" oder „worauf man aufbauen kann"; sie steht also in direkter Übereinstimmung mit den Voraussetzungen, die unserer Diskussion der stationären Arbeit zugrundeliegen. Auch andere Ansätze können sinnvoll sein. Wichtig sind nicht die speziellen therapeutischen Techniken oder Methoden, sondern ihre allgemeine Ausrichtung.

## Wieviel Therapie? Welche Therapie?

Es gibt eine große Spielbreite von verschiedenen Typen stationärer Einrichtungen, und sie beinhalten unterschiedlich strukturierte therapeutische Aktivitäten in unterschiedlichem Umfang. Ich kenne eine Reihe von Einrichtungen – besonders auf dem nicht-staatlichen, karitativen Sektor – die wöchentliche Therapiesitzungen für die Familie und/oder den jungen Menschen abhalten, aber keine spezifischen therapeutischen Aktivitäten ansetzen. Sie verlassen sich vielmehr auf die laufenden „Interventionen", wenn Angestellte im Rahmen eines auf Kompetenz basierenden Klimas auf erfolgreiches Verhalten eingehen. Andere stationäre Einrichtungen, besonders die innerhalb eines „Krankenhaus"-Systems, beziehen Therapiegruppen und andere Aktivitäten als Teil ihres Programms ein.

Vermutlich reflektieren diese Unterschiede der Programmstruktur unterschiedliche Vorstellungen darüber, was notwendig ist, um eine Veränderung herbeizuführen, wie auch eine unterschiedliche Vorgeschichte und Entwicklung der Einrichtungen. Ganz sicher haben mich meine eigenen Beobachtungen verschiedener Einrichtungen nicht zu der Überzeugung geführt, „mehr ist immer besser", was therapeutische Aktivitäten betrifft. Viele Einrichtungen, die eine große Anzahl verschiedener Therapien und Gruppen aufweisen, scheinen sich in einem Rahmen entwickelt zu haben, der darauf ausgerichtet war, an KlientInnen zu „handeln", oft auf der Basis einer Pathologie-orientierten Sichtweise. Wenn wir uns in der Rolle der „Heilenden" sehen, ist es verführerisch zu meinen, eine größere Zahl an therapeutischen Aktivitäten brächte auch eine größere Erfolgschance. Einige der offensichtlich erfolgreichen Einrichtungen, die ich gesehen habe, scheinen bezüglich der Struktur recht „minimalistisch" zu sein. Sie spiegeln die Überzeugung wider, eine Gruppe von MitarbeiterInnen, die sich darauf konzentrieren, Unterschiede und Erfolge innerhalb der (mehr oder weniger) normalen alltäglichen Aktivitäten zu unterstützen und zu unterstreichen, könnten genauso erfolgreich Menschen allmählich dazu bringen, neue Sichtweisen von sich zu entwickeln. Das heißt, sie vertrauen auf die Ideen und Ressourcen der KlientInnen statt auf einen Satz von Strategien.

Es gibt jedoch nicht den richtigen oder den falschen Weg für stationäre Behandlung. Letztlich ist die wichtigste Frage nicht, ob es gruppentherapeutische Sitzungen, strukturierte Gemeinschaftstreffen, Einzelsitzungen oder was sonst noch gibt. Unterschiedliche Stile funktionieren gleich hilfreich an unterschiedlichen Orten. Wichtig ist, sich das „Klima" oder die Voraussetzungen der jeweiligen Art therapeutischer Aktivitäten zu überlegen, die wir in unser Programm aufnehmen. Wenn unser Ziel darin besteht, ein Umfeld zu schaffen, das die Ressourcen der KlientInnen zu schätzen weiß; das sich bemüht, ihnen mehr Einfluß auf den Prozeß zuzugestehen, an dem sie teilhaben; das sich bemüht, die Entwicklung von Gefühlen der Kompetenz zu fördern – dann sollten alle Aktivitäten unter dem Gesichtspunkt betrachtet werden, in welcher Weise sie diesem Ziel dienen. Es kommt also darauf an, wie wir über das, was wir tun, denken.

# Einzeltherapie

In vielen Einrichtungen kommen die BewohnerInnen regelmäßig (oft wöchentlich) zu einer Einzelsitzung. Es steht zu hoffen, daß der Inhalt dieser Sitzung vollständig zum jeweiligen Thema und der allgemeinen Blickrichtung des Programms paßt und nicht als ein unterschiedlicher Prozeß erlebt wird. Wenn die Einzelsitzung sich auf das „Problemlösen" oder „Ansprechen von problematischen Themen" zu konzentrieren scheint, kann es leicht die Praxis und Betonung von Kompetenzorientierung des ganzen Programms untergraben.

Solche Einzelsitzungen können daher dieselben Funktionen haben wie die oben für Familiensitzungen aufgeführten. Statt die Sitzungen als „Intervention" zu betrachten, können wir sie als Gelegenheit sehen, Ziele neu zu überdenken und Fortschritte bewußt zu machen. Die Angestellten haben sich bereits während des alltäglichen Programms bemüht, auf Ausnahmen und Erfolge einzugehen, und die wöchentliche Sitzung, die ein wenig strukturierter ist, bietet eine gute Möglichkeit, diese Erfolge expliziter zu betrachten, über ihre Bedeutung zu sprechen und zu planen, wie man weiterhin darauf aufbauen kann.

*Natalie, 16 Jahre, war uns mit einer Vorgeschichte äußerst aggressiven Verhaltens zugewiesen worden. Sie wurde als „hoffnungsloser Fall" beschrieben. Während einiger anfänglicher Gespräche wurde ihr Interesse an Softball deutlich, und das Thema ihrer Unterbringung, das sich hieraus ergab, lautete: „Um ihr Leben schlagen".*

*Natalies Aufenthalt in der Abteilung war eine Übungszeit für ihre Fähigkeit zu schlagen und mehr über ihr eigenes Geschick, nicht „einfach um sich zu schlagen" zu erfahren. Wir unterstrichen, daß bei dieser Übungszeit Momente, in denen sie um sich schlug, Zeiten des Lernens und nicht des Versagens waren. Da Natalie weiterhin auf dieses Thema ansprach, entwickelten sie und die MitarbeiterInnen gemeinsam eine „Softball-Sprache". Die Angestellten konnten auf Ereignisse eingehen, indem sie ausriefen „Schlag 1 ... 2 ... 3" oder „home run". Außerdem hatte Natalie Vorstellungen darüber formuliert, was sie tun würde, wenn sie bereit wäre, nach Hause zu gehen, und diese Ziele waren auf einer großen Karte in Form eines Softball-Diamanten festgehalten.*

*Bei wöchentlichen „Haupttreffen" (Therapiesitzungen mit Natalie und ihrer Hauptbetreuerin) wurde ihr Fortschritt auf diesem Diamanten eingezeichnet, wodurch sie ihre Erfolge in Richtung auf das Ziel sehen konnte. Diese Treffen hatten nicht den Charakter einer „Arbeit an ernsten Themen". Sie waren vielmehr ein Nachdenken über die vorangegangene Woche, bei dem ihre Fortschritte und die Zeiten benannt wurden, wo sie anders gehandelt hatte, wie sie mit möglichem Umsichschlagen umgegangen, wann sie gelaufen war usw.*

*Indem ich unsere gemeinsame Sprache benutzte, konnte ich ihr Fragen stellen wie:*

- *Wie hast du dich darauf vorbereitet, den Ball so weit zu schlagen?*

- *Du hast es gerade noch geschafft, den Ball zu schlagen. Was mußt du üben, um nächstes Mal direkt zu treffen?*

- *Welchen Unterschied macht es zu wissen, daß du einen „home run" schlagen kannst?*

- *Wer wird es als erster merken, wenn dein Schlagen besser wird? Was wird ihr/ihm auffallen?*

*Da es in unseren Diskussionen darum ging, über Erfolge zu reden und zu besprechen, welchen Unterschied diese Erfolge in anderen Situationen machen könnten, war es leichter, vor Rückschlägen zu warnen, ohne zu pessimistisch zu erscheinen. Schließlich schlägt auch der geübteste Spieler 'mal an einem Ball vorbei, besonders an sehr schnellen oder im Bogen fliegenden! Da Natalie jede Woche ihren Kurs auf dem Diamanten verzeichnete, war es ihr auch möglich, ihren allgemeinen Fortschritt zu sehen, wenn es auch manchmal während der Woche zu gewissen „Umwegen" kam.*

*Schließlich zog Natalie in eine eigene Wohnung; sie behielt aber dennoch einen gewissen Kontakt zu uns, indem sie uns erzählte, wie sie weiterhin ihre erworbenen Fähigkeiten in die Praxis umsetzte.*

*– St. Stephen's Youth Accommodation Project, Adelaide, South Australia*

# Gruppentherapie auf der Grundlage von Kompetenz

Gruppentherapeutische Sitzungen können sinnvoll innerhalb eines stationären Programms eingesetzt werden. Sie haben den Vorteil, die Ressourcen der gesamten Gemeinschaft der Einrichtung zu nutzen, und fördern hilfreiche Interaktionen innerhalb der Peer-Gruppen.

Auch hier ist wiederum der Fokus in den Gruppen wichtig. Ich war Zeuge von Gruppensitzungen, in denen die „Tagesordnung" – explizit oder in anderer Form – aus den neuesten Problemen bestand, die sich in der Abteilung ergeben hatten. Zu den Inhalten gehörten: die neuesten Probleme, die sich bei Besuchen zu Hause ergeben hatten; Konflikte oder Schwächen, die innerhalb der Einrichtung offensichtlich geworden waren; Beobachtungen von Pflegepersonal oder stationären MitarbeiterInnen über Themen, an denen der Betreffende noch „arbeiten" mußte usw.

Hat man einen Ansatz, der auf Kooperation und Kompetenz beruht, können Gruppensitzungen ein bedeutsames Ereignis sein, wo der Erfolg unterstrichen und die Bedeutung kleiner Schritte in Richtung Ziel diskutiert wird.

*Das Programm beinhaltete zwei „Verlaufsgruppen", eine morgens und eine abends. Als ich zuerst die Vormittagsgruppe leitete, begann ich immer mit der Frage an die Gruppe: „Wer muß als erster von gestern tolle Sachen erzählen?" Die Gruppenmitglieder stellten fest, wer erfolgreich gewesen war, und jedes Gruppenmitglied beschrieb, was am vorherigen Tag gut gelaufen war, und wurde ermuntert, sich für diesen Tag bestimmte Ziele zu setzen. Ich forderte oft die Person, die gerade sprach, auf, die nächste zu nennen, die darüber sprechen sollte, was sie nach ihrer Beobachtung besser gemacht hatte. Es war verblüffend zu sehen, wie die Atmosphäre in diesen Gruppen sich änderte, als wir uns auf das konzentrierten, was „funktionierte". Anfangs stellten wir fest, daß der Gruppenleiter beim Gespräch über Ausnahmen die Führung übernehmen und die Tendenz der PatientInnen umgehen mußte, sich auf Probleme zu konzentrieren. Selbst Kommentare wie: „Mann, das klingt ja schrecklich. Wie hast du es denn geschafft, heute bis zu diesem Punkt zu kommen?" können eine wichtige Hilfe sein, um den Blickwinkel zu ändern. Nach unserer Feststellung wurden die Gruppen im Laufe der Zeit erfolgs-orientierter. Gruppenmitglieder schienen Freude daran zu haben, etwas Gutes über die anderen zu sagen!*

*Manchmal wurde ein Gruppenmitglied ermuntert, andere zu bitten, ihm zu helfen, indem sie „darauf hinweisen, wann ich nicht so deprimiert zu sein scheine", „mich wissen lassen, wenn du meinst, ich geh` Leuten nicht so sehr auf die Nerven" usw. Dieser Vorgang fördert sehr viel mehr positive Peer-Interaktionen. Wir benutzen auch eine „Skala", auf der Gruppenmitglieder eintragen können, wo sie sich selbst sehen (in Bezug auf ein bestimmtes Ziel), und sich ein Ziel setzen können, das sie gern am Ende des Tages erreicht haben möchten; auch hier können die anderen helfen, Schritte in die richtige Richtung zu „bemerken" (siehe Abb. 11.1.).*

*In der abendlichen Verlaufsgruppe am Ende des Tages sprechen die Mitglieder darüber, in welche Richtung sie sich im Laufe des Tages bewegt haben. Dies war bisher recht gut strukturiert, obwohl es sich in einer Abteilung für Heranwachsende mehr zu einer „Gemeinschaftsgruppe" entwickelt hat, in der die Jugendlichen über sich und ihren Tag diskutieren. Natürlich haben sie die für Heranwachsende typische Neigung, sich in die Konfrontation und/oder Defensive zu begeben. Aber sanfte Beharrlichkeit der GruppenleiterInnen, die nach Ausnahmen fragen, hat Konflikte in diesen Gruppen allmählich ausgeräumt und ihnen den Weg geöffnet, sich gegenseitig die äußerst wichtige Anerkennung ihrer Kämpfe und Erfahrungen zukommen zu lassen.*

*In der Kinderabteilung wurde die Technik des „Externalisierens des Problems" ausdrücklicher angewandt. Wir ließen die Kinder das Pro-*

---

**Verlaufsgruppen** (Morgens/Abends)

Tägliche Zielsetzung ist eine Möglichkeit, um in kurzer Zeit zu erreichen, was wirklich wichtig ist. Diese Gruppen treffen sich täglich.

**Verlaufsgruppe (Morgens)**

Datum: ........................

**Heutiges Ziel:** ...............................................................

1. Wie hast du in der Vergangenheit dieses Ziel ein klein wenig oder erfolgreich erreicht?

2. Wie warst du klug genug, es auf diese Weise zu erreichen?

3. Welche dieser Strategien, die du schon einmal benutzt hast, wirst du heute benutzen?

4. Wo würdest du am Ende des heutigen Tages gern sein, gemessen auf einer Skala von 1 – 10 („1": völlig unmöglich; „10": völlig erfolgreich)?

**Verlaufsgruppe** (Abends)

5. Auf der Skala in Frage 4, wie nahe bist du deinem Ziel gekommen? Wie hast du das geschafft?

6. Frage deine Gruppenmitglieder, welche Veränderungen sie heute an dir bemerkten, als du dich auf dein Ziel zubewegtest.

---

*Abb. 11.1.: Formular, wie es in morgendlichen und abendlichen „Verlaufs-Gruppen" in einer stationären Einrichtung benutzt wird*

*Copyright 1992, Linda METCALF. Leicht verändert und mit Erlaubnis wiedergegeben*


*blem zeichnen („den Zorn", „die Ängste" usw.), aber so, wie es aussehen wird, wenn es besiegt ist. Die Zeichnungen werden auf einen Magneten geklebt, und dieser Magnet kann auf einer Skala entlang bewegt werden, die wie ein Regenbogen, eine Eisenbahnschiene usw. auf einer Magnettafel aussieht.*

*– Linda METCALF, Arlington, Texas*

In dieser bestimmten Abteilung waren „Verlaufsgruppen" schon eine zeitlang Teil des Programms gewesen, und es war nie die Frage aufgetaucht, ob man damit aufhören sollte. Die betroffenen MitarbeiterInnen bemühten sich jedoch, diese Gruppen „umzudeuten", damit sie zu der

221

kompetenz- und lösungs-orientierten Ausrichtung paßten, die von der Einrichtung übernommen wurde. Die Beschreibung oben zeigt, warum es nicht darum ging, die gesamte Struktur der Gruppen zu verändern, sondern nur darum, über Betonungen und Auswahl der behandelten Themen nachzudenken.

Abbildung 11.2. zeigt ein Formular, das innerhalb derselben Einrichtung für den Gebrauch in „Zorn-Gruppen" entwickelt wurde. Auch hier existierten die Gruppen schon vorher, und die ProgrammgestalterInnen versuchten, ihnen eine neue Blickrichtung zu geben, damit für ihre Mitglieder die Möglichkeit entstand, sich auf Erfolg und praktische Strategien zu konzentrieren, statt auf den Gedanken, den Zorn „durchzuarbeiten". In diesen bestimmten Gruppen wurde „Zorn" externalisiert, und die Inhalte der Gruppen waren auf die Erfolge der BewohnerInnen gerichtet, wenn sie eine Machtübernahme des Zorns nicht zuließen.

## Therapie ist nichts besonderes

Es fällt uns TherapeutInnen leicht, uns zu sehr mit der Wichtigkeit dessen zu beschäftigen, was wir hinter den geschlossenen Türen des Therapieraumes tun. Dieser kooperative, auf kompetenz-orientierte Ansatz für stationäre Behandlung versucht zu zeigen, daß unser gesamtes Programm Teil des „therapeutischen" Prozesses ist und die anscheinend banalen Interaktionen zwischen stationären MitarbeiterInnen und BewohnerInnen bzw. Eltern genauso wichtig sind wie formalere therapeutische Aktivitäten. Das verlangt natürlich von uns TherapeutInnen eine gewisse Bereitschaft, das Gefühl unserer eigenen Wichtigkeit „loszulassen". Einige der offensichtlich erfolgreichsten Einrichtungen, die ich gesehen habe, waren die, wo TherapeutInnen ihre Aufgabe hauptsächlich darin sahen, die stationären Angestellten zu unterstützen. Einige der am wenigsten erfolgreichen Einrichtungen waren die, wo TherapeutInnen sich an der Vorstellung festklammerten, vor allem ihre Arbeit sei die wichtige, als ob im Therapieraum irgendetwas „Wundersames" geschähe.

Therapie *ist* ein wichtiger Bestandteil des stationären Prozesses, doch ist sie nur ein Teil dessen. Besonders bei Kindern und Jugendlichen bin ich sicher, daß die bedeutungsvollsten Interaktionen während der normalen alltäglichen Vorgänge stattfinden (Mahlzeiten, Spiele, Arbeiten im Haushalt usw.). In diesem Kontext bietet „Therapie" vor allem die Gelegenheit, Information auszutauschen, Erfolg zu unterstreichen und weitere Ziele festzulegen.

## Zorn-Gruppe

„Zorn" plagt jeden irgendwann einmal. Er kann eine gesunde Befreiung sein, wenn er dem Aussprechen und Eröffnen von Gefühlen dient. Manchmal jedoch schafft „Zorn" Probleme in unserem Leben, die uns von anderen entfernen, körperlichen Schaden befürchten lassen oder unsere Zukunftspläne und Beziehungen gefährden. Die „Zorn-Gruppe" hat das Ziel, dir bei der Betrachtung von Zeiten zu helfen, wo du „Zorn" nicht in dein Leben eingreifen ließest. Niemand kann 100% der Zeit zornig sein. Unser Ziel in dieser Gruppe liegt darin, Zeiten zu erkennen, wo du zornig warst, aber gute Strategien einsetztest, um sicher zu gehen, daß „Zorn" nicht die Macht ergriff.

Benutze das Formular unten, um herauszufinden, welche „Auslöser" „Zorn" benutzt und wie du „Zorn" daran gehindert hast, dein Leben anzugreifen.

| Situationen, die Zorn zur Macht-übernahme ermuntern (Wann Zorn versuchte, mich zu beherrschen) | Situationen, wo Zorn nicht erfolg-reich war (Wie ich Zorn unter Kontrolle hielt) |
|---|---|
| 1. _____ | 1. _____ |
| 2. _____ | 2. _____ |
| 3. _____ | 3. _____ |
| 4. _____ | 4. _____ |
| 5. _____ | 5. _____ |

A. In welcher Situation würdest du Zorn heute gern mehr unter Kontrolle haben? _____

_____

B. Wann hast du ihn das letzte Mal erfolgreich unter Kontrolle gehabt?

_____

_____

C. Wie hast du das gemacht? _____

D. Welchen Plan hast du für heute und was hast du dabei aus vergangenen Zeiten gelernt, wo du Zorn unter Kontrolle hieltest? _____

_____

E. Wo befindest du dich jetzt auf einer Skala von 1 bis 10 (1 bedeutet „Zorn hat alles unter Kontrolle", und 10 bedeutet „Ich habe alles unter Kontrolle")? _____

Wenn du die Dinge ausprobierst, die bisher funktioniert haben, wo würdest du dann gern bis _____ (heute abend, zum Wochenende usw.) sein? _____

*Abbildung 11.2.: Ein Formular für „Zorn-Gruppen" Copyright 1992, Linda* METCALF. *Leicht verändert und mit Erlaubnis verwendet.*

# Kapitel 12
# Abschluß und Ehrung:
# Die neue Zukunft betreten

Übergang und Training sind begrenzte Prozesse. Man wird nie aufhören, Veränderungen durchzuführen und zu festigen und mit problematischen Situationen umzugehen, und in gewisser Weise sieht man sich auch nach Beendigung der Therapie den Herausforderungen gegenüber, die Teil des therapeutischen Prozesses waren. Doch ist es unser Ziel, daß Familien es am Ende der stationären Unterbringung geschafft haben, sich als kompetent und erfindungsreich zu erleben, und daß sie in der Lage sind, diesen Herausforderungen zu begegnen. Das heißt, die zielgerichteten, veränderungs-orientierten Aufgaben der stationären Behandlung werden den alltäglichen Aufgaben und dem „auf und ab" Platz machen, denen man im normalen Leben begegnet.

Deuten wir die stationäre Unterbringung als eine Übergangsperiode, können wir die Beendigung des Prozesses *nicht* darin sehen, das alles gelöst ist, sondern in der Bereitschaft der Familienmitglieder, den nächsten Schritt zu tun. Wenn eine Behandlung erfolgreich ist, zeigt sich dieser „Erfolg" nicht daran, daß jede Schwierigkeit geklärt ist, sondern daß erfolgreich neue Vorstellungen über die eigene Person und die Zukunft entwickelt wurden.

Während die verschiedenen Aspekte des stationären Programms durchlaufen wurden, richtete sich der Blick auf Üben und Ausstatten. Wenn Ziele gesetzt wurden in Verbindung mit Überlegungen wie: „Woher wirst du wissen, ob du so weit bist, dies auch zu Hause weiterzumachen?", oder wenn das Thema ein Gefühl der Übung oder Vorbereitung vermittelt hat, dann ist es Zeit, „den nächsten Schritt zu tun". Da der Blick auf die Zukunft gerichtet ist, haben die MitarbeiterInnen von Zeit zu Zeit auf verschiedene Ereignisse und Erfolge reagiert, indem sie fragten, welchen Unterschied dies machen wird, wenn der Betreffende nach Hause zurückkehrt. Eltern und junge Menschen empfinden vermutlich (und verständlicherweise) eine gewisse Beklommenheit vor diesem Schritt, und diese Unsicherheit sollte unbedingt ernst genommen werden. Dennoch sind in einer Einrichtung, die sich den Blick auf eine neue Zukunft bewahrt hat, vermutlich alle Beteiligten mit der Entlassung zufrieden (im Gegensatz zur Einrichtung, die sich nur darauf konzentriert hat, während der Aufnahmezeit selbst eine Veränderung herbeizuführen; diese wird oft feststellen, daß die Eltern erst einmal von der Beilegung des Problems „überzeugt" werden müssen).

## Vorbereitung auf die Entlassung

Wenn man das stationäre Programm als Übergangszeit betrachtet, ist eigentlich jeder einzelne Aspekt vom Augenblick der Aufnahme an eine Vorbereitung auf die Entlassung. Trotzdem werden Angestellte und KlientInnen mit fortschreitender Zeit die Entlassung fester ins Auge fassen.

Im Verlauf des Programms können die MitarbeiterInnen die BewohnerInnen auffordern, über folgende Fragen nachzudenken:

– In welcher Weise glaubst du, wird dein heutiger Erfolg es dir leichter machen, nach Hause zurückzukehren?

– Du hast wirklich gezeigt, daß du mit den anderen Kindern hier anders auskommen kannst. In welcher Weise kannst du diese Ideen in der Schule anwenden?

– Es ist toll, wieviel besser die Dinge liefen, als du am Wochenende zu Hause warst. Was hast du anders gemacht? Was haben deine Eltern anders gemacht? Wie wird es nun deiner Meinung nach sein, wenn du und deine Eltern in der Lage sein werden, euch immer so zu verstehen?

– Stellen wir uns einmal vor, du könntest das, was du heute hier gemacht hast, auch tun, wenn du wieder zu Hause bist. In welcher Weise wird es deiner Meinung nach die Situation für dich und deine Eltern verändern?

Ähnliche Fragen können unter Einbeziehung der Eltern in Therapiesitzungen gestellt werden.

Während man im Laufe der Unterbringung über die Fortschritte spricht, können die Ziele „auf den neuesten Stand" gebracht werden mit Fragen wie: „Wir haben gesehen, wie du geübt hast, deinen Zorn unter Kontrolle zu halten. Woher wirst du deiner Meinung nach wissen, ob du bereit bist, zu Hause damit fortzufahren?" oder „Es ist wunderbar, daß Sie anerkennen, welche Fortschritte John in der Beherrschung seines Zorns gemacht hat. Woher werden Sie Ihrer Meinung nach wissen, ob er so weit ist, dies auch zu Hause so weiterzumachen?"

Das Ziel ist, sie immer wieder aufzufordern, über die gegenwärtigen Veränderungen und Erfolge in Bezug auf ihre gemeinsame Zukunft nachzudenken.

## Abschluß des Trainings

Thema und Ziele bestimmen, wann der Abschluß erreicht ist. Vorzugsweise sollte man keinen Zeitraum für die Unterbringung im voraus festlegen, sondern die Zeit der Entlassung vom Fortschritt in Richtung Ziel abhängig machen.

In ihrer Beschreibung der „Reintegrationsphase" des rituellen Prozesses sagt ROBERTS (1988):

> In der dritten Phase ... werden die Menschen in ihrem neuen Status wieder in ihrer Gemeinde integriert. In der Therapie bewegt man sich weg von dem besonderen Ort und der besonderen Zeit und bezieht die eigenen Ressourcen der Familie und ihr Alltagsleben verstärkt mit ein. (S. 40)

Wenn diese Zeit kommt, besteht die Aufgabe darin, Veränderungen zu überprüfen und zu unterstreichen und sie in den Kontext des alltäglichen Lebensablaufs zu stellen. Die stationäre Einrichtung ist eine „anormale" Umgebung mit eingeschränkterer Blickrichtung als es zu Hause der Fall sein wird. Die therapeutische Aufgabe besteht darin, das, was während dieser Übergangzeit geschehen ist, mit der Realität der Zukunft zu verbinden, und zwar in einer Weise, die den veränderten Status unterstreicht.

Gewisse Sonderteile des Programms kommen zu einem Ende, wie z.B. besondere Aufgaben, Karten oder Experimente; und die Entscheidung zum Abschluß zu kommen, bietet eine gute Möglichkeit, Dinge zu überprüfen und hervorzuheben. In einer abschließenden therapeutischen Sitzung vor der Entlassung kann man den jungen Menschen und seine Familie auffordern, noch einmal über die Unterbringung nachzudenken und Unterschiede zu nennen zwischen ihrem Zustand zur Zeit der Aufnahme und jetzt. Man bittet sie, sich Gedanken darüber zu machen, welche Unterschiede diese Veränderungen für die verschiedenen Bereiche ihres gemeinsamen Lebens machen werden – in Schule, Familie usw.

Ich finde es oft hilfreich, Fragen zu stellen wie: „Nimm` einmal an, jemand, der dich eine Weile lang nicht gesehen hat und nicht einmal weiß, daß du in stationärer Unterbringung warst, besucht deine Familie. Was, meinst du, wird ihm an Veränderungen auffallen? Was, glaubst du, wird ihm das über dich sagen?"

## Berichte über Veränderungen

Müssen Berichte geschrieben werden (sei es für Gerichte, Sozialämter, zuweisende Institutionen oder Fachleute, die nachfolgend mit dem Fall zu tun haben), halte ich es für äußerst nützlich, die KlientInnen beim Schreiben dieser Berichte hinzuzuziehen. Hierdurch wird uns eine Gelegenheit gegeben, den Fortschritt zu überprüfen, die KlientInnen in ihrer Eigenschaft als beste RichterInnen ihres eigenen Erfolges zu bestätigen und (hoffentlich) die Empfänger der Berichte anzuregen, die KlientInnen nun in neuem Licht zu sehen.

In solchen Sitzungen können der junge Mensch und seine Eltern gebeten werden, alles zu schildern, was ihrer Meinung nach jetzt anders ist. Da dieser Bericht für eine externe Institution gedacht ist, sollte man sie ermuntern, so genau und detailliert wie möglich zu sein. Während der Wandel Forschritte macht, nehmen die Menschen ihn leicht als „selbstverständlich" hin und sind sich so weniger der Bedeutung von Veränderungen bewußt, die sie erreicht haben. Die Erfordernisse eines solchen Berichts „zwingen" alle Beteiligten, Veränderungen genauer zum Ausdruck zu bringen. Dabei „entdecken" sie vielleicht Veränderungen, die sie vergessen oder nicht beachtet hatten, und dadurch verfestigt sich ihre allmählich entstehende Sichtweise von sich selbst als kompetenten Individuen.

Dann kann man sie bitten, die Dinge zu beschreiben, die ihre Bereitschaft, entlassen zu werden, anzeigen, und zum Nutzen der LeserInnen des Berichts näher auszuführen. Im weiteren Gespräch können die KlientInnen ihre Pläne für die anschließende Zeit darlegen, und man fordert sie auf, sich Gedanken über die vor ihnen liegenden Herausforderungen zu machen und auch darüber, wie das bisher Erreichte ihnen dabei helfen kann.

In meiner eigenen therapeutischen Praxis ziehe ich meine KlientInnen normalerweise beim Schreiben der Berichte in dieser Form hinzu. Der ganze Ablauf scheint sie in ihrem neuen Status als ExpertInnen zu bestätigen. Ich schreibe den Bericht dann vielleicht noch einmal, damit er auf jeden Fall die „korrekte" Form hat, obwohl ich immer deutlich mache, daß er gemeinschaftlich erstellt wurde. Ich benutze Sätze wie:

- Dies sind die Veränderungen, die unserer Meinung nach von der Familie und mir erreicht worden sind ...

- Bill glaubt, er wird wahrscheinlich nicht noch einmal eine solche Straftat begehen. Er glaubt, die folgenden Veränderungen, die er während seiner Behandlung erreicht hat, stützen diese Überzeugung ...

- Die Familie hat folgende Bereiche herausgearbeitet, in denen sie glaubt, weiterhin Unterstützung zu benötigen, wenn sie diese Veränderungen auf ihre Situation zu Hause anwendet. ... Diese Einrichtung erklärt sich bereit, Folgeberatungen anzubieten, um ihnen bei der Überwachung des weiteren Erfolges zu helfen.

Die Familie erhält automatisch eine Kopie dieses Berichts. Ich bitte sie sogar oft, selbst den Bericht an die entsprechende Person zusammen mit einem eigenen Begleitbrief abzuschicken.

# Anderen Menschen bei der Entdeckung von Veränderungen helfen

Wenn der junge Mensch die Einrichtung verläßt, wird er wieder Kontakt zu verschiedenen anderen Institutionen aufnehmen, die einen gewissen Einfluß auf seine Zukunft besitzen. Wir haben festgestellt, wie wichtig es im therapeutischen Prozeß für den Jugendlichen und seine Eltern ist, ihnen zu helfen, die kleinen Beispiele für Erfolg und Veränderung zu *bemerken*. Ebenso ist der bedeutsamste Aspekt des Einflusses von Institutionen wie Schulen, BewährungshelferInnen, SozialhelferInnen usw. die Frage, ob sie in der Lage sind, auftretende Veränderungen zu bemerken und auf sie einzugehen.

Es ist verständlich, wenn z.B. die Schule eines jungen Menschen die Vorstellung von ihm entwickelt hat, er sei „schwierig" oder „gestört". Vielleicht sind sie zufrieden, daß der Jugendliche behandelt wird, aber gleichzeitig kann diese Tatsache als solche sie in ihrer negativen Meinung bestärken. Wenn sich ihre Meinung nun nicht ändert, werden sie unausweichlich immer wieder auf jedes noch so kleine Anzeichen achten, daß sein Problem noch nicht gelöst ist. Und noch schlimmer: einige Schulen nehmen den jungen Menschen ganz explizit für eine „Probezeit" wieder auf, und stellen sich dann innerlich darauf ein, ständig nach Fehlschlägen seinerseits zu suchen.

Wenn man eine BewohnerIn entläßt, ist es wichtig, sich zu überlegen, wie man anderen Institutionen am besten helfen kann, die eingetretenen Veränderungen wahrzunehmen. Eine Möglichkeit ist, diese Menschen zur Entlassungsfeier einzuladen oder ihnen Berichte wie die oben erwähnten zur Verfügung zu stellen. Wir müssen uns auch noch andere Möglichkeiten überlegen, diese Menschen dazu aufzufordern, eher Erfolge zu beachten und auf sie einzugehen, als Fehlschläge zu bemerken.

*Schulen in Australien benutzen oft „Betragenskarten", um das Verhalten von schwierigen SchülerInnen zu kontrollieren. Dies sind Karten, auf die LehrerInnen am Ende jeder Stunde Bemerkungen über die SchülerIn notieren. Am Ende jedes Tages wird die Karte der SchulleiterIn überbracht und dann mit nach Hause genommen, wo die Eltern sie lesen und gegenzeichnen. Das Problem dieser Karten liegt darin, daß sie nur bei SchülerInnen benutzt werden, die als problematisch gelten, und daß alle LehrerInnen dies wissen. Schon das Auftauchen solch einer Karte ist oft das „Signal" dafür, man habe es hier mit einer schwierigen SchülerIn zu tun, und das wirkt häufig wie eine Aufforderung, etwas zum Kritisieren zu finden.*

*Als sich die Therapie eines jungen Mannes namens Justin ihrem Ende näherte, hatte ich Befürchtungen, seine Rückkehr in die Schule würde eine Suche nach Beweisen für sein Versagen auslösen. Ich sprach mit der Schule und erklärte, in der Therapie sei zum Teil darauf geachtet worden, Justin sein eigenes Verhalten kontrollieren und Verantwortung für sich selbst übernehmen zu lassen. (Wir hatten diese spezielle Ausdrucksweise nicht während der Therapie benutzt; bei dieser Unterhaltung war es jedoch wichtig, die Bitte in einer Sprache auszudrücken, die für das Schulpersonal eine Bedeutung hatte.) Ich fragte, ob die Schule bereit sei, ihm Gelegenheiten zu geben, diese Fähigkeiten weiter auszubauen. Als die SchulleiterIn erklärte, sie würde dies nur zu gern unterstützen, fragte ich, ob sie Justin einen Stapel von „Betragenskarten" geben würde, auf die er am Ende jeder Stunde Bemerkungen zu seinem Verhalten eintragen sollte. Die SchulleiterIn stimmte zu, obwohl ich durch das Telefon ihre Skepsis spüren konnte, ob Justin diese Aufgabe erfüllen oder wie ernst er sie nehmen würde. Ich schlug vor, Justin solle am Ende des Tages die Karte bei der Schulleiterin vorzeigen und dann für seine Eltern mit nach Hause nehmen.*

*Ich hatte diesen Plan mit Justin diskutiert, der sich auch Sorgen machte, die LehrerInnen würden darauf aus sein, „ihn zu erwischen".*

*Er erledigte seine Aufgabe, obwohl seine Kommentare über sein eigenes Verhalten während der ersten paar Tage nicht sehr tiefgehend waren. Trotzdem war die SchulleiterIn begeistert, als er ihr seine Karte zeigte, auf die er Bemerkungen geschrieben hatte wie „sehr gutes Benehmen", „zeigte gute Fortschritte" usw. Nach etwa einer Woche, als Justin anfing, kritischere Kommentare über sein Verhalten in der Klasse zu schreiben („Hat zuviel in der Stunde geredet", „Bemühte sich nicht in dieser Stunde"), war die SchulleiterIn noch begeisteter. Natürlich waren das genau die Kommentare, bei denen Justin, wenn eine LehrerIn sie über ihn geschrieben hätte, eine Standpauke erhalten hätte und bei denen ihm mit Schulverbot gedroht worden wäre. In diesem Rahmen aber ermutigte die Übung die SchulleiterIn, positiv auf Justins Bemühungen zu reagieren.*

*Obwohl Justin für eine dreimonatige „Probezeit" in die Schule zurückgekehrt war, zeigte sich die SchulleiterIn so zufrieden mit Justins Selbstkontrolle, daß sie die Probezeit nach nur wenigen Wochen für erfolgreich beendet erklärte.*

Es scheint in unserer menschlichen Natur zu liegen, zuerst Beweise für Probleme zu sehen und nicht die Dinge zu bemerken, die anders sind, wenn wir erst einmal wissen, daß jemand, den wir kennen, Probleme hat (oder hatte). Jeder kennt die Situation, wenn eine SchülerIn einen gewissen „Ruf" in der Schule bekommt. Dreißig SchülerInnen können sich schlecht benehmen, aber diejenige, die als StörenfriedIn bekannt ist, fällt auf. Daher ist es eine wichtige Hilfe bei der Rückmeldung ehemaliger BewohnerInnen in die Schule o.ä., wenn man die Menschen dort motivieren kann, Anzeichen für Veränderungen zu bemerken.

# Den Erfolg feiern*

Wenn der junge Mensch und seine Familie angefangen haben, mehr über ihre neue Zukunft nachzudenken, und wir gemeinsam mit ihnen Pläne gemacht haben, wie sie weitermachen wollen, lohnt es sich, die Entlassung zu feiern. Eine Sache, die meiner Meinung nach MitarbeiterInnen in der ganzen Welt gemeinsam haben, ist ihre Vorliebe für Partys! Eine Entlassung ist ein willkommener Anlaß für eine Party – die Entlassungsfeier erfüllt jedoch einen ernsten Zweck.

---

*) **Anm.d.Hrsg.**: der englische Ausdruck „celebrate" gibt die Feierlichkeit und die Bedeutung dieses Festes treffend wieder.

Der Übergangsritus umfaßt den gesamten Prozeß des Weges von einem Status zu einem neuen, und in unseren Augen ist jeder Aspekt des Programms Teil dieses „rituellen" Prozesses. Die Vollendung des Prozesses wird oft durch eine Feier markiert. Diese kann selbst ein Ritual sein, insofern sie das Erreichte bewußt symbolisiert; sie ist aber auch eine öffentliche Bekanntgabe des gesamten Übergangsprozesses. Wie schon erwähnt, sind Examensfeiern, Hochzeiten und Initiationsriten rituelle Feiern und Proklamationen des Übergangs von einem Status zum anderen.

Eine Entlassungsfeier dient der Bekanntgabe des neuen Status der Familie und des jungen Menschen, damit sie in einem neuen Licht gesehen werden können. Auch für die Beteiligten kennzeichnet sie die Veränderung und hilft ihnen, ihre neue Sichtweise von sich selbst zu festigen.

Es muß keine großartige Feier sein, aber sie ist mehr als einfach ein Festessen und Dekoration. Es können kurze Reden gehalten werden, die Veränderung und Erfolg hervorheben. In Abteilungen, in denen Themen üblich waren, können andere BewohnerInnen gebeten werden, etwas über den Erfolg des jungen Menschen, der sie nun verläßt, zu sagen. Man kann Zertifikate oder symbolische Geschenke oder Trophäen als Gaben überreichen.

*Tracy, 15 Jahre, war sexuell mißbraucht worden, aber niemand hatte ihr geglaubt, als sie es anzeigte; sie kam zornig und unversöhnlich zu uns, verbal laut und aggressiv. Sie sah keinen Vorteil darin, die Wahrheit zu sagen, und so kostete es die MitarbeiterInnen viel Zeit, eine ehrliche und vertrauensvolle Beziehung aufzubauen.*

*Man probierte verschiedene Ansätze, um mit ihrem Wunsch, vor ihren Problemen und Zornausbrüchen davonzulaufen, fertigzuwerden, aber der Erfolg war begrenzt. In der vorherigen Therapie war ihr gestattet worden, ihre Gefühle in der Gruppe zum Ausdruck zu bringen, sie hatte aber keine Vorstellung, was sie mit diesen Gefühlen, waren sie erst einmal ausgesprochen, anfangen sollte und konnte den Ausdruck ihres Zorns nicht unter Kontrolle halten. Sowohl Angestellte wie MitbewohnerInnen wurden beschimpft und herumkommandiert; ständig wurde im Haus mit den Türen geknallt und geschrien.*

*In Bezug auf das Besprechen ihrer Probleme und den Umgang mit starken Gefühlen machte Tracy durch Aktivitäten wie z.B. spazierengehen gewisse Fortschritte. Unglücklicherweise führte ihr Verhalten* zu Schwierigkeiten mit den MitbewohnerInnen, und sie fiel in das alte Muster des Davonlaufens zurück. Tracy beschloß, die Einrichtung zu verlassen, damit die Beziehungen sich nicht weiter verschlechterten.

Selbst in solch einer Situation war es angemessen, ihren Abschied zu unterstreichen und zu versuchen, ihn positiv zu deuten. Wir konnten verschiedene Erfolge bei ihr hervorheben und brachten zum Ausdruck, dies erwecke in uns die Hoffnung, Tracy würde nicht weiterhin immer nur fortlaufen. Ihr Abschied wurde als eine wohlüberlegte Entscheidung gedeutet und nicht als ein spontanes Fortlaufen; es gab uns daher die Hoffnung, sie könne anfangen, sich ihren Problemen zu stellen, und irgendwo zur Ruhe kommen.

Wir schenkten Tracy einen Magneten mit einem Sportschuh darauf, den sie überall für alle sichtbar zur Schau stellen konnte; er sollte sie daran erinnern, bei wie vielen Gelegenheiten wir beobachtet hatten, wie sie sich den Konflikten und Problemen stellte – sie konnte es schaffen! Unser Ziel war es, ihr etwas als Symbol dessen zu schenken, daß dieser Abschied etwas anderes war als die bisherigen. Er markierte den Beginn einer andersartigen Zukunft.

Einige Zeit später rief Tracy uns aus einem anderen Bundesstaat an, um uns zu erzählen, sie habe eine Verwandte gefunden und beschlossen, sich dort niederzulassen; sie wollte sich den Tatsachen ihres Lebens stellen und ging in eine Beratung. Sie erzählte uns aufgeregt, daß sie die Sohlen des Sportschuhs nicht mehr durch das Fortlaufen abnutzte!

– „The Anchor", Presbyterian Social Service Department, Sydney


Entlassungsfeiern sind gewöhnlich genau das: Feiern, die Erfolg kennzeichnen. Wenn wir sie uns jedoch als rituelle Markierungen von Veränderung denken, können sie auch in solchen Situationen großen Wert besitzen, die nicht so zu Ende gegangen sind, wie wir vielleicht gehofft haben. Die „Feier" in diesem Beispiel ermöglichte MitarbeiterInnen und BewohnerInnen, ihren Abschied in einen optimistischeren Rahmen zu stellen. Sie ging nicht mit dem Bewußtsein, eine Versagerin zu sein, sondern ihre Entscheidung war als ein neuer Schritt gedeutet worden. Das Geschenk, der Sportschuh auf dem Magneten, war ein entsprechendes Symbol, und ihr späterer Kommentar dazu ließ vermuten, daß er ein bedeutungsvolles Symbol für sie geblieben war.

Einige Beispiele für andere symbolische Gaben oder Trophäen sind:

- Ein Schlüssel (der Schlüssel zur Zukunft), der zeigt, daß der junge Mensch mit Erfolg gelernt hat, seine eigene Richtung zu wählen („die eigenen Türen zu öffnen").

- Ein Poster von einen Surfboardfahrer – „Kevin hat gezeigt, daß er gelernt hat, aufrecht zu stehen, wenn er auf den Wellen reitet" (dieser junge Mann, der am Surfen Interesse hatte, hatte gelernt, auf „seinen eigenen Füßen zu stehen").

- Verschiedene Zertifikate, die sich ganz natürlich aus Themen ergeben – „Champion des Erwachsenwerdens", „ExpertIn im Bekämpfen von Angst" usw.

- Sporttrophäen mit entsprechenden Gravuren.

- Ein Badetuch für jemanden, der gelernt hat zu schwimmen, statt unterzugehen.

## Eine Feier

Am Ende von Kapitel 2 findet sich ein Teil der Geschichte von David, einem 12-jährigen Jungen, dessen stationäre Unterbringung als Training im „Zähmen des Zorns" gedeutet worden war; sein Interesse am Boxen hatte die ErzieherInnen darauf gebracht, Ausdrücke zu benutzen wie „der Zorn hat ihn in den Seilen" oder „der Zorn wird ausgezählt".

Als David entlassen wurde, kam seine Familie, um gemeinsam mit MitarbeiterInnen und BewohnerInnen zu feiern, um seine erreichten Veränderungen zu markieren. Die stationäre Abteilung war von David und seinen MitbewohnerInnen geschmückt worden, und alle Anwesenden versammelten sich für die „Formalitäten".

Erzieher: Ich möchte jeden zu Davids Party willkommen heißen, die wir vorbereitet haben, um David und seine Familie zu feiern, weil sie erfolgreich ihre erste Runde im Kampf gegen seinen Zorn überstanden haben. David ist nach Timaru gekommen, um zu üben, seinen Zorn zu zähmen und innerlich zu 12 Jahren heranzureifen. Es ist nicht immer leicht gewesen mit solch einem schwergewichtigen Gegner, aber er hat sein Training durchgehalten und uns allen gezeigt, daß er bereit ist, sich Mühe zu geben. (*Applaus*)

233

Der Zorn hat David manchmal fast auf der Matte gehabt, aber er hat gelernt, aufzustehen und ihn zu überwinden. Der Zorn hat noch nicht seine ganze Kraft verloren, aber David ist entschlossen durchzuhalten, bis er ihn schließlich ausgezählt hat. Bei so viel harter Arbeit und der harten Arbeit und Unterstützung der Familie haben wir volles Vertrauen, daß er irgendwann Champion wird.

Bill: (ein anderer Bewohner): Ich und David sind Freunde gewesen und haben das Zimmer geteilt, und ich habe gesehen, wie hart er an seinem Zorn gearbeitet hat. Bitte schön, David. (Er gibt David die Trophäe.)

David: Danke, Bill. Ich hoffe nur, mein Zorn kommt nicht mehr zum Vorschein, und ich kann ihn weiter unter Kontrolle halten. (*Applaus*)

Therapeut: Als David hierher kam, war klar, daß sein Zorn es der Familie schwer machte, zu Hause zusammen zu leben. Dann trafen sie alle in der Familie die Entscheidung, sie wollten es anders haben. Es war ein Bemühen der Familie. Ihr habt von Helen einiges darüber gehört, was David gemacht hat, während er hier war; wie er sich Möglichkeiten überlegt hat, seinen Zorn zu schlagen und innerlich erwachsen zu werden. Er hat jeden Tag seine Karte für die Zorn-Gefahr überprüft, und er hat das selbst gemacht, damit er erkennen lernte, wie stark er ist. Ich möchte auch Mary und Robert zu ihrer Arbeit gratulieren, die David trainiert haben beim Erwachsenwerden und Zornzähmen. Sie haben verschiedene Dinge ausprobiert: den Zorn ignoriert, ihn nicht die Übermacht gewinnen lassen, sie haben ihm nicht nachgegeben, sondern sind festgeblieben und sie haben geübt, zusammen zu arbeiten, um David zu zeigen, wie sehr sie zusammen gehören. Ich möchte euch allen gratulieren zu dem, was ihr getan habt, und weil ihr so sicher seid, daß ihr jetzt bereit seid, zu Hause weiter zu machen.

Ich möchte David dieses Zertifikat überreichen, auf dem steht: „Hiermit wird bescheinigt, daß David sein Training im Zornzähmen und Erwachsenwerden abgeschlossen hat und somit qualifiziert ist, das Training vollzeit zu Hause weiter durchzuführen."

Ich möchte auch Mary und Robert dieses Zertifikat überreichen: „Hiermit wird bescheinigt, daß Mary und Robert die Qualifikation als Trainerin und Trainer im Zornzähmen und Erwachsenwerden erlangt haben."

(*Applaus*)

Mutter: Ich möchte Ihnen allen einfach meinen Dank für Ihre Hilfe aussprechen, und daß Sie uns allen geholfen haben zu sehen, was wir gemeinsam schaffen können.

Ein anderer Erzieher erklärte, welche Bedeutung die beiden leeren Plaketten auf der Trophäe hatten – auf einer Plakette befand sich eine Eingravierung zu Davids Erfolg, aber die anderen beiden waren für die zwei „Runden" gedacht, die noch ausgefochten werden mußten; die Familie würde dann entscheiden (vielleicht im Laufe der noch folgenden Beratungssitzungen), wann es gerechtfertigt war, etwas einzugravieren.

Auf dem Tisch stand Davids Kuchen; die Dekoration stellte die „Zorn-Warnungskarte" dar, die er benutzt hatte. David wurde feierlich aufgefordert, den Kuchen anzuschneiden und damit zu zeigen, daß er nicht mehr die Hilfe dieser Karte brauchte, sondern in Zukunft sein Verhalten selbst überwachen konnte.

Dann nahm die Party ihren Verlauf, und David, seine Familie, die MitarbeiterInnen sowie die anderen BewohnerInnen ließen sich Kuchen und andere Leckereien schmecken; zum Schluß wurden Gruppenfotos von David und seiner Familie mit den Trophäen und Zertifikaten gemacht.

# Nach der Entlassung

Nach der Entlassung gibt es meistens irgendeine Art von Folgetherapie. Die Übergangszeit ist vorbei, und in der Therapie sollte man von der Erwartung ausgehen, daß Veränderungen sich verfestigt haben. (Wenn TherapeutInnen weiterhin mit Erfolg rechnen, und diese Erwartung sich in ihrer Sprache widerspiegelt – ohne natürlich Druck auszuüben – werden die KlientInnen auch eher über Erfolge berichten!) Das heißt, die Aufgabe besteht nicht länger darin, Lösungen zu *finden*, sondern weiterhin die Lösungen anzuwenden, die entwickelt wurden.

Natürlich werden neue Fragen und Schwierigkeiten auftauchen; trotzdem besteht die Aufgabe der TherapeutIn darin, die Familie entsprechend ihres neuen Status zu behandeln. Die Familienmitglieder haben eine Veränderung durchgemacht und einen neuen Status erworben. Das ist jetzt „die reale Welt" (wie die stationäre Einrichtung dies nie sein kann), aber die neuen Herausforderungen, die sich daraus ergeben, ändern nichts an dem, was sie bis dahin erreicht haben. Man kann die Eltern und den jungen Menschen auffordern, auf der Grundlage der bisher geübten Dinge Lösungsvorschläge für neu auftauchende Schwierigkeiten zu machen. Die TherapeutIn wird weiterhin Beobachtungen anstellen und Anregungen geben, aber sie sollte darauf achten, dies in einer Form zu tun, die dem neuen Status der Kompetenz Rechnung trägt.

In vieler Beziehung besteht die Aufgabe der Folgetherapie einfach darin, den Familienmitgliedern zu helfen, den gegenwärtigen Erfolg wahrzunehmen. Nach DE SHAZER (1991) könnte der Therapeut fragen: „Was ist denn besser gelaufen, seit du von hier fort bist?" statt: „Wie ist es gelaufen?" Letztere Frage ist eine Herausforderung, Dinge miteinander zu vergleichen, die besser, und die schlechter geworden sind. Auf der anderen Seite geht die erste Frage von einer Verbesserung aus und überläßt es den KlientInnen, auszusuchen, welche der Dinge, die „besser gelaufen sind", sie erwähnen wollen. Je mehr wir es als wahrscheinlich hinstellen, daß sie von Verbesserungen erzählen, desto eher werden sie in der Lage sein, Veränderungen wahrzunehmen. Je mehr sie Veränderungen wahrnehmen, desto eher werden sie darauf in ihren täglichen Interaktionen eingehen (und sie verstärken). Gleichzeitig ist es natürlich wichtig, nicht den Eindruck zu erwecken, man würde sich über die immer noch bestehenden Sorgen der Eltern hinwegsetzen.

# Den Übergang vervollständigen ... und dennoch nicht nach Hause zurückkehren

Einige Programme sind langfristiger und beinhalten nicht notwendigerweise die Rückkehr des jungen Menschen zu seinen Eltern. Ich kenne eine Reihe von Programmen, die eine beträchtliche „Unterbringungsfunktion" haben und davon ausgehen, die BewohnerIn ein oder zwei Jahre in der Einrichtung zu behalten. Oft umfassen sie eine Schulung für Fertigkeiten im Rahmen des alltäglichen Lebens, Vorbereitung auf Arbeit und andere Tätigkeiten, die in praktischen Schritten auf ein erfolgreiches Leben hinführen. Andere sind „Vor-Programme" für die Übernahme durch Pflegeeltern, bei denen die stationäre Unterbringung oft durch das Fehlen passender Pflegeeltern verlängert wird.

Wird ein junger Mensch voraussichtlich längere Zeit in einer stationären Abteilung bleiben, ist es nicht sinnvoll, das therapeutische Programm unbegrenzt weiter durchzuführen. Der Begriff des „Übergangs" beinhaltet einen bestimmten Zeitraum, in dem geübt und experimentiert wird und der die Grundlage bildet, von der aus die Betreffenden das Leben erfolgreicher bewältigen. Die Übergangsphase sollte nicht verlängert werden, da der junge Mensch sonst nicht die Möglichkeit erhält, sich als jemanden zu erleben, der einen neuen Status erreicht hat. Wenn der „Übergang" während der ganzen Zeit einer längeren Unterbringung andauert, wird er wahrscheinlich zu Frustration führen, und die Veränderungen verschwinden allmählich wieder.

Wie gehen wir also mit Situationen um, bei denen äußere Umstände eine Entlassung verhindern?

Es hilft sehr, wenn wir anfangs die Unterbringung noch als „Übungs- und Experimentierzeit" mit klaren Zielen und eindeutig „therapeutischem" Fokus deuten. Dies muß jedoch nicht für die gesamte Zeit in der Abteilung gelten. Es ist weiterhin wichtig, die Übergangszeit zum Ende kommen zu lassen und die Vollendung durch ein Ritual zu kennzeichnen. Danach kann der junge Mensch in der stationären Abteilung bleiben, aber die Betonung ist eine andere.

Ich kenne eine Reihe von Einrichtungen, die auf unterschiedlichste Weise mit diesem Thema umgegangen sind:

- Nach der Übergangszeit beinhaltet die nächste Phase Fertigkeiten des alltäglichen Lebens und Programme zur Arbeitsvorbereitung.

- In einer Einrichtung schliefen die BewohnerInnen anfangs im ersten Stockwerk. Nach Vollendung der Übergangszeit zogen sie in den zweiten Stock und hatten ihr eigenes Zimmer.

- In einigen Einrichtungen brachte die Nach-Übergangsphase einen geringeren Grad an Kontrolle mit sich. Die jungen Leute werden mehr als „BewohnerInnen" und weniger als „PatientInnen" behandelt.

Wird die Veränderung erst einmal erkannt und der Prozeß des „Fortschreitens" bestätigt sich, ist es wichtig, sich von der Sprache der Experimentierphase zu lösen. Der junge Mensch wird sich immer wieder Herausforderungen und Kämpfen stellen müssen, und es gibt vielleicht weiterhin problematische Themen, die eine Therapie rechtfertigen, dennoch sollte die Sprache des „Übens", „Experimentierens" usw. und die Sprache des jeweiligen Themas oder Rahmens von einer alltäglicheren Sprache abgelöst werden.

## Wie lange ist „lange genug"?

Was bedeutet „lange genug"?* Das ist eine gute Frage, denn stationäre Unterbringungen unterscheiden sich in ihrer Länge, und unterschiedliche Einrichtungen arbeiten mit unterschiedlichen Vorgaben. Nach mei-

---

*) **Anm.d.Hrsg.**: Von M.F. Hoyt stammt die in diesem Zusammenhang interessante Bemerkung, „`kurz` heißt einfach `nicht mehr als nötig`" (zit. nach Arnold Lazarus & Allen Fay „Brief Psychotherapy: Tautology or Oxymoron" in: Jeffrey K. Zeig & Stephen G. Gilligan (eds) „Brief Therapy. Myths, Methods, and Metaphors", New York: Brunner/Mazel, 1990)

ner Beobachtung reduziert sich die durchschnittliche Aufenthaltsdauer beträchtlich, wenn Einrichtungen die Gedanken, die in diesem Buch beschrieben werden, übernehmen. Nicht selten finden sich Einrichtungen für Jugendliche, bei denen die „Übergangszeit" (und damit die Unterbringungszeit) sechs bis acht Wochen dauert. Eine Einrichtung, von der wir im früheren Teil des Buches einige Beispiele brachten, arbeitet mit chronischen erwachsenen AlkoholikerInnen und Drogenabhängigen und hat eine Aufenthaltsdauer von etwa drei Wochen.

Wird ein Programm mit dem Ziel entworfen, Probleme „zu kurieren", kann es scheinbar ewig dauern, und oft wird darüber gestritten, ob das Ziel erreicht wurde oder nicht. Wenn das Programm eine vorbestimmte Dauer hat, scheinen sich die Probleme oft entsprechend der verfügbaren Zeit „auszudehnen". Die Dauer der Unterbringung sollte von den Zielen bestimmt werden, und es ist vermutlich hilfreicher, wenn die Angestellten davon ausgehen, diese Ziele eher früher als später erreichen zu können.

# Kapitel 13

# Abschließende Bemerkung

Wie in Kapitel 1 erwähnt, muß stationäre Behandlung nicht die „zweit-beste" Form der Behandlung sein. Wenn es für ein Familienmitglied notwendig ist, eine zeitlang von Zuhause fortzugehen in eine Einrichtung, die einen kooperativen, kompetenz-orientierten Ansatz vertritt, kann stationäre Behandlung Kindern, Jugendlichen und ihren Eltern helfen, eine neue Sichtweise ihrer selbst zu entwickeln.

Wenn auf der anderen Seite stationäre Behandlung das Ziel hat zu regulieren und zu kurieren, wenn Probleme gelöst und Mängel repariert werden sollen, dann kann sie ein sehr mächtiger Faktor sein, der die Familien noch weiter entmachtet und dazu beiträgt, Probleme zu erhalten oder wieder auftauchen zu lassen.

Ob wir es zugeben oder nicht – jede therapeutische Arbeit mit Familien oder Familienmitgliedern reflektiert unsere grundlegende Einstellung und die Art, wie wir über unser Tun denken. Es gibt kein „neutrales" Programm oder Handeln. Nichts, was wir tun, kann einfach als „aufpassen" auf die jungen Menschen abgetan werden, als „auseinandersetzen mit praktischen (und nicht therapeutischen) Fragen" oder als „erfüllen physischer Bedürfnisse" – es wird immer in Hinblick auf den gesamten Kontext unserer Arbeit betrachtet. Jeder Aspekt des Programms, ganz gleich wie gering oder unbedeutend, trägt entweder zu einer kompetenten und optimistischen Haltung bei oder erhärtet das Gefühl des Versagens und der Inkompetenz.

## Um sich greifender Pessimismus

Mir sind in einer Reihe von stationären Einrichtungen Angestellte begegnet, die von Pessimismus über die Zukunft der ihnen anvertrauten jungen Menschen geplagt zu sein schienen. Es ist richtig, daß viele Kinder, Jugendliche und Erwachsene, die in eine stationäre Einrichtung kommen, eine Vorgeschichte von Gewalttätigkeit und Mißbrauch mit sich bringen, von zahlreichen Erfahrungen mit Vernachlässigung, Ablehnung und Versagen, oft langanhaltendem Drogenmißbrauch, vielen Zusammenstößen mit dem Gesetz oder vielen erfolglosen Behandlungsversuchen. Ob sie nun zornig erscheinen oder unterdrückt, sind sie oft überwältigt von den Schwierigkeiten ihrer eigenen Person und des Systems. Und wenn die Eltern mit einbezogen werden, sind auch diese überwältigt und entmutigt. Wenn wir nun mit diesen Menschen arbeiten, so können auch wir leicht gleichermaßen überwältigt und entmutigt werden.

Meine Sorge bei einigen Ansätzen der stationären Behandlung betrifft deren institutionalisierten Pessimismus. Stationäre Behandlung an sich ist nicht zweite Wahl – vielmehr sind die Erwartungen, die einige Einrichtungen an das Ergebnis zu stellen scheinen, zweite Wahl. Wenn wir damit rechnen, daß wir und die KlientInnen versagen, wird das vermutlich auch eintreten. „Ohne die Erwartung, die Dinge würden sich verbessern, macht Therapie keinen Sinn" (DE SHAZER, 1988, S.191).

## Was haben Atome mit stationärer Behandlung zu tun?

Eine kompetenz-orientierte Perspektive bedeutet nicht, unsere Arbeit durch die „rosarote Brille" zu betrachten. Vielmehr fokussiert diese Perspektive auf Kompetenz und Stärke sowie auf die Überzeugung, diese existierten in unseren KlientInnen, ganz gleich wie „schwierig", „gestört" oder „unkooperativ" sie zu sein scheinen.

Meine eigene Fachdisziplin (Psychologie) hat die letzten Jahrzehnte mit dem Versuch verbracht, ihre wissenschaftliche Respektabilität zu begründen. Das heißt, sie scheint versucht zu haben, immer genauer in ihren Erklärungen menschlicher Verhaltensweisen zu werden. Wenn wir bestimmte Verhaltensweisen genau erklären können, glauben wir, wir könnten sie klassifizieren und diese Klassifizierung würde uns helfen zu erkennen, wie wir mit ihnen umgehen müssen. Darum geht es eigentlich bei der Diagnose. In der Medizin ist es wichtig, genau die Diagnose zu kennen – welche Bakterien auftreten, welches Organ nicht funktioniert usw. – denn die Diagnose sagt uns, welche Behandlung die passende ist. Klassifikation und Diagnose in Psychiatrie und Psychologie (und in einigen stationären Programmen) streben denselben Stand genauer Aufdeckung an aufgrund der Annahme, wenn wir erst einmal genau „wüßten", wo das Problem ist (und wo nicht), dann „wüßten" wir auch, welche Behandlung richtig ist.

Ich finde es faszinierend, daß genau zu dem Zeitpunkt, wo Psychologie und der psychosoziale Bereich nach immer größerer Sicherheit und Genauigkeit streben, viele Fachleute aus dem Bereich der sogenannten „exakten Wissenschaften" zugestehen, eine solche Genauigkeit sei unmöglich. Die Physik hat sich auf eine ähnliche Suche nach präzisen Erklärungen begeben, wie ihre Suche nach den „fundamentalen Teilchen" zeigt – den grundlegenden Bausteinen von Materie und Leben. Als Physiker die Atome entdeckten, glaubten sie, die fundamentalen Teilchen gefunden zu haben und alles mit Hilfe der Eigenschaften von Atomen erklären zu können. Unglücklicherweise war ihre Sicherheit nur von kurzer Dauer, da Physiker im weiteren Verlauf entdeckten, daß Atome sich aus Protonen, Neutronen und Elektronen zusammensetzen. Wenn *diese* die fundamentalen Teilchen wären, könnten wir alles im Universum mit Hilfe ihrer Eigenschaften erklären. Die Suche nach präzisen Erklärungen hörte hier jedoch nicht auf, und später entdeckten Physiker, daß Protonen, Neutronen und Elektronen sich wiederum aus noch kleineren Teilchen zusammensetzen. Die Suche geht immer noch weiter, denn wenn wir erst einmal die fundamentalen Teilchen gefunden haben, können wir alles im Universum exakt erklären.

Im Verlaufe dieser weiteren Suche geriet die Physik aus den Fugen! Quantenphysiker entdeckten, daß sie noch kleinere, noch elementarere Teilchen finden *konnten*. Leider stellten sie auch fest, diese Teilchen *nicht* vollständig messen und beschreiben zu können. Um ein Teilchen vollständig zu beschreiben, muß ein Physiker dessen Impuls und Position messen können. Wenn diese gemessen sind, liegen alle anderen Daten auf der Hand. Was sie entdeckten, war, daß es unmöglich ist, zugleich Impuls wie auch Position eines subatomaren (Quanten-) Teilchens zu messen. Nach HEISENBERG können wir sogar die Position eines Teilchens *nicht* wissen, wenn wir seinen Impuls feststellen (da das Messen seines Impulses seine Position tatsächlich verändert). Oder andersherum, wenn wir die Position eines Teilchens feststellen, können wir nicht seinen Impuls wissen (da das Messen der Position tatsächlich seinen Impuls verändert).

Dieses Ergebnis ist in HEISENBERGs Unschärferelation dargelegt, die viele grundlegende Annahmen der modernen Physik verändert hat (HEISENBERG, 1958). Umschrieben besagt sie, je mehr wir uns der exakten Erklärung nähern, desto ungewisserer müssen wir uns sein. Außerdem verändern die Prozesse des Messens und Identifizierens diese Teilchen selbst. Das heißt, unsere Beobachtungen oder Messungen sind nicht neutral, sondern beeinflussen die Dinge, die wir beobachten.*

---

*) **Anm.d.Hrsg.**: Dies könnte als eine andere Beschreibung der konstruktivistischen Idee der Selbst-Rückbezüglichkeit verstanden werden

Einige Quantenphysiker sind sogar noch weiter gegangen. Sie behaupten, diese subatomaren Teilchen *existieren tatsächlich nur*, wenn wir sie messen oder beobachten. Darüberhinaus können wir nicht wissen, ob und wo sie existieren. Diese Theorie ist vielleicht etwas esoterisch, erinnert uns aber daran, daß der Prozeß des Beobachtens die Dinge, die wir beobachten, beeinflußt.

Wir nehmen keine subatomaren Teilchen in unsere stationäre Einrichtung auf; trotzdem bieten uns die Folgerungen der Quantenphysik eine interessante Analogie für unsere Suche nach Gewißheit. Physiker können wählen. Sie können sich entweder entscheiden, ein Teilchen unter dem Aspekt seines Momentums zu sehen, oder sie können sich entscheiden, es unter dem Aspekt seiner Position zu sehen (wobei jeder Aspekt ohne den anderen ganz unterschiedliche Implikationen hat).

Tatsächlich sagt die Physik noch mehr über unsere Entscheidung, wie wir die Dinge sehen. Elementarteilchen, die sich durch Raum-Zeit bewegen, können als Teilchen oder als Wellen gesehen werden. Licht z.B. kann als Lichtwellen oder als Teilchen (Photonen) gesehen werden. Beide sind gleich „wahr" (d.h. beide sind in Übereinstimmung mit dem, was Physiker beobachten), aber beide haben sehr unterschiedliche Implikationen in bestimmten Umständen, und WissenschaftlerInnen können wählen, wie sie zur jeweiligen Zeit die Dinge betrachten wollen – und die „Dinge" verhalten sich im allgemeinen entsprechend dieser Entscheidung der WissenschaftlerInnen.

> Wie können die sich gegenseitig ausschließenden wellenartigen und partikelartigen Verhaltensweisen Eigenschaften ein und desselben Lichts sein? Sie sind keine Eigenschaften des Lichts. Sie sind Eigenschaften unserer Wechselwirkung mit dem Licht. Je nach unserer Wahl können wir den Versuch so einrichten, daß das Licht sich als Wellenerscheinung oder als Partikelerscheinung manifestiert. (ZUKAV, 1979, S.116)

Wenn dieser Grad der Unschärfe und der Wahl, wie wir Dinge sehen, auf der subatomaren Ebene wahr ist, können wir dies noch viel eher erwarten, wenn wir es mit komplexeren Wesen zu tun haben (wie Jugendlichen und Familien). Für „Impuls" und „Position" oder für „Welle" und „Teilchen" können wir ebenso „Pathologie" und „Kompetenz" einsetzen.

Also, nichts ist gewiß – wir haben die Wahl, wie wir die Menschen, mit denen wir arbeiten, sehen wollen. Wir können sie entweder als Beispiele für Pathologie und Defizit betrachten *oder* sie repräsentieren in unseren Augen einen Grad von Kompetenz und Fähigkeit. Wir können nicht beides tun. *Wenn wir beschließen*, sie unter pathologischem Gesichtspunkt zu betrachten, ist es außerdem viel schwieriger für uns, ihre Stärken und Ressourcen zu erkennen, da wir uns entsprechend dieser Perspektive dann auf Probleme konzentrieren. *Wenn wir* andererseits *beschließen*, sie als kompetent und erfindungsreich zu sehen, verdeckt dieser Blick auf ihre Stärken vermutlich ihre Defizite vor uns.

Wenn wir jetzt an die jungen Menschen und ihre Familien denken, die in unsere stationären Einrichtungen kommen, bedeutet dies, die (von uns gewählte) Sichtweise dieser Menschen wird sich darauf auswirken, wie sie sind. Je mehr ich mich – nach meiner Erfahrung – bemühe (und manchmal darum kämpfe), meine KlientInnen als kompetent und erfolgreich zu sehen, desto mehr zeigen sie im allgemeinen diese Eigenschaften (und desto weniger bemerke ich gleichzeitig die Defizite und Pathologien).

## Bedeutung vs. Emotion

In den Kapiteln dieses Buches wird viel über die „Erlebnisse" der Menschen gesagt, aber selten explizit über ihre „Gefühle" gesprochen. Läßt dieser Ansatz Gefühle außer acht? Natürlich nicht. Es wäre unrealistisch, die Tatsache zu ignorieren, daß Kinder, Heranwachsende und ihre Familien, die seit langem Schwierigkeiten haben, eine Vielzahl von Emotionen empfinden. Ihre Erfahrungen mit ihren Kämpfen gegen Schwierigkeiten, ihre vielleicht erfolglosen Begegnungen mit anderen TherapeutInnen und Fachleuten und zuletzt dann der Entschluß, eine stationäre Aufnahme zu erwägen, sind mit Sicherheit von Gefühlen des Versagens, der Inkompetenz, Schuld, Frustration und Verzweiflung begleitet gewesen. Was der Situation vorausgegangen ist – möglicherweise körperliche oder sexuelle Gewalt, Trennung von Eltern oder EhepartnerIn, wirtschaftlicher oder gesellschaftlicher Druck usw. – das alles trägt viel dazu bei, wie diese Menschen sich und ihre Lage jetzt beurteilen. Was auch immer die „Theorie" dazu zu bemerken hat, der gesunde Menschenverstand sagt uns, wir können solche Gefühle nicht ignorieren.

Wie bereits dargelegt, muß die Konstruktion eines Themas für die Unterbringung darauf aufbauen, die Familienmitglieder erleben zu lassen, wie man ihnen zuhört und ihre Gefühle ernstnimmt. Sie müssen wissen, daß sie und ihre Lage uns aufrichtig am Herzen liegen. Nichts im

Bereich der Kurz- oder Familientherapie ändert etwas an dem, was wir bereits über das Bedürfnis der Menschen wissen, ernstgenommen zu werden und bei den Fachleuten, mit denen sie zu tun haben, mitfühlende Teilnahme zu erfahren. Alles, was dahinter zurücksteht, ist eine Anwendung von Techniken ohne wirklichen Respekt oder Aufrichtigkeit.

Die Frage ist nicht „*Stellen* wir Gefühle in Rechnung?", sondern „*Wie* stellen wir sie in Rechnung?". Nach meiner Überzeugung ist Annerkennung der Gefühle äußerst wichtig, bewirkt aber an sich keine Veränderung. Gefühle sind eine Manifestation der Gedanken oder der Sicht eines Menschen von sich selbst. Das heißt, *was/wie* ich in einer bestimmten Situation empfinde, wird davon abhängen, wie ich mich und meine Situation verstehe. Eine Veränderung der Gefühle erfordert also ebenso eine Veränderung meiner Gedanken wie eine Veränderung des Verhaltens.

Der Ausdruck von Gefühlen an sich ist vielleicht nicht hilfreich, obwohl er den Prozeß unterstützen kann. Ganz sicher glaube ich, daß hilfreiche Aspekte beim Ausdruck von Gefühlen oft durch die Anweisung an unsere KlientInnen, sie *müßten* dies tun, zunichte gemacht werden. Wie ich bereits zum Ausdruck brachte, gehen wir immer dann, wenn wir unseren KlientInnen Vorschriften machen, das Risiko ein, ihren Mangel an Fähigkeiten und Kompetenz zu unterstreichen.

An anderer Stelle habe ich bei Überlegungen zur Therapie mit jungen Menschen, die sexuell mißbraucht wurden, folgendes zu bedenken gegeben:

> Es besteht allgemeine Übereinstimmung, daß junge Menschen, die Opfer von Mißbrauch wurden, von der Möglichkeit profitieren können, über ihre Erlebnisse zu reden; es muß ihnen aber nicht unbedingt helfen, wenn dies im Mittelpunkt der anfänglichen Therapie steht. Wenn junge Menschen sich in einer Situation der Ohnmacht erlebt haben, kann die Ermutigung, „alles herauszulassen", dahin führen, daß sie sich einer Woge von Emotionen wiederum ohnmächtig gegenübersehen. Diese Ohnmachtsgefühle sind erschreckend und halten den allgemeinen Kontext ihrer Erfahrungen aufrecht. Wenn sie daher in diesem Stadium ihre Gefühle herauslassen, könnte dies ihre Vorstellung untermauern, sie hätten ihre Gefühle nicht mehr unter Kontrolle, und ihre Verzweiflung setzt sich noch tiefer fest. (DURRANT, 1987, S.60)

Das ist eine wichtige Überlegung sowohl in Hinblick auf die Frage, wie wir Therapie oder Therapiegruppen innerhalb des stationären Kontextes durchführen, als auch in Hinblick auf die Erwartungen, die wir an das Verhalten von BewohnerInnen stellen, die emotional traumatische Erlebnisse hatten.

Betrachten wir z.B. eine stationäre Abteilung, zu der eine Reihe von Jugendlichen gehört, die Gewalt und Mißbrauch erlebt haben. Ich habe behauptet, zu ihrer Vorstellung von sich selbst gehört der Gedanke, sie seien nicht in der Lage, ihre zornigen und schmerzlichen Emotionen und Impulse zu beherrschen. Wenn ein stationäres Programm von der Annahme ausgeht, diese BewohnerInnen profitierten davon, ihren Zorn zum Ausdruck zu bringen, und dies sei der Weg, ihnen bei der Verarbeitung zu helfen, können wir damit rechnen, daß sie ein hohes Maß an gewalttätigem Verhalten an den Tag legen. Ich habe Einrichtungen erlebt, die solch ein Verhalten dulden, da sie diese Ausdrucksform für therapeutisch halten. Meine Sorge ist, daß die einfache Äußerung dieser Gefühle durch solch ein Verhalten die Vorstellung verfestigt, die KlientInnen hätten diese Emotionen nicht unter Kontrolle. Solche ständigen Erlebnisse der „Ohnmacht" führen kaum dazu, sich besser zu fühlen oder größeres Selbstvertrauen oder mehr Selbstachtung zu entwickeln. Außerdem scheint die Gewalt stets zu eskalieren, bis sie einen Punkt erreicht, wo die Angestellten gezwungen sind, einzugreifen und die Zügel in die Hand zu nehmen. Die Folge dieses Schrittes kann verheerend sein, da die Jugendlichen leicht das Gefühl zurückbehalten: „Ich bin gefährlich. Ich brauche andere Menschen, die eingreifen und die Zügel in die Hand nehmen."

Gefühlsäußerungen müssen wie alles andere, was ich diskutiert habe, hinsichtlich des Kontextes oder Bedeutungsrahmens, in dem sie auftreten und den sie ihrerseits erhalten können, untersucht werden. Mein Ansatz zur Therapie und stationären Behandlung betrachtet weder Gefühl noch Verhalten als Hauptsache. Wir müssen Emotionen anerkennen, damit die Menschen sich verstanden und respektiert fühlen. Wir konzentrieren uns auf Veränderungen im Verhalten, da sie greifbar und beobachtbar sind. Beide sind Aspekte unseres Ziels, bei der Entwicklung neuer Vorstellungen von sich selbst zu helfen.

# Anders denken

Das Buch hat versucht, Vorstellungen über stationäre Behandlung aus einer Perspektive darzulegen, die sich Kompetenz und Erfolge der KlientInnen zunutze macht. Solch eine Perspektive führt natürlicherweise zu einer kooperativeren Beziehung mit unseren KlientInnen, da sie in der Lage sind, sich als Subjekt im Prozeß und nicht als Objekt des Prozesses zu erleben.

Wie ich dargelegt habe, erreicht man diese Perspektive am leichtesten mit einem Ansatz zur stationären Arbeit, der die Unterbringung als Übergangszeit versteht, als experimentelle Phase, in der BewohnerInnen und Familien ihren neuen Status entwickeln und „üben". Die Vorstellung der Unterbringung als Übergang und nicht als Heilung nimmt den stationären Angestellten den Druck, komplexe Probleme lösen zu müssen, denen sie dabei begegnen. Damit ist keine „Hände weg"-Rolle gemeint, sondern die Vorstellung einer Rolle, bei der MitarbeiterInnen nicht VerursacherIn der Veränderung sind, sondern aktiv zu einem veränderungsfördernden Kontext beitragen. Ihre Rolle besteht darin, Verhalten zu bemerken, zu unterstreichen und in einer Form darauf einzugehen, die es den KlientInnen erlaubt, größeres Selbstvertrauen, mehr Selbstbeherrschung und Entscheidungsmöglichkeiten zu erleben.

In verschiedenen Situationen, Gedanken und Beispielen wurden verschiedene Wege vorgestellt, wie diese Perspektive im täglichen Programm einen Unterschied bewirkt, für Disziplin und Konsequenzen, für die Interaktion mit Eltern und anderen Familienmitgliedern, spezifische therapeutische Aktivitäten sowie das Personal- und Programm-Management.

All den verschiedenen Aspekten, die in diesem Buch dargestellt werden, ist gemeinsam, daß die betreffenden MitarbeiterInnen sich bemüht haben, anders über das, was sie tun, zu *denken*. Einige Beispiele sind sehr dramatisch, andere offensichtlich einfacher. Letztlich geht es in diesem Buch darum, wie wir denken, und nicht wie wir handeln.

## Anders denken – eine Übung

Die Anregung, wir sollten anders denken, gilt für den gesamten Prozeß der stationären Behandlung. Sie läßt sich jedoch auch auf jene besondere Situation anwenden, wo Angestellte mit einer bestimmten BewohnerIn „festsitzen". Wie ich beschrieben habe, stellen stationäre MitarbeiterInnen ebenso wie die Eltern oft fest, daß sie sich in das Verhaltensmuster „mehr desselben" verrannt haben. Das heißt, wenn sie sich einem besonders schwierigen Jugendlichen gegenübersehen, sich anscheinend in einer Sackgasse oder in einer Situation befinden, die zu eskalieren droht, denken und reagieren sie leicht in immer derselben Weise, die nicht zu funktionieren scheint. In solch einer Situation ist es nicht immer leicht, anders zu denken.

Ich habe beim Training von stationären Angestellten eine Gruppen-übung benutzt, die versucht, dieses Thema anzugehen. Einige Ange-stellte haben berichtet, sie hätten diese Übung bei MitarbeiterInnenver-sammlungen oder Fallbesprechungen benutzt, wenn sie nicht weiterka-men.

*Beschreibe die Situation oder die Bewohnerin, die dir besondere Schwierigkeiten bereiten. Versuche, die Situation so genau wie möglich zu beschreiben in Hinblick darauf, was geschieht und was du und das Kind/der Jugendliche tatsächlich tun. Dann denke über folgende Fra-gen nach:*

1. Wie deutest du *typischerweise* diese Situation – wie beschreibst du normalerweise das Verhalten, welche Motivation unterstellst du normalerweise dem jungen Menschen usw.? Wie sprichst du z.B. über den jungen Menschen oder die Situation, wenn du dich bei einer MitarbeiterIn beklagst?

2. Auf welche Art tragen deine Erklärung und Beschreibung der Situation dazu bei, immer wieder dieselben Reaktionen auszu-probieren – wie unterstützen sie dein Festsitzen?

3. Wie könntest du die Situation anders erklären – könntest du z.B. das Verhalten oder die Motivation positiver darstellen? (Versuche im Moment zu ignorieren, ob du diese alternativen Erklärungen „glaubst" oder nicht. Versuche nur, dir so viele wie möglich einfal-len zu lassen.)

4. Wenn du beschließen solltest, dich entsprechend einer dieser alternativen Erklärungen zu verhalten, welchen Unterschied wür-de das für deinen Umgang mit der Situation machen? (Versuche auch hier wieder, natürliche Reaktionen wie „Aber was ist, wenn ...?" oder „Das funktioniert nie, weil ..." beiseite zu lassen.)

*Bei diesem Vorgehen ist es wichtig, Wege zu finden, anders zu denken, und sich zu überlegen, ob sie vielleicht zu anderen Handlungen führen könnten. Nach dieser Diskussion kann es sinnvoll sein, über den Ablauf der Diskussion nachzudenken und zu fragen:*

5. Welche Fragestellung hat uns am meisten geholfen, anders über die Situation zu denken?

Solch eine Übung kann ein hilfreiches „Brainstorming" für verschiedene mögliche Ansätze sein. Unter Umständen ist keine der jeweiligen Ideen brauchbar; doch ist schon der Prozeß, anders zu denken, nützlich, und MitarbeiterInnen haben mit größerer Wahrscheinlichkeit später neue Ideen.

## Du mußt nicht atemberaubend kreativ sein ... nur beharrlich geduldig

Ich hatte oft Gelegenheit, in verschiedenen stationären Einrichtungen Gedanken mit Angestellten auszutauschen, die mit kompetenz-orientierten Ideen experimentierten – von denen einige sich in diesem Buch wiederfinden – und ich habe mich oft von ihrer Kreativität entmutigt gefühlt. Ich bin Zeuge kreativer Beispiele von Disziplin geworden, von „eingängigen" Themen für Unterbringungen und innovativen Aktivitäten. Als ich Ihnen, den LeserInnen, diese Beispiele darlegte, war meine Befürchtung, daß sie den Eindruck bekämen, ihre Einrichtung müsse dasselbe Maß an „Cleverness" aufweisen. Wenn ich mich bemühe, „clever" zu sein, versage ich meist und kehre zu dem zurück, was ich immer mache.

Ein kooperativer, kompetenz-orientierter Ansatz muß nicht clever sein. Oft gibt es keinen offensichtlichen Unterschied zu vielen Aspekten anderer Einrichtungen. Der Unterschied liegt in der Haltung, dem „Klima" und dem Denken. Versteckt unter all dem Einfallsreichtum von Beispielen und Vorschlägen, die ich aus anderen Programmen mitnehmen konnte, liegen Geduld und Beharrlichkeit. Angestellte bewiesen Beharrlichkeit bei ihrer Suche nach Erfolg, bei ihrem Bemühen, auf Verhalten einzugehen, statt nur zu reagieren, und bei dem Versuch, ihre KlientInnen als kompetent zu behandeln (wenn auch manchmal gegen alle Wahrscheinlichkeit). Sie sind geduldig miteinander gewesen (und mit mir, wenn ich die Gelegenheit hatte, mit ihnen zu arbeiten) und mit neuen Ideen, die nicht über Nacht Erfolg versprachen. Wenn sie clever waren, so war das ein Nebenprodukt ihrer Beharrlichkeit.

Keines der Beispiele für Ideen wird sich direkt auf Ihre stationäre Einrichtung übertragen lassen. Wie bei jeder therapeutischen Intervention ist das wichtigste Kriterium, ob das, was du in der jeweiligen Situation tust, zum Kontext deines Programms *paßt*.

Die Gedanken in diesem Buch sollen kein umfassender Rahmen sein, der auf jedes stationäre Programm angewendet werden kann. So gesehen, ist es kein „Modell". Um dort aufzuhören, wo wir begonnen haben, möchte ich einen Absatz aus der Einleitung des Buches wiederholen.

Es wäre schön, wenn wir Handlungsanweisungen hätten, wie stationäre Behandlung zu praktizieren ist. Leider ist es nicht so einfach. Wenn wir solche Handlungsanweisungen hätten, würden wir viele Situationen finden, wo sie nicht passen oder keine Antworten geben. Dieses Buch soll praktisch sein, aber es ist kein Manual. Ich hoffe, es ist ein Buch voller Ideen und eines, das Sie anregt, erneut darüber nachzudenken, wie Sie stationäre Arbeit durchführen.

# Literatur

ADAMS-WESTCOTT, Janet & Deanna ISENBART „Using Rituals to Empower Family Members Who Have Experienced Child Sexual Abuse", in: Michael DURRANT & Cheryl WHITE (eds) „Ideas for Therapy with Sexual Abuse" (S. 37-63), Adelaide: Dulwich Centre Publications 1990

BATESON, Gregory „Mind and Nature: A Necessary Unity", London: Wildwood, 1979, dtsch „Geist und Natur. Eine notwendige Einheit", Frankfurt/M.: Suhrkamp 1982

BATESON, Gregory & Mary Catherine BATESON „Angels Fear", New York: Macmillan, 1987, dtsch „Wo Engel zögern", Frankfurt/M.: Suhrkamp 1993

CADE, Brian „Stuckness, Unpredictability and Change", The Australian and New Zealand Journal of Family Therapy 6: 9-15, 1985

CADE, Brian „The Art of Neglecting Children: Passing the Responsibility Back", Family Therapy Case Studies 3(2): 27-34, 1988

CADE, Brian „Over-Responsibility and Under-Responsibility: Opposite Sides of the Coin", A Celebration of Family Therapy – 10th Anniversary Issue of the Journal of Family Therapy: 103-121, 1989

CADE, Brian & William H. O'HANLON „A Brief Guide to Brief Therapy", New York: Norton, 1993

COLES, Don „Taking a Temper Apart", Family Therapy Case Studies 1(1): 35-42, 1986

DE SHAZER, Steve „Clues: Investigating Solutions in Brief Therapy", New York: Norton, 1988, dtsch „Der Dreh. Überraschende Wendungen und Lösungen in der Kurzzeittherapie", Heidelberg: Cl.Auer, 1989

DE SHAZER, Steve „Putting Difference to Work", New York: Norton, 1991, dtsch „Das Spiel mit Unterschieden. Was therapeutische Lösungen lösen", Heidelberg: Cl.Auer, 1992

DE SHAZER, Steve, Insoo Kim BERG, Eve LIPCHIK, Ellam NUNNALLY, Alex MOLNAR, Wallace GINGERICH & Michele WEINER-DAVIS „Brief Therapy: Focused Solution Development", Family Process 25(2): 207-222, 1986, dtsch. „Kurztherapie – Zielgerichtete Entwicklung von Lösungen", Familiendynamik 11(3): 182-205, 1986

DURRANT, Michael „Bowling Out Fears: Test Victory for Double Description", Dulwich Centre Review, 17-27, 1985, nachgedruckt: Journal of Family Therapy 9(2): 145-159, 1987

DURRANT, Michael „Therapy with Young People Who Have Been Victims of Sexual Assault", Family Therapy Case Studies 2(1): 57-63, 1987

Durrant, Michael „When Is a Model Not a Model? Contextual Residential Care in Context – A Reply to Tyndale and Kaye", A.N.Z.J.F.Th. 12(3): 122-125, 1991

Durrant, Michael & Don Coles „Michael White`s Cybernetic Approach", in: Thomas Todd & Martin Selekman (eds) „Family Therapy Approaches with Adolescent Substance Abusers" (S. 135-175) Boston, MA: Allyn & Bacon, 1990

Durrant, Michael & Kate Kowalski „Overcoming the Effects of Sexual Abuse: Developing a Self-Perception of Competence", in: Michael Durrant & Cheryl White (eds) „Ideas for Therapy with Sexual Abuse" (S. 65-110), Adelaide: Dulwich Centre Publications 1990

Durrant, Michael & Kate Kowalski „Enhancing Views of Competence", in: Steven Friedman (ed) „The New Language of Change: Constructive Collaboration in Psychotherapy", New York: Guilford, 1993

Epston, David „I`m a Bear: Discovering Discoveries", Family Therapy Case Studies 6(1): 11-20, 1991

Fisch, Richard, John H. Weakland & Lynn Segal „The Tactics of Change: Doing Therapy Briefly", San Francisco: Jossey-Bass, 1982, dtsch. „Strategien der Veränderung", Stuttgart: Klett-Cotta, 1987

Furman, Ben & Tapani Ahola „Solution Talk. Hosting Therapeutic Conversations", New York: Norton, 1992, dtsch. „Die Zukunft ist das Land, das niemandem gehört", Stuttgart: Klett-Cotta, 1995

Heath, Anthony W. & Thomas C. Ayers „MRI Brief Therapy with Adolescent Substance Abusers", in: Thomas Todd & Martin Selekman (eds) „Family Therapy Approaches with Adolescent Substance Abusers" (S. 49-69), Boston, MA: Allyn & Bacon, 1990

Heisenberg, Werner „Physics and Philosophy", New York: Harper & Row, 1958, dtsch. „Physik und Philosophie", München: Ullstein, 1984

Imber-Black, Evan, Janine Roberts & Robert Whiting (eds) „Rituals in Families and Family Therapy", New York: Norton, 1988, dtsch. „Rituale. Rituale in Familien und Familientherapie", Heidelberg: Cl.Auer, 1993

Kelly, George „The Psychology of Personal Constructs", New York: Norton, 1955, dtsch. „Die Psychologie der persönlichen Konstrukte", Paderborn: Junfermann, 1986

Kelly, George „A Theory of Personality", New York: Norton, 1963

Kinney, J., D. Haapala & C. Booth „Keeping Families Together: The Home-Builders` Model", New York: Aldine de Gruyter, 1991

Kobak, R. Rogers & David B. Waters „Family Therapy as a Rite of Passage: Play` s the Thing", Family Process 23(1): 89-100, 1984

LIPCHIK, Eve „Interviewing with a Constructive Ear", Dulwich Centre Newsletter, 3-7, Winter 1988

LUSTIG, Herbert „The Artistry of Milton H. Erickson" (Videotape), Ardmore,PA, 1975

MENSES, Gerard & Michael DURRANT „Contextual Residential Care: Applying the Principles of Cybernetic Therapy to the Residential Treatment of Irresponsible Adolescents and their Families", Dulwich Centre Review, 3-13, 1986, nachgedruckt: J.S.S.T. 6(2): 3-15, 1987 sowie: Residential Treatment of Children and Youth 7(3): 11-32, 1990

MOLNAR, Alex & Barbara LINDQUIST „Changing Problem Behavior in Schools", San Francisco: Jossey-Bass, 1989, dtsch „Problemverhalten in der Schule – Lösungsstrategien für die Praxis", Dortmund: Borgmann, 1990

O'HANLON, William H. „A Grand Unified Theory for Brief Therapy: Putting Problems in Context", in: JEFFREY K. ZEIG & STEPHEN G. GILLIGAN (eds) „Brief Therapy: Myths, Methods and Metaphors" (S. 78-89), New York: Brunner/Mazel, 1990

O'HANLON, William H. „Possibility Therapy", in: Stephen G. GILLIGAN & R. PRICE (eds) „Therapeutic Conversations", New York: Norton, 1993

O'HANLON, William H. & James WILK „Shifting Contexts: The Generation of Effective Psychotherapy", New York: Guilford, 1987

O'HANLON, William H. & Michele WEINER-DAVIS „In Search of Solutions: A New Direction in Psychotherapy", New York: Norton, 1989

PAPP, Peggy „Foreword", in: IMBER-BLACK, Evan, Janine ROBERTS & Robert WHITING (eds) „Rituals in Families and Family Therapy", New York: Norton, 1988, dtsch. „Rituale. Rituale in Familien und Familientherapie", Heidelberg: Cl.Auer, 1993

ROBERTS, Janine „Setting the Frame: Definition, Functions and Typology of Rituals", in: IMBER-BLACK, Evan, Janine ROBERTS & Robert WHITING (eds) „Rituals in Families and Family Therapy", New York: Norton, 1988, dtsch. „Rituale. Rituale in Familien und Familientherapie", Heidelberg: Cl.Auer, 1993

ROSENHAN, David L. „On Being Sane in Insane Places", Science 179: 250-258, 19.Januar 1973, dtsch „Gesund in kranker Umgebung", in: Paul WATZLAWICK (ed) „Die erfundene Wirklichkeit" (S. 111-137), München-Zürich: Piper, 1981

ROSENHAN, David L. „The Contextual nature of Psychiatric Diagnoses", J. Abnormal Psychology 84(5): 462-474, 1975

SIMES, D. & C. TROTTER „Tough Boys Discover Choices: Dealing with Violence in the Residential Care Setting", Family Therapy Case Studies 5(1): 51-60, 1990

Tyndale, Ray & John Kaye „Contextual Residential Care Reviewed", A.N.Z.J.F.Th. 12(3): 117-121, 1991

van Gennep, Arnold „The Rites of Passage", London: Routledge & Kegan Paul, 1908, dtsch „Übergangsriten (Les rites de passage)", Frankfurt/M.: Campus, 1981

Walter, John L. & Jane E. Peller „Becoming Solution-Focused in Brief Therapy", New York: Brunner/Mazel, dtsch „Lösung-orientierte Kurztherapie. Ein Lehr- und Lernbuch", Dortmund: modernes lernen, 1993

Watzlawick, Paul (ed) „The Invented Reality", New York: Norton, 1984, dtsch Paul Watzlawick (ed) „Die erfundene Wirklichkeit", München-Zürich: Piper, 1981

Watzlawick, Paul, John H. Weakland & Richard Fisch „Change: Principles of Problem Formation and Problem Resolution", New York: Norton, 1974, dtsch „Lösungen. Zur Theorie und Praxis menschlichen Wandels", Bern-Stuttart-Wien: Huber, 1974

Weakland, John H., Richard Fisch, Paul Watzlawick & Arthur Bodin „Brief Therapy: Focused Problem Resolution", Family Process 13(2): 141-168, 1974

White, Michael „Pseudo Encropesis: From Avalanche to Victory: From Vicious to Virtuous Cycles", Family Systems Medicine 2(2): 150-160, 1984

White, Michael „Negative Explanation, Restraint and Double Description: A Template for Family Therapy", Family Process 25(2): 169-184, 1986

White, Michael „The Externalizing of the Problem and the Re-Authoring of Lives and Relationships", Dulwich Centre Newsletter, 3-21, Sommer 1989

White, Michael & David Epston „Narrative Means to Therapeutic Ends", New York: Norton, 1990, dtsch „Die Zähmung der Monster. Literarische Mittel zu therapeutischen Zwecken", Heidelberg: Cl.Auer, 1990

Zukav, Gary „The Dancing Wung-Li Masters: An Overview of teh New Physics", London: Fontana, 1979, dtsch „Die tanzenden Wu Li Meister", Reinbek: Rowohlt, 1985

# Personenverzeichnis

# Sachverzeichnis

# Fallbeispiele

*Raum für Notizen:*

*Raum für Notizen:*

*Raum für Notizen:*

*Raum für Notizen:*

*Raum für Notizen:*

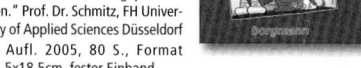